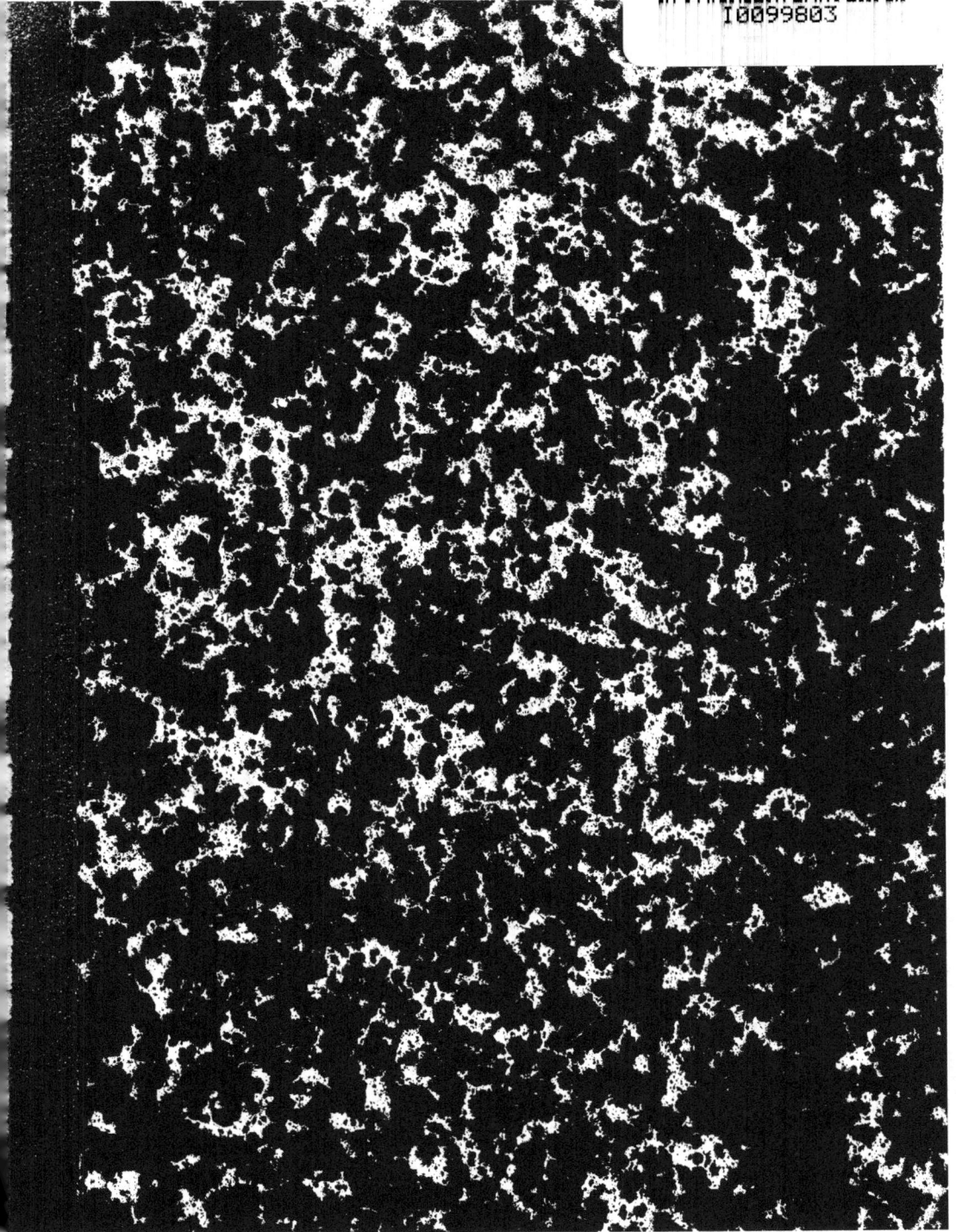

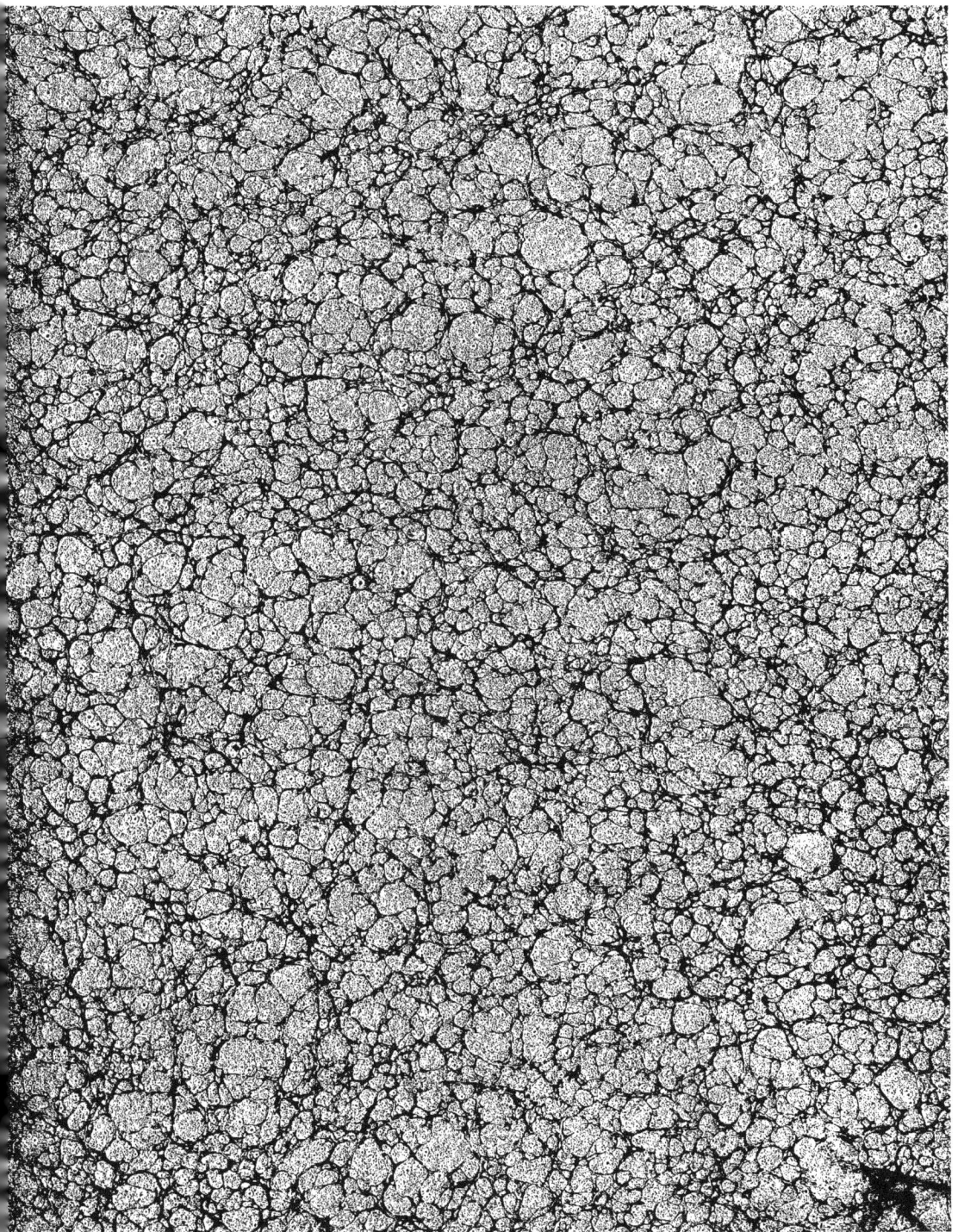

S

1595

ICONOGRAPHIE

DES ORCHIDÉES

(C.)

FLORE ILLUSTRÉE

DE NICE ET DES ALPES-MARITIMES

ICONOGRAPHIE

DES

ORCHIDÉES

PAR

J.-B. BARLA

CHEVALIER DE L'ORDRE DES SS. MAURICE ET LAZARE;
DIRECTEUR DU MUSÉE D'HISTOIRE NATURELLE DE LA VILLE DE NICE;
MEMBRE DE L'ACADÉMIE IMPÉRIALE C. LEOPOLDINO-CAROLINA DES NATURALISTES;
MEMBRE HONORAIRE DE L'ACADÉMIE R. MEDICO-CHIRURGICALE,
ET MEMBRE CORRESPONDANT DE L'ACADÉMIE R. DE MÉDECINE DE TURIN, DE L'ACADÉMIE R. DE SIENNE,
DE LA SOCIÉTÉ BOTANIQUE DE FRANCE, ETC., ETC.

OUVRAGE ORNÉ DE 63 PLANCHES LITHOGRAPHIÉES
ET COLORIÉES.

NICE,

IMPRIMERIE CAISSON ET MIGNON.

—

1868.

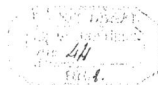

A

MON SAVANT AMI

MONSIEUR

PHILIPPE PARLATORE

DOCTEUR EN MÉDECINE ET EN PHILOSOPHIE; COMMANDEUR DE L'ORDRE R. DE ST-ÉTIENNE DE TOSCANE ;
CHEVALIER DE L'ORDRE DE LA LÉGION D'HONNEUR, DES SS. MAURICE ET LAZARE , DE L'ÉTOILE POLAIRE DE SUÈDE, DE L'AIGLE ROUGE DE PRUSSE ;
PROFESSEUR DE BOTANIQUE ET DE PHYSIOLOGIE VÉGÉTALE, DIRECTEUR DE L'HERBIER CENTRAL ITALIEN ET DU JARDIN BOTANIQUE
AU MUSÉE ROYAL DE PHYSIQUE ET D'HISTOIRE NATURELLE DE FLORENCE :
PRÉSIDENT DE LA SOCIÉTÉ ROYALE D'HORTICULTURE DE TOSCANE;
MEMBRE DE L'ACADÉMIE ROYALE DES GEORGOPHILES ET DE LA SOCIÉTÉ MÉDICO-PHYSIQUE DE FLORENCE ,
DES ACADÉMIES SCIENTIFIQUES DE PALERME, DE MESSINE , DE CATANE, DE SYRACUSE, DE NAPLES, DE PÉROUSE, DE JESI, D'AREZZO,
DE LUCQUES, DE ROME, DE BOLOGNE, DE VENISE, DE TURIN, DE TRENTE, DE RATISBONNE, DE DRESDE, DE BERLIN,
DE FRANCFORT-SUR-LE-MEIN, DE LAUSANNE, DE STRASBOURG, DE PARIS, D'EDIMBOURG, DE LONDRES,
ETC., ETC., ETC.

TÉMOIGNAGE D'AFFECTION, HOMMAGE D'ESTIME PROFONDE ET DE RECONNAISSANCE,

J.-B. BARLA.

PRÉFACE.

La Flore de Nice offre au botaniste un grand nombre de plantes très-remarquables et appartenant à différentes régions de l'Europe.

Cette végétation exceptionnelle, doit évidemment sa richesse et sa variété à la configuration topographique, toute particulière, du bassin des Alpes-Maritimes.

Dans ce pays favorisé par la nature, croissent la plupart des orchidées de France, d'Italie, d'Allemagne, etc. Ainsi, l'*Ophrys lutea*, l'*Oph. Bertoloni*, l'*Oph. Fusca*, l'*Orchis provincialis*, l'*Or. Olbiensis*, etc., habitent les collines ou les vallons de la région littorale; tandis que le *cœloglossum viride*, le *corallorhiza innata*, le *Bicchia albida*, le *Nigritella angustifolia*, se trouvent dans les montagnes.

Dès le mois de janvier, l'*Orchis longibracteata* développe son élégant épi; on voit ensuite fleurir tour à tour l'*Ophrys aranifera* avec ses nombreuses variétés, l'*Oph. scolopax*, le *Tinea cylindracea*, les *Serapias*, et plusieurs espèces du genre *Orchis*. En été, l'*Orchis tephrosanthos*, l'*Or. militaris*, l'*Or. sambucina*, l'*Or. mascula*, l'*Or. pallens*, le *Gymnadenia conopsea* et *odoratissima*, s'épanouissent dans la région montagneuse et dans la région alpine. Enfin, le *Spiranthes d'automne* montre ses petites fleurs blanches et odorantes, et vient clore la floraison des *Orchidées* qui se succèdent, comme on le voit, sans interruption, presque toute l'année.

Le désir d'appeler l'attention des botanistes sur une famille, si richement représentée dans notre Flore, m'a fait entreprendre l'ouvrage que je publie aujourd'hui.

Une monographie illustrée des *Orchidées* de Nice, facilitera, je l'espère, l'étude de ces plantes dans les herbiers. On sait, en effet, que la dessiccation enlève aux *Orchidées*, avec les couleurs, la plupart de leurs caractères distinctifs.

La Flora Italiana de M. le professeur Philippe Parlatore, m'a servi de guide dans l'analyse des espèces; j'ai adopté aussi la classification établie par cet éminent botaniste.

M. Parlatore a eu la bonté de me dédier quelques plantes; il a bien voulu me permettre d'inscrire son nom au frontispice de cet ouvrage, je suis heureux de lui en témoigner ici toute ma gratitude.

M. Reichenbach fils, a droit aussi à ma reconnaissance, j'ai mis à profit les renseignements précieux qu'il a bien voulu me fournir, et j'ai fait souvent des emprunts au grand ouvrage de mon savant ami, sur les *Orchidées* d'Europe.

Les recherches et les observations de M. Canut et de M. Sarato, m'ont beaucoup aidé, et je dois mes plus vifs remerciments à ces botanistes, ainsi qu'à M. V. Fossat, peintre distingué, dessinateur lithographe de cette iconographie.

Je remercie de leur bienveillant concours : M. Ardoino, auteur de la Flore du département des Alpes-Maritimes; M. De Notaris, professeur de botanique à Gênes; M. Thuret, membre correspondant de l'Institut, et M. le Dr Bornet; M. l'abbé Montolivo, bibliothécaire de la ville de Nice; M. François Panizzi, botaniste à S. Remo; M. J. Traherne-Moggridge fils; M. Reuter, professeur de botanique à Genève; M. A. Risso fils, avocat; M. J^h Vigon, pharmacien. Ces Messieurs ont eu l'obligeance de me communiquer avec empressement soit, des espèces rares, soit des remarques importantes.

Je ne saurais oublier ici l'affectueux compagnon de mes études, le professeur André Verany, enlevé si prématurément à la science, à la mémoire duquel j'offre l'expression de mes profonds regrets.

ORCHIDÉES.

(*ORCHIDEÆ Juss. gen. pl. p. 64. Parlat. fl. ital. fam. 15. pag. 333*).

Les Orchidées sont des plantes herbacées, vivaces, terrestres ou parasites, munies de tiges ou de hampes. Les racines sont fasciculées-fibreuses, à fibres plus ou moins charnues, ordinairement d'un blanc sale, lisses, pubescentes ou poilues, souvent munies de tubercules arrondis, ovales, entiers, très-obtus à l'extrémité inférieure, rarement allongés-fusiformes et amincis à la partie inférieure en une pointe ou fibre, souvent divisés ou digités-palmés et alors aplatis latéralement en forme de main. Ces tubercules contiennent une fécule abondante connue particulièrement sous le nom de *salep* (*).

Dans la plupart des *Orchidées* et principalement des *Ophrydées*, un des deux tubercules est la continuation de la tige, et, pendant sa croissance, en produit un autre latéral, qui doit donner naissance à une nouvelle tige, l'année suivante. Quelques-unes ont un rhizome presque horizontal, le plus souvent court et grêle, ou bien assez gros, comme le *Listera ovata* et le *Cypripedium Calceolus*.

Quelques espèces sont parasites sur les racines des arbres; les unes ont un rhizome particulier ramifié en forme de corail, à rameaux comme articulés, charnus, aplatis en dessus et en dessous et

(*) Substance végétale et alimentaire qu'on prépare avec des racines de plusieurs orchis, et dont les Orientaux surtout font un grand usage. On dépouille ces racines de leurs fibres, de leur enveloppe et des bulbes desséchées de l'année; après les avoir lavées à l'eau froide, on les fait bouillir un moment dans de nouvelle eau; ensuite elles sont égouttées, enfilées et séchées au soleil où elles prennent la consistance et la dureté de la gomme arabique. Quand on veut s'en servir, on les met en poudre qu'on réduit en gelée au moyen de l'ébullition dans l'eau. Cette gelée fournit une nourriture saine et légère, convenable surtout aux malades.

très-obtus aux extrémités, comme le *Corallorhiza innata*, l'*Epipogon Gmelini*; d'autres ont un rhizome assez gros, à fibres radicales plus ou moins nombreuses, souvent bifurquées au sommet ou divisées d'une manière dichotomique, comme le *Neottia Nidus-avis* et le *Limodorum abortivum*.

La tige ou hampe est cylindrique ou anguleuse, parfois renflée à la base, pleine ou fistuleuse, feuillée ou aphylle, munie de gaînes à la partie inférieure et généralement peu élevée. Dans certaines espèces, elle est seulement de quelques centimètres, dans d'autres, elle atteint parfois une hauteur de soixante centimètres et même d'un mètre. Elle est parfois munie, seulement à sa partie moyenne ou vers son tiers inférieur, de deux feuilles presque opposées ou un peu distantes entre elles, mais rarement d'une seule. Souvent les feuilles sont assez nombreuses à la base de la tige, par suite du rapprochement des nœuds inférieurs. Les feuilles caulinaires sont ordinairement peu nombreuses, alternes, engaînantes à la base, et d'autant plus petites qu'elles sont plus près du sommet de la tige, où elles sont souvent bractéiformes. Plus rarement, la tige devient une hampe, par suite de l'absence des feuilles, et, alors, celles-ci naissent parfois latéralement au bourgeon. Dans quelques espèces parasites, elle est privée de feuilles et munie seulement de quelques gaînes jaunâtres ou de couleur foncée.

Les feuilles sont très-entières ou très-finement denticulées, ovales-allongées, oblongues ou presque elliptiques, parfois cordiformes, linéaires ou linéaires-lancéolées, obtuses, un peu aiguës ou mucronulées, très-rarement subcylindriques, marquées de nervures longitudinales parallèles et un peu recourbées ou, plus rarement, veinées-réticulées, ordinairement d'un vert pâle ou glaucescent, plus ou moins luisantes, glabres ou pubescentes, et parfois marquées de taches rougeâtres ou noirâtres de forme et de grandeur variables.

L'inflorescence est rarement uniflore, comme dans le *Cypripedium Calceolus* qui est cependant parfois biflore. Les fleurs sont tantôt en petit nombre, comme dans la plupart des *Ophrys*, tantôt assez nombreuses, comme dans la plupart des autres Orchidées, disposées en grappe ou en épi ordinairement cylindrique, ovale ou conique, lâche ou dense, parfois étroit, parfois plus ou moins large, s'allongeant souvent après la floraison, et quelquefois en spirale, comme dans les *Spiranthes* et le *Goodyera repens*. Elles sont pédicellées ou sessiles, et chacune est accompagnée d'une bractée plus courte que l'ovaire, parfois l'égalant ou le dépassant.

Les fleurs sont hermaphrodites, irrégulières et, en général, de couleur lilas ou gris de lin. On en trouve aussi de blanches, de jaunes, de jaunâtres, de verdâtres, de rouges, de purpurines, d'un pourpre foncé noirâtre, de panachées et parsemées de mille manières de lignes et de taches poilues, veloutées, glabres ou luisantes. Cette diversité de couleurs se trouve principalement dans le labelle (une des divisions périgonales internes), qui, par sa forme et sa direction, donne souvent à ces fleurs un aspect bizarre.

Les fleurs sont inodores ou plus ou moins odorantes; elles exhalent parfois une odeur agréable assez analogue à celle de la vanille, de la violette, du réséda, de la tubéreuse, etc., comme dans le *Nigritella angustifolia*, l'*Anacamptis pyramidalis*, le *Platanthera bifolia*, etc., et, plus rarement, une odeur désagréable, comme dans l'*Orchis coriophora*, l'*O. pallens*, l'*Himantoglossum hircinum*, etc.

Elles sont formées d'un périgone à six divisions pétaloïdes bisériées et à tube soudé à l'ovaire. Les trois divisions périgonales externes sont souvent presque de même longueur et de même forme, tantôt dressées, étalées ou réfléchies, tantôt convergentes, libres ou plus ou moins soudées entre elles. Les deux divisions latérales internes sont souvent plus étroites et plus courtes que les externes, parfois égales à celles-ci et rarement plus longues. Dans quelques espèces, elles sont soudées en partie par le dos au sommet aux divisions externes et forment avec celles-ci cette voûte ou casque qui protège le gynostème.

Le labelle, c'est-à-dire la division interne médiane supérieure, devient très-souvent inférieur par la torsion de l'ovaire ou du pédicelle, et diffère presque toujours des autres divisions par ses dimensions, sa forme et sa couleur. Il est continu avec le gynostème, onguiculé ou sessile et souvent prolongé à la base en éperon ou en un petit sac. Sa consistance, sa forme, ses dimensions et sa couleur sont très-variables, et il concourt principalement à la variété et à la bizarrerie des fleurs des Orchidées. Le labelle est ordinairement plus large et plus long que les autres divisions périgonales, et rarement plus court que celles-ci. Parfois aussi il est très-long, comme dans l'*Himantoglossum hircinum*, où il se développe en spirale. Il est tantôt plane, tantôt plus ou moins convexe, très-souvent divisé en trois lobes ou en trois lanières. Le lobe médian est ordinairement plus grand que les latéraux, souvent subdivisé en lobules ou en lanières, ou simplement échancré et souvent muni d'un appendice de forme et de direction variables dans l'angle de la bifidité.

Le labelle est tantôt lisse, tantôt en partie velouté, parfois orné de taches glabres ou luisantes de formes diverses, de points, de linéoles, de petites lames ou de callosités saillantes qui lui donnent un aspect fort varié. Sa forme est aussi très-variable; ainsi, dans le *Cypripedium Calceolus*, il a quelque ressemblance avec un sabot; dans certains *Ophrys*, il donne à la fleur l'apparence d'une mouche, d'un taon, d'une abeille, etc.; il rappelle aussi parfois la forme de l'homme et celle du singe, comme dans l'*Aceras anthropophora*, l'*Orchis Simia*. Dans toutes nos Orchidées, le labelle est formé d'une lame continue, excepté dans le *Limodorum abortivum*, les *Cephalanthera* et les *Epipactis*, où il est interrompu ou comme articulé au milieu. Il se compose alors de deux parties, l'une inférieure (hypochile) et l'autre supérieure (épichile).

L'éperon est ordinairement subcylindrique, droit ou un peu recourbé, tantôt assez gros, tantôt grêle, court ou long, parfois plus long que l'ovaire, dirigé en bas, horizontal ou ascendant, aigu ou obtus, parfois émarginé ou même bilobé au sommet, et quelquefois nectarifère, comme dans les *Platanthera* et les *Gymnadenia*.

Le gynostème est formé par la réunion des filets des trois étamines soudés avec le style en une petite colonne tantôt courte, tantôt assez longue, dirigée ou courbée en avant, souvent munie au sommet d'un appendice ayant la forme d'un petit bec d'oiseau. Les anthères latérales sont ordinairement stériles, quelquefois nulles ou, le plus souvent, réduites à deux petits tubercules (staminodes) placés de chaque côté de l'anthère fertile, c'est-à-dire celle qui est située en avant du gynostème et opposée à la division périgonale externe supérieure. Dans ce cas, les Orchidées sont monandres. L'an-

thère fertile est brièvement stipitée, sessile ou
continue par le dos avec le gynostème, libre ou
soudée, à une loge (*uniloculaire*) ou à deux loges
(*biloculaires*). Parfois les deux loges sont subdi-
visées, chacune, par une cloison secondaire plus
ou moins complète, et forment ainsi quatre logettes
(*quadriloculaires*). Les loges s'ouvrent, le plus
souvent, par une fente longitudinale et parfois par
un opercule terminal. L'anthère fertile est dressée
ou repliée sur la colonne et domine le stigmate,
qui est souvent placé dans une fossette creusée à
la partie supérieure du gynostème. Dans les *Cypripedium*, les anthères latérales sont fertiles et celle
du milieu est stérile et plus ou moins pétaloïde :
ces plantes sont diandres.

Le pollen est réuni en deux ou quatre masses
polliniques allongées ou presque en massue et
renfermées dans les loges de l'anthère dont elles
ont ordinairement la forme. Il est ordinairement
jaune ou jaunâtre, verdâtre, rougeâtre ou presque
blanc, et sa couleur varie assez suivant les espèces.

Les masses polliniques sont tantôt céracées, c'est-
à-dire composées de granules très-ténus formant
un corps compact que l'on a comparé à de la cire,
tantôt pulvérulentes et, alors, composées de granules très-ténus aussi, mais lâchement cohérents
et pouvant être facilement séparés. Dans ces deux
cas, les masses polliniques sont ordinairement sessiles et posées immédiatement sur le stigmate.
Tantôt enfin ces masses sont sectiles et composées
alors de granules plus gros réunis par une matière
visqueuse. Dans ce cas, elles sont munies d'un
pédicelle plus ou moins allongé (*caudicule*).

A l'origine de chaque masse pollinique se trouve
ordinairement une petite glande visqueuse (réti-
nacle), isolée ou réunie à celle de la masse pollinique voisine, nue ou souvent renfermée dans un
repli du stigmate (*bursicule*).

Le stigmate (*Gynize*) est visqueux, glanduleux,
oblique, concave, de grandeur variable, placé en
avant et vers le sommet du gynostème et faisant
corps avec lui.

Le style occupe la partie du gynostème opposée
au labelle; son sommet est renflé, fait saillie au-
dessous des anthères, se prolonge en une petite
pointe charnue et plus rarement en un petit bec
horizontal. Il est muni d'un canal interne abou-
tissant au stigmate et à l'ovaire.

L'ovaire est infère, sessile ou pédicellé, le plus
souvent étroit et allongé, d'un vert pâle, souvent
tordu, à six côtes longitudinales, dont trois plus
étroites ne portant point de semences et trois plus
larges alternes avec celles-ci et portant en dedans
des placentas pariétaux nerviformes munis, chacun,
de deux rangées d'ovules très-nombreux, anatropes
et portés par de courts funicules.

Le fruit est une capsule trigone ou hexagone,
surmontée du périgone marcescent, ordinairement
membraneuse ou coriace, rarement d'une plus
grande consistance, uniloculaire, s'ouvrant par six
fentes longitudinales et divisée alors en six parties
unies entre elles seulement par la base et le sommet.

Les graines ou semences sont très-nombreuses,
très-petites, d'un brun clair, jaunâtres ou rougeâtres, et ressemblent à de la sciure de bois
très-fine. Elles sont formées d'une partie centrale
globuleuse et d'un test ou tissu cellulaire, à cellules
parfois fibreuses, prolongé et aminci aux deux
extrémités, et ne contiennent pas d'albumen.

L'embryon est charnu et solide.

PREMIÈRE TRIBU.

ARÉTUSÉES.

Aretuseæ Parl. fl. ital. 3. p. 343. — Aretuseæ Div. 2. Euarethuseæ Lindl. orchid. p. 385. — Aretuseæ (part.) Endl. gen. pl. p. 220. — Neottiaceæ (part.) Reich. fil. orchid. p. 133.

Plantes monandres. Anthère terminale, libre, operculée. Masses polliniques pulvérulentes ou granuleuses. Glande nulle. Capsule uniloculaire, à ouverture trivalve. Semences à tégument lâche et atténué aux extrémités.

LIMODORUM *Tourn* (LIMODORE).

Tourn. instit. 1. p. 437. tab. 250. Swartz. in nov. act. Holm. 6. p. 78. tab. 5. f. 4. C. L. Rich. in mém. du Museum 4. p. 50. Lindl. orchid. p. 398. Endl. gen. pl. p. 219. Reich fil. orchid. p. 138. — Gren. et Godr. fl. de France 3. p. 273. — Parl. fl. ital. 3. p. 343. — Orchidis species Linn. sp. pl. p. 1336. — Epipactidis. Species Hall. ic. pl. Helv. tab. 38. All. fl. ped. 2. p. 151. — Serapiadis species Scop. fl. carn. edit. 2. tom. 2. p. 205.

Divisions périgonales libres, dressées, presque étalées; les externes égales entre elles; la médiane en voûte; les deux internes latérales un peu plus courtes et beaucoup plus étroites que les externes. Labelle dirigé en avant, sessile, subarticulé et rétréci vers la base, entier, dressé, assez rapproché du gynostème et muni d'un éperon. Gynostème allongé, trigone, muni au sommet d'un stigmate ovale et assez large. Anthère terminale, oblongue, subsessile, mobile et persistante. Deux masses polliniques entières. Pollen pulvérulent, à granules subglobuleux ou ovoïdes. Ovaire oblong, contourné, aminci en pédicelle à la base. Capsule oblongue, grande, pédicellée, à six côtes. Semences linéaires-oblongues, très-finement réticulées. Tégument composé de cellules simples et anguleuses. Embryon elliptique.

LIMODORUM ABORTIVUM *Swartz*.

Limodore à feuilles avortées.

Swartz in nov. act. Holm. 6. p. 80. Dec. fl. franç. 3. p. 363. Nocc. et Balb. fl. tic. 2. p. 159. Seb. et Maur. fl. rom. prodr. p. 316. Pollin. fl. veron. 3. p. 22. Ten. fl. nap. 2. pag. 223. Reich. fl. germ. excurs. 1. p. 131. Ten. syll. p. 132 et 461. Lindl. orchid. p. 398. Boiss. voy. en Espagn. p. 588. Vis. fl. dalm. 1. p. 181. Tod. orchid. sic. p. 116. Koch syn. fl. germ. et helv. edit. 2. p. 800. Guss. syn. fl. sic. 2. p. 554. De Not. rep. fl. lig. p. 395. Gries. spic. fl. rum. et bith. 2. p. 368. Puccin! syn. fl. luc. pag. 480. Reich. fil. orchid. p. 138. Bert. fl. ital. 9. p. 631. Gren. et Gadr. fl. de Franc. 3. part. 1. p. 273. Ambros. fl. Tir. austr. 1. p. 724. Guss. enum. pl. inarim. 321. Parl. fl. ital. 3. p. 344. Ardoino fl. anal. du dép. des Alp. marit. p. 361.

Orchis abortiva. Linn. sp. pl. p. 1336 et mant. alt. p. 477. Ucria. h. r. panorm. p. 383 Hall. ic. pl. Helv. p. 42. Suffren. pl. du Frioul p. 181, Balb. fl. taurin. p. 148.
Serapias abortiva Scop. fl. carn. edit. 2. tom 2. p. 205.
Epipactis abortiva All. fl. ped. 2. p. 151.
Limodorum sphærolabium Viv. app. ad fl. cors. prodr. p. 6.
Limodorum austriacum Seg. pl. veron. 2. p. 137.
Fig. — Reich. fil. orchid. tab. 481.
Orchis abortiva Jacq. austr. tab. 193.

Epi de 4 à 20 fleurs grandes, remarquables, d'un violet varié de jaunâtre, un peu distantes entre elles, dressées et rapprochées de la tige. Divisions périgonales externes d'égale longueur, d'un violet clair; les latérales oblongues-lancéolées; la médiane un peu plus large, ovale-allongée, obtuse, très-concave dans sa moitié supérieure et embrassant le gynostème. Divisions internes latérales plus courtes et plus étroites que les externes, linéaires, aiguës, de la longueur de gynostème et à peu près de la même couleur que les externes. Labelle ovale-allongé ou elliptique, arrondi ou un peu aigu au sommet, canaliculé, rétréci et subarticulé vers la base, un peu plus court que les divisions périgonales externes, rapproché de gynostème, jaunâtre, lavé de violet, à veines violettes, disposées en éventail, à bords ondulés-crépus et relevés. Eperon d'un violet clair ou blanchâtre, aminci au sommet, dirigé en bas, droit ou légèrement recourbé, égalant ou dépassant un peu l'ovaire. Gynostème très-long, jaunâtre, lavé de violet, arrondi en arrière, plane en avant, plus large au sommet. Stigmate large, presque ovale. Anthère subsessile, grosse, terminale, à loges contiguës et parallèles. Masses polliniques indivises, entières, d'un jaune clair. Capsules pédicellées, allongées, d'un vert glauque, à six côtes d'un violet purpurin. Semences allongées-linéaires, blanchâtres. Bractées d'un violet lavé de verdâtre, ovales-lancéolées, acuminées, plurinerviées et aussi longues que l'ovaire. Tige robuste, un peu flexueuse, de 4 à 8 décimètres, plus grosse vers la base, d'un vert glauque lavé de violet, recouverte en grande partie par des gaînes obtuses, blanchâtres, d'autant plus larges qu'elles sont plus près de la base de la tige et bractéiformes à la partie supérieure. Rhizome profondément enfoncé dans la terre, court, assez gros, presque horizontal, à fibres radicales un peu fasciculées, nombreuses, tortueuses, grosses, charnues, longues, souvent bifurquées ou divisées aux extrémités et d'un brun jaunâtre.

Collines, vallons et montagnes: Cimiés, bosquet du couvent; Brancolar, Gairaut, Montgros, etc. — Avril, mai.

—

CEPHALANTHERA *C. L. Rich.* (CÉPHALANTHÈRE)

C. L. Rich. in mém. de Museum 4. p. 51. *Lindl. orchid.* p. 411. *Endl. gen. pl.* p. 219. *Reich. fils. orchid.* p. 133. *Gren. et Godr. fl. de France* 3. p. 268. *Parlat. fl. ital.* 3. p. 346. — *Serapiadis specie Linn., Pers. et pl. auctor.*

Divisions périgonales conniventes ou demi-étalées, libres, dressées; les externes égales entre elles; les internes latérales un peu plus courtes que les externes. Labelle sessile, sans éperon, articulé, dirigé en avant; hypochile concave, en forme de sac; épichile recourbé au sommet. Gynostème allongé, subcylindrique, portant au sommet un stigmate subarrondi. Anthère terminale, à loges biloculaires, stipitée, mobile, persistante. Masses polliniques, bilobées, profondément bifides, dépourvues de glandes. Pollen comme pulvérulent, à granules ovales légèrement ponctués. Ovaire linéaire, subsessile, le plus souvent contourné à la base. Capsule oblongue ou linéaire-oblongue, légèrement triquètre, à six côtes. Semences très-petites, linéaires, blanchâtres. Tégument formé de cellules simples atténuées aux extrémités. Embryon elliptique. Rhizome presque horizontal, à fibres radicales fasciculées.

CEPHALANTHERA ENSIFOLIA *C. L. Rich.*

Céphalanthère à feuilles en glaive.

Cephalanthera ensifolia C. L. Rich. *in mém. du Museum* 4. p. 60. *Reich. fl. germ. excurs.* 1. p. 132. *Lindl. orchid.* p. 412. *Todar! orchid. sic.* p. 121. *Comoll! fl. comens.* 6. p. 384. *Vis. fl. dalm.* 1. p. 181. *Koch syn. fl. germ. et helv. edit.* 2. p. 800. *Guss. syn. fl. sic.* 2. p. 556. *De Not. rep. fl. lig.* 394. *Puccin! syn. fl. luc.* p. 183. *Bert. fl. ital.* 9. p. 628. *Gren. et Godr. fl. de Franc.* 3. part. 1. p. 268. *Guss. enum. pl. inarim.* p. 324. *Ambros! fl. Tir. austr.* 1. p. 724. *Parlat. fl. ital.* 3. p. 347. *Ardoino fl. anal. du dép. des Alpes marit.* p. 359.

Epipactis grandiflora All. fl. ped. 2. p. 152.
Serapias Xiphophyllum Linn. fil. suppl. p. 404 (anno 1781).
Serapias ensifolia Murr. syst. veg. edit. 14. p. 813. ann. 1784). excl. nonn. syn. Ucria h. r. pan. p. 385. Ten. fl. nap. 2. p. 320. Seb. et Maur. fl. rom. prodr. p. 315.
Serapias nivea Desf. fl. atl. 2. p. 321.
Serapias grandiflora b. Hall. ic. pl. Helv. p. 51.
Epipactis ensifolia Swartz in act. Holm. ann. 1800. p. 232 Willd. sp. pl. 4. p. 85. Dec. fl. franç. 3. p. 259. Nocc. et Balb. fl. ticin. 2. p. 158. Savi bot. etrusc. 3. p. 162. Moric. fl. venet. 1. p. 375. Pollin. fl. veron. 3. p. 35. Nacc. fl. venet. 4. p. 147. Ten. syll. p. 461.
Helleborine flore albo vel Damasonium latifolium Cup. h. cath. suppl. p. 244.
Fig. Flor. dan. tab. 506. Reich. fil. orchid. tab. 470.
Helleborine montana, angustifolia, alba, foliis Palmæ Cup. panph. sic. 1. tab. 18. Raf. tab. 18.

Epi lâche, de 3 à 20 et plus de fleurs. Divisions périgonales blanches; les externes ovales-lancéolées, aiguës; les internes latérales elliptiques, obtusiuscules, plus courtes ou presque aussi longues que les externes. Labelle parsemé de poils papilleux; épichile deux fois plus court que les divisions externes, un peu en cœur, plus large que long, canaliculé et traversé d'avant en arrière par de petites crêtes d'un jaune orangé; hypochile blanchâtre, un peu en forme de sac à la base. Gynostème obtus, cylindrique, égalant le labelle, à dos légèrement caréné, plane en avant. Stigmate transversal, réniforme. Anthère blanchâtre. Masses polliniques allongées, courbées, jaunâtres. Ovaire subsessile, cylindrique, étroit, contourné, très-glabre, à six côtes. Semences linéaires. Bractées ovales-lancéolées ou lancéolées-linéaires, uninerviées; les supérieures beaucoup plus courtes que l'ovaire; une ou deux des inférieures dépassant les fleurs. Feuilles lancéolées-acuminées, vertes, rapprochées les unes des autres, distiques et marquées de nervures longitudinales plus ou moins saillantes; les supérieures linéaires-lancéolées; les inférieures allongées, obtuses. Tige cylindrique, striée, de 3 à 5 décimètres. Rhizome presque horizontal, à fibres radicales brunes, parfois bifurquées au sommet. Plante glabre dans toutes ses parties.

Collines et vallons: Gairaut, St-Pons, Cap de Crous et Montgros. — Region montagneuse: Berre, Bendijun, etc. — Avril, mai.

—

EXPLICATION DES FIGURES.

Pl. 2. Fig. 1-12.

1. Plante entière.
2. Autre plante entière.
3. Divisions périgonales supérieures étalées grossies.
4. Labelle étalé grossi.

5. Fleur de profil grossie sans les divisions périgonales supérieures.
6-7. Gynostèmes vus de face.
8. id. vu par derrière.
9. id. vu de profil.
10. Partie supérieure du gynostème avec l'anthère grossie; a. a. masses polliniques.
11. Capsule.
12. Section transversale de la capsule grossie.

—————

CEPHALANTHERA PALLENS C. L. Rich.

Céphalanthère pâle.

Cephalanthera pallens C. L. Rich. in mém. du Museum 4. p. 60. Reich. fl. germ. excurs. 1. p. 132. Lindl. orchid. p. 441. Comolli fl. comens. 6. p. 382. Vis. fl. dalm. 1. p. 480. Koch syn. fl. germ. et Helv. edit. 2. p. 800. Guss. syn. fl. sic. 2. p. 555. De Not. rep. fl. lig. p. 394. Bert. fl. ital. 9. p. 626. Ambrosi fl. Tir. austr. 1. p. 722. Parlat. fl. ital. 3. p. 349. Ardoino Fl. anal. du dép. des Alpes marit. pag. 359.
Serapias grandiflora Linn. syst. nat. edit. 12. tom. 2. p. 594. et mant. alt. p. 491. Ten. fl. nap. 2. p. 320. Seb. et Maur. fl. rom. prodr. p. 314.
Serapias Lonchophyllum Linn. fil. suppl. p. 405.
Serapias lancifolia Murr. syst. veg. edit. 14. p. 815. Balb. fl. Taurin. p. 150.
Epipactis lancifolia All. auct. p. 32. Dec. fl. franç. 3. p. 260.
Serapias grandiflora Hall. ic. pl. Helv. p. 51.
Epipactis pallida Swartz in act. Holm. ann. 1800. p. 232.
Epipactis pallens Willd. sp. pl. 4. p. 85. Pollin. fl veron. 3. p. 35. Nacc. fl. ven. 4. p. 147. Ten. syll. p. 461.
Cephalanthera grandiflora Bab. man. of. brit. bot. p. 296. Reich. fil. orchid. p. 136. Gren. et Godr. fl. de Franç., 3. part. 1. p. 269.
Cephalanthera lancifolia Tod. orchid. sic. p. 123.
Helleborine latifolia, montana, foliis oblongis acutis seu Polygonati vulgaris folio, flore albo Cup. h. cath. suppl. alt. p. 35.
Helleborine flore albo vel Damasonium montanum, latifolium Seg. pl. veron. 2. p. 136. Zannich. istor. delle piant. venet. p. 137.
Fig. — Fl. dan. tab. 1100. Reich. fil. orchid. tab. 472. Helleborine Polygonati vulgaris folio, flore albo Cup. pamph. sic. 2. tab. 213.
Epipactis caule pauifloro, lineis obtusi labelli levibus Hall. ic. pl. Helv. tab. 15.

Epi lâche, de 3 à 10 fleurs assez grandes. Divisions périgonales d'un blanc jaunâtre; les externes oblongues, obtuses; les internes latérales un peu plus courtes et plus obtuses que les externes. Labelle plus court que les divisions périgonales supérieures; épichile ovale en cœur, arrondi, mucroné, plus large que long, canaliculé et traversé d'avant en arrière par des petites crêtes d'un jaune orangé; hypochile blanchâtre, un peu en forme de sac et d'un roux orangé à la base. Gynostème obtus, subcylindrique, presque aussi long que le labelle, plane en avant. Stigmate large, d'un blanc verdâtre, plus grand que dans l'espèce précédente. Anthère et masses polliniques d'un blanc jaunâtre. Ovaire sessile, glabre, fusiforme, à six côtes. Semences linéaires. Bractées ovales-lancéolées, aussi longues ou plus longues que l'ovaire. Feuilles ovales ou ovales-lancéolées, acuminées, vertes, ondulées sur les bords, à nervures longitudinales saillantes. Tige subcylindrique, de 3 à 6 décimètres. Rhizome presque horizontal, à fibres radicales d'un brun clair, parfois bifurquées au sommet. Plante glabre dans toutes ses parties. Collines et vallons: Montgros, Vinaigrié, Brancolas, vallon de Contes; Cannes, Menton. — Région montagneuse: Berre, Levens, Grasse, l'Estérel. — Mai, juin.

EXPLICATION DES FIGURES.

Pl. 3. Fig. 1-21.

1-2. Plante entière.
3. Epi et partie supérieure de la tige.
4. Epi de la variété c. ochroleuca.
5-6. Divisions périgonales étalées.
7. Labelle détaché.
8. Epichile.
9. Fleur en bouton vue de profil.
10. Fleur de profil sans les divisions périgonales supérieures.
11. Autre fleur grossie.
12. Gynostème avec l'anthère vus de face.
13. Le même grossi.
14. Autre gynostème vu de face avec les masses polliniques détachées.
15. Gynostème de profil.
16. Autre gynostème de profil grossi.
17. Le même vu par derrière.
18. Capsule et bractée.
19. Section transversale de la capsule.
20. Semence vue à la loupe.
21. La même considérablement grossie.

CEPHALANTHERA RUBRA *C. L. Rich.*

Céphalanthère rouge.

C. L. Rich. in mém. du Museum 4. p. 60. *Reich. fl. germ. excurs.* 1. p. 132. *Lindl. orchid.* p. 412. *Todar. orchid. sic.* p. 419. *Boiss. voyag. en Espagn.* p. 599. *Vis. fl. dalm.* 1. p. 181. *Comoll! fl. comens.* 6. p. 383. *Koch. syn. fl. germ. et helv. edit.* 2. p. 800. *Guss. syn. fl. sic.* 2. p. 555. *De Not. rep. fl. lig.* p. 394. *Puccin!*

syn. *fl. luc.* p. 483. *Reich. fil. orchid.* p. 133. *Bert. fl. ital.* 9. p. 629. *Gren. et Godr. fl. de Franc.* 3. part. 1. p. 269. *Ambros! fl. Tir. austr.* 1. p. 725. *Parlat. fl. ital.* 3. p. 350. *Ardoino Fl. anal du dép. des Alpes marit.* p. 359.

Serapias Helleborine d. Linn. sp. pl. p. 1344.
Serapias rubra Linn. syst. veg. edit. 12. vol. 2. p. 594. *Hall. ic. pl. Helv.* p. 52. *Suffren pl. du Frioul* p. 185. *Ten. fl. nap.* 2. p. 321. *Seb. et Maur. fl. rom. prodr.* p. 345.
Epipactis rubra All. fl. ped. 2. p. 153. *Willd. sp. pl.* 4. p. 86. *Sibth. et Smith fl. græc. prodr.* 2, p. 221. et *fl. græc.* 10 p. 25. *Dec. fl. franç.* 3. p. 260. *Nocc. et Balb. fl. tic.* 2. p. 158. *Pollin. fl. veron.* 3. p. 36. *Ten. syll.* p. 461.
Helleborine montana, angustifolia, purpurascens, brevioribus rarioribusque foliolis lanceolatis acutis Cup. h. cuth. suppl. p. 244.
Helleborine montana, angustifolia, purpurascens Seg. pl. veron. 2. p. 136.
Fig. — Epipactis rubra Sibth. et Smith fl. græc. 10 tab. 933. *Reich. fil. orchid. tab.* 469.
Helleborine tenella, tribus in caule foliis prædita Cup. panph. sic. 2. tab. 107 ex Todaro.
Epipactis caule paucifloro, labello lanceolato lineis undulatis Hall. ic. plant. Helv. tab. 16.

Epi lâche, de 5 à 10 et plus de fleurs d'un beau rose un peu violacé. Divisions périgonales plus ou moins rapprochées et un peu réfléchies au sommet; les externes lancéolées-acuminées; la médiane rapprochée du gynostème; les deux latérales presque étalées; les internes latérales ovales-lancéolées, un peu acuminées, plus courtes que les externes. Labelle à peine plus court que les divisions périgonales; épichile acuminé en cœur, plus long que large, caniculé, à bords relevés, traversé d'avant en arrière par de petites crêtes longitudinales un peu frangées et jaunâtres; hypochile blanc, muni de deux oreillettes arrondies et dressées, en forme de sac à la base et traversé par de légères veines jaunâtres dirigées en éventail de la base vers les bords. Gynostème obtus, subcylindrique, plane en avant, convexe en arrière, de moitié plus court que le labelle et en grande partie d'un pourpre violâtre. Stigmate subarrondi, purpurin. Anthère d'un rouge violacé, munie de papilles en dehors. Masses polliniques allongées, recourbées, blanchâtres. Ovaire linéaire, subsessile, un peu rétréci et contourné à la base, pubescent, d'un vert glaucescent, à côtes rougeâtres. Bractées lancéolées, aiguës, nerviées longitudinalement, légèrement ciliées sur les bords, vertes, égalant ou dépassant l'ovaire. Feuilles un peu distiques et étalées, étroitement lancéolées-aiguës, d'un vert foncé, glabres, nerviées longitudinalement, à deux nervures plus saillantes, réduites à des gaînes vers le bas de la tige. Tige de 2 à 5 décimètres environ, cylindrique, sillonnée, un peu flexueuse, nue, pubescente et légèrement scabre au sommet. Rhizome presque cylindrique, allongé, un peu oblique, à fibres radicales nombreuses.

Collines et vallons: bois du Var, vallon de St-André; Menton. — Région montagneuse (assez commun): vallée de Loude, le Villars, St-Martin-Lantosque, etc. — Mai, juin.

EXPLICATION DES FIGURES.

Pl. 4. Fig. 1-18.

1-2. Plante entière.
3. Autre plante entière.
4. Fleur étalée grossie avec les divisions périgonales supérieures détachées.
5-6. Fleurs étalées.

7. Fleur vue de face sans les divisions périgonales supérieures; *a.* gynostème et hypochile; *b.* épichile détaché.
8. Fleur de profil sans les divisions périgonales supérieures.
9. Autre fleur de profil avec bractée.
10. Autre fleur de profil avec les divisions périgonales supérieures.
11. Gynostème vu de face; *a.* anthère; *b. b.* masses polliniques détachées.
12. Granules des masses polliniques grossis.
13. Gynostème vu par derrière.
13ᵃ. Anthère grossie vue par derrière.
13ᵇ. La même vue de face.
14. Gynostème vu de profil.
15. Bractée.
16. Capsule.
17. Section transversale de la capsule grossie.
18. Semence considérablement grossie.

SECONDE TRIBU.

NÉOTTIÉES.

NEOZIEE *Parl. fl. ital.* 3. *p.* 354. — NEOTTIEÆ *Lindl. orchid. p.* 441. — ORCHIDEÆ *Subord.* V. *Neottieæ Endl. gen. pl. p.* 212. — OPHRYDINEÆ. *Tod. orchid. sic. p.* 115. — NEOTTIACEÆ (*Part.*) *Reich. fil. orchid. p.* 133.

Plantes monandres. Anthère terminale, libre ou continue avec la base du gynostème. Pollen pulvérulent. Masses polliniques fixées à une glande commune. Capsule uniloculaire, à ouverture trivalve. Semences à tégument lâche, atténuées aux extrémités.

PREMIÈRE SOUS-TRIBU.

LISTÉRÉES.

LISTEREE *Parl. fl. ital.* 3. *p.* 354. — LISTERIDÆ *Lindl. Orchid. p.* 441.

Divisions périgonales étalées ou réfléchies. Labelle étalé, sans éperon, continu ou rétréci à sa partie moyenne. Gynostème dressé, un peu arrondi, charnu.

EPIPACTIS *Hall* (EPIPACTIS).

Hall. enum. stirp. Helv. 1. *p.* 277. *C. L. Rich. in mém. du Museum* 4. *p.* 51. *fig.* 8. *Lindl. orchid. p.* 460. *Endl. gen. pl. p.* 213. *Reich. fil. orchid. p.* 139. *Serapiadis species Linn. Pers. et pl. auctor. Parl. fl. ital.* 3. *p.* 354.

Divisions périgonales libres, étalées; les externes et les deux internes de même forme et presque d'égale longueur. Labelle étalé, brusquement rétréci et comme articulé à sa partie moyenne; hypochile concave, nectarifère; épichile plane ou concave, souvent en cœur, recourbé ou réfléchi au sommet, entier, muni à la base de deux gibbosités. Gynostème court, dressé. Stigmate carré. Anthère terminale libre, obtuse, biloculaire, à loges contigües et parallèles, à clinandre court et obtus. Masses polliniques oblongues, bifides, fixées à une glande commune. Ovaire oblong, rétréci à la base, à six côtes, muni d'un pédicelle contourné. Capsule membraneuse, obovée-oblongue, ou elliptique-subglobuleuse, ventrue, à six côtes. Semences très-petites, blanchâtres, fusiformes ou sublinéaires. Tégument formé de cellules simples, atténué aux deux extrémités. Embryon subarrondi ou ovale. Rhizome le plus souvent court, rarement stolonifère, à fibres radicales un peu charnues et réunies en faisceau.

* Epichile plane auriculé de chaque côté. ARTHROCHILIUM, Irmisch, Reich. fil.

EPIPACTIS PALUSTRIS *Crantz.*

Epipactis des marais.

Crantz stirp. austr. p. 462. *Swartz in act. Holm. ann.* 1800. *p.* 232. *Dec. fl. franç.* 3. *p.* 259. *Nocc. et Balb. fl. ticin.* 2. *p.* 157. *Moric. fl. venet.* 1. *p.* 374. *Nacc. fl. venet.* 4. *p.* 146. *Gaud. fl. helv.* 5. *p.* 467. *Reich. fl. germ. excurs.* 1. *p.* 134. *Ten. syll. p.* 461. *Lindl. orchid. p.* 460. *Vis. fl. dalm.* 4. *p.* 183. *Koch syn. fl. germ. et helv. edit.* 2. *p.* 801. *De Not. rep. fl. lig. p.* 394. *Reich. fil. orchid. p.* 139. *Bert. fl. ital.* 9. *p.* 620. *Gren. et Godr. fl. de Franc.* 3. *part.* 1. *p.* 271. *Ambros. fl. Tir. austr.* 1. *p.* 723. *Parlat. fl. ital.* 3. *p.* 356. *Ardoino Fl. anal. du dép. des Alpes-Marit. p.* 359.
Serapias longifolia Linn. syst. nat. edit. 12. *tom.* 2. *p.* 593.
Serapias palustris scop. fl. carn. edit. 2. *tom.* 2. *p.* 204. *Hall. ic. pl. Helv. p.* 49. *Suffren pl. du Frioul. p.* 185. *Ten. fl. nap.* 2. *p.* 319. *Sanguin. cent. tres prodr. fl. rom. add. p.* 126.
Epipactis longifolia All. fl. ped. 2. *p.* 152.
Figure-Fl. dan. tab. 267. *Reich. fil. orchid. ic.* 483.
Epipactis foliis ensiformibus, caulinis, floribus pendulis, labello obtuso, oris plicatis Hall. icon. pl. Helv. tab. 12.
Helleborine palustris, nostras Zannich. istor. delle piant. venet. p. 137. *tab.* 58. *fig.* 2.

Fleurs de 6 à 15 environ, en épi lâche, pendantes, presque unilatérales. Divisions périgonales externes ovales-lancéolées, aiguës, d'un gris rougeâtre ou verdâtre, légèrement furfuracées, carénées et nerviées à l'extérieur ; les deux latérales internes plus courtes que les externes, oblongues, obtuses, d'un blanc rosé. Labelle égalant au moins les divisions périgonales externes; hypochile nectarifère, plus épais vers sa ligne médiane, membraneux, concave, marqué de petites veines, à lobes triangulaires, dressés ou un peu connivents ; épichile plane, presque arrondi, membraneux ; crénelé, bilamellé vers l'articulation, blanc ou légèrement veiné de rose. Gynostème court, aminci à la base et dilaté au sommet. Stigmate presque ovale. Anthère ovale, triangulaire et d'un blanc jaunâtre, ainsi que les masses polliniques. Ovaire oblong, fusiforme, pubescent, plus court que le pédicelle ou l'égalant, d'un vert glaucescent, à côtes d'un brun violâtre. Capsule pendente, oblongue, un peu rétrécie à la base, à six côtes. Bractées lancéolées ou ovales lancéolées, acuminées, multinerviées, à bords légèrement scabres ; les supérieures plus courtes que l'ovaire; les inférieures l'égalant ou le dépassant. Feuilles lancéolées-aiguës, dressées, glabres, nerviées longitudinalement. Tige de 3 à 5 décimètres, pubescente au sommet. Rhizome cylindrique, stolonifère, à fibres radicales filiformes.

Prairies marécageuses de la pointe de Caras. Bois du Var. — Région montagneuse : le Fontan, Grasse, etc. — Juin.

Var. *b.* ochroleuca Nob.

Divisions périgonales d'un blanc jaunâtre. Labelle blanc; épichile taché de jaunâtre à la base. Ovaire d'un vert jaunâtre très-clair.

Je n'ai encore observé cette plante, qui n'est probablement qu'une variation de l'espèce précédente, que dans les prairies marécageuses de la pointe de Caras et des bords du Var, où elle croît mêlée au type dont elle se distingue toujours, au premier aspect, par la couleur jaunâtre de son épi.

EXPLICATION DES FIGURES.

Pl. 5. Fig. 1-24.

1. Plante entière.
2. Épi et partie supérieure de la tige.
3. Fleur étalée avec les divisions périgonales et le labelle détachés.
4. Fleur détachée.
5. Fleur vue de profil.
6. Fleur de profil sans les divisions périgonales supérieures.
7. Gynostème et ovaire.
8 - 9. Gynostèmes grossis vus de face.
10. Gynostème vu de profil.
11. Anthère détachée vue de face.
12. La même vue par derrière.
13. Masses polliniques grossies.
14. Capsule.
15. Section transversale de la capsule grossie.
16. Semence vue à la loupe.
17. Semence considérablement grossie.
18. Plante entière de la variété *b.* ochroleuca.
19. Fleur étalée avec les divisions périgonales détachées.
20. Labelle étalé grossi.

21. Gynostème avec l'anthère vu de face.
22. Le même vu de profil.
23. Masses polliniques grossies.
24. Fleur grossie vue de profil sans les divisions périgonales supérieures ; bractée détachée.

———————

** Epichile concave. EUEPIPACTIS Irmisch, Reich. fil.

EPIPACTIS LATIFOLIA *Swartz*.

Epipactis à larges feuilles.

Epipactis latifolia All. fl. ped. 2 p. 152. Swartz in act. Holm. ann. 1800. p. 232. Dec. fl. franc. 3. p. 259. Nocc. et Balb. fl. ticin. 2. p 157. Bert. amœn ital. p. 417. Moric. fl. venet. 1. p. 376. Pollin. fl. veron. 3. p. 31. ex parte. Nacc. fl. venet. 4. p. 116. Gaud. fl. helv. 5 p 165. Reich. fl. germ. excurs. 1. p. 133. Ten syll. p. 460. Lindl. orchid. p. 461. Vis fl. dalm. 1. p. 183. Tod. orchid. sic. p. 128. Koch syn. fl. germ. et helv. edit. 2. p. 801. Guss. syn. fl. sic. 2. p. 557. De Not rep. fl. lig. p. 394. Puccin syn. fl. luc. p. 284. Bert. fl. ital. 9. p. 623. Gren. et Godr. fl. de Franc. 3. part. 1. p. 270 Ambros. fl. Tir. austr. 1. p. 528. var. a Parlat. fl. ital. 3. p. 357. Ardoino fl. anal. du dép. des Alpes-Marit. p. 359.

Serapias Helleborine Linn. sp. pl. p. 1344. var. a Serapias latifolia Linn. syst. nat. edit. 12. tom. 2. p. 493. et mant. alt. p 490. Suffr. pl. du Frioul. p. 185. Ten. fl. nap. 2. p. 318. var. b. Seb. et Maur. fl. rom. prodr. p. 314.

Epipactis Helleborine var. viridans Reich. fil. orchid. p. 143.

Elleborine ovvero Epipattide del Pena, del Lobelio e del Dodoneo Pona Mont. Bald. p. 211 et 213.

Helleborine latifolia montana Cup. h. cath. suppl. p. 214. et suppl. alt. p. 35. Seg. pl. veron. 2. p. 135. Zannich. istor. delle piante venet. p. 136. tab. 86. f. 2.

Figure. — Reich. fil. orchid. tab. 488.

Epipactis foliis amplexicaulibus, ovato-lanceolatis, labello lanceolato Hall. ic. pl. Helv. tab. 44.

Epi allongé, à fleurs nombreuses, penchées et presque unilatérales. Divisions périgonales campanulées, étalées, ovales ; les externes acuminées, réfléchies au sommet, glabres ou presque glabres, d'un vert clair en dehors, roses, d'un rose violacé ou verdâtres en dedans, tri-quinquinerviées, un peu carénées, à nervures latérales verdâtres et seulement en partie apparentes en dehors ; les internes latérales un peu plus larges et plus courtes que les externes, aiguës, carénées. Labelle un peu plus court que les divisions externes ; hypochile concave, subarrondi, nectarifère, d'un brun noirâtre en dedans ; épichile d'un rose violacé, largement ovale-acuminé, recourbé au sommet, bigibbeux et papilleux à la base. Gynostème court et épais. Stigmate presque carré. Anthère jaunâtre. Masses polliniques d'un jaune clair. Glande commune obtuse et blanchâtre. Ovaire pédicellé, allongé, aminci à la base, vert, à six côtes longitudinales. Capsule penchée,

allongée, obovée, glabre ou presque glabre, à six côtes. Semences linéaires, blanchâtres. Bractées vertes, largement lancéolées, acuminées, multinerviées, étalées ou dirigées en bas ; les inférieures plus longues que les fleurs ; les supérieures aussi longues ou plus longues que l'ovaire. Feuilles largement ovales, aiguës, obtusiuscules, engaînantes à la base, plus longues que leurs entre-nœuds, ondulées et un peu scabres sur les bords, vertes, glabres, à nervures nombreuses et saillantes à la face inférieure ; les caulinaires lancéolées plus ou moins embrassantes ; les supérieures bractéiformes ; les inférieures réduites à des gaînes d'un blanc jaunâtre. Tige de 3 à 6 décimètres et plus, robuste, cylindrique ou un peu anguleuse, plus ou moins pubescente, violacée et glabre à la base. Rhizome assez épais, à fibres charnues, assez grosses, blanchâtres et parfois pubescentes.

Bois, collines et vallons : vallons de St-André, de Magnan, de la Mantega ; Menton. — Région montagneuse : bois du Ferghet, de la Fraccia ; St-Martin-Lantosque, Entraunes, Grasse, etc. — Juin.

—

Var. *b*. **viridiflora**. *Epipactis viridiflora Hoff. p. 142. 3. Varians Orants. Reich. fil. pl. 135.*

Epi allongé, lâche. Divisions périgonales externes lancéolées, d'un vert jaunâtre, parfois lavées d'un rose violacé ; les internes presque égales, jaunâtres ; hypochile oblong, d'un brun rougeâtre ou noirâtre ; épichile allongé, rhomboïdal, aigu, plus ou moins crénelé sur les bords, d'un blanc jaunâtre ou rosé, à callosités plus foncées. Ovaire fusiforme, sensiblement aminci en un pédicelle tordu. Bractées plus ou moins lancéolées, égalant ou dépassant les fleurs. Feuilles oblongues-lancéolées, plus longues que leurs entre-nœuds, à bords ondulés. Tige flexueuse, souvent assez grêle, plus ou moins pubescente ou glabre, subarrondie, verte au sommet, et d'un vert violacé à la base.

Région montagneuse : bois du Ferghet, de la Fraccia, etc. — Juin, juillet.

—

EXPLICATION DES FIGURES.

Pl. 6. Fig. 1-11.

1-3. Plante entière.
4. Epi et tige sans racine.
5. Fleur étalée avec les divisions périgonales supérieures détachées.
6-7. Labelles détachés.
8. Fleur de profil, sans les divisions périgonales supérieures.
9. Partie supérieure du gynostème grossi, avec l'anthère relevée ; a. masses polliniques.
10. Gynostème grossi, vu de face.
11. Le même, vu de profil.

Pl. 7. Fig. 1-4.

1. Plante entière de la var. *b*. viridiflora.
2. Fleur étalée avec les divisions périgonales supérieures détachées.
3. Fleur de profil, sans les divisions périgonales supérieures.
4. Partie supérieure du gynostème grossi, avec l'anthère relevée ; *a*. masses polliniques.

EPIPACTIS ATRORUBENS *Hoffm*.

Epipactis pourpre-brun.

Epipactis atrorubens Hoffm oesterr. fl. 1. p. 58. ex Lindl. Reich. fl. germ. excurs. 1. p. 133. Gren. et Godr. fl. de Franc 3. part. 1. p. 270. Parlat. fl. ital. 3. p. 359. Ardoino fl. anal. du dép. des Alpes-Maritimes, p. 359.
Serapias atrorubens Hoffm. deutsch. fl. 2. p. 182.
Epipactis latifolia b. rubiginosa Gaud. fl. helv. 5. p. 465.
Epipactis media Fries mant. 2. p. 54.
Epipactis rubiginosa Koch syn. fl. germ. et helv. edit. 2. p. 801.
Epipactis Helleborine rubiginosa Reich. fil. orchid. p. 144.
Epipactis latifolia Bert. fl. ital. 9. p. 623 ex parte.
Epipactis latifolia b. atrorubens Ambros. fl. tir. austr. 1. p. 729.
Figure. — Gunn. fl. norv. tab. 5. f. 3. 4. Reich. fil. orchid. tab. 485.

Epi allongé, à fleurs nombreuses, penchées, subunilatérales. Divisions périgonales campanulées, étalées, ovales, aiguës, presque égales entre elles, un peu réfléchies au sommet, trinerviées ; les externes à dos pubérulent, vertes, lavées de violet; les internes glabres, un peu plus larges que les externes, rosées, ou d'un pourpre plus ou moins foncé, à bords parfois ondulés. Labelle étalé, un peu plus court que les divisions périgonales externes; hypochile concave, oblong, nectarifère, aqueux, d'un violet foncé ou noirâtre; épichile acuminé, en cœur, violacé ou d'un pourpre foncé, muni à la base de deux lames pliées-crépues. Gynostème et stigmate d'un blanc jaunâtre. Anthère triangulaire, d'un blanc jaunâtre. Masses polliniques d'un jaune clair. Glande commune blanchâtre. Ovaire pubescent, vert, lavé de violet, à six côtes, allongé, rétréci à la base en un pédicelle court et contourné. Capsule elliptique, subarrondie, légèrement rétrécie à la base, pubérulente, penchée. Semences allongées. Bractées lancéolées ou ovales-acuminées, multinerviées ; les inférieures un peu plus longues que les fleurs; les supérieures un peu plus courtes. Feuilles ovales-oblongues, larges, aiguës, multinerviées, d'un vert foncé, plus longues que leurs entrenœuds; les supérieures plus étroitement lancéolées;

les inférieures réduites à des gaines. Tige de 3 à 5 décimètres, flexueuse, pubescente et rougeâtre. Rhizome assez épais, à fibres charnues.

Collines et vallons: St-André près la grotte; la Trinité, Drap. — Région montagneuse: Berre, bois du Ferghet, St-Martin-Lantosque, St-Étienne-des-Monts. — Juin, juillet.

EPIPACTIS MICROPHYLLA *Swartz*.

Epipactis à petites feuilles.

Epipactis microphylla Swartz in act. holm. ann. 1800. p. 232. Reich. fl. germ. excurs. 1. p. 133. Ten. syll. p. 461. et fl. nap. 5. p. 212. Vis. fl. dalm. 1. p. 183. Tod! orchid. sic. p. 126. Koch syn. fl. germ. et helv. edit. 2. p. 801. Guss. syn. fl. sic. 2. p. 556. De Not! rep. fl. lig. p. 391. Puccin. syn. fl. luc. p. 481. Bert. fl. ital. 9. p. 622. Gren. et Godr. fl. de Franc. 3. part. 1. p. 271. Guss. enum. pl. inarim, p. 324. Parlat. fl. ital. 3. p. 361. Ardoino fl. anal du dép. des Alpes-Marit. p. 360.
Serapias microphylla Ehrh. beitr. 4. p. 42. Sang. cent. tres prodr. fl. rom. add. p. 125.
Epipactis latifolia b. microphylla Dec. fl. franc. 5. p. 334.
Serapias latifolia var. foliis brevibus, spica minori, floribus albis Seb. et Maur. fl. rom. prodr. p. 314.
Epipactis latifolia var. c. Ten. fl. nap. 2. p. 319.
Epipactis Helleborine microphylla Reich. fl. orchid. p. 144.
Figure. — Reich. fil. orchid. tab. 484.

Epi ordinairement pauciflore, parfois à fleurs nombreuses, petites, assez distantes entre elles, pendantes et unilatérales. Divisions périgonales campanulées, un peu étalées, ovales, aiguës, réfléchies au sommet, trinerviées, carénées; les externes pubérulentes et d'un vert pâle lavé de violet en dehors, d'un jaune verdâtre ou rougeâtre en dedans; les internes latérales de même forme que les externes, mais un peu plus courtes, d'un blanc verdâtre sur les deux faces. Labelle plus court que les divisions externes; hypochile en forme de sac, oblong, nectarifère; épichile ovale en cœur, obtusiuscule, à bords crépus, fimbriés vers la base, muni vers l'articulation de deux lames pliées crépues, blanc et légèrement verdâtre au centre. Gynostème et stigmate blanchâtres. Anthère triangulaire, d'un blanc jaunâtre. Masses polliniques d'un jaune pâle. Glande blanchâtre. Ovaire pubescent, presque turbiné, d'un vert grisâtre lavé de violet, trigone à angles obtus, insensiblement aminci vers la base. Pédicelle contourné, plus court que l'ovaire. Capsule allongée, un peu rétrécie à la base, pendante, pubescente. Semences linéaires, blanchâtres. Bractées étroites, lancéolées, acuminées, d'un vert grisâtre, trinerviées; les supérieures plus courtes que l'ovaire; les inférieures le dépassant parfois. Feuilles ovales-lancéolées, acuminées, d'un vert grisâtre, à bords un peu scabres, à nervures nombreuses; les supérieures étroitement lancéolées-linéaires, plus courtes que leurs entrenœuds; les inférieures réduites à des gaînes. Tige de 2 à 5 décimètres, grêle, flexueuse, pubescente, d'un vert glaucescent ou rougeâtre. Rhizome court, à fibres assez épaisses, blanches.

Collines et vallons: Gairaut, vallon de Laghet (Vigon). — Région montagneuse: bois du Ferghet et de Peillasque (Canut). — Juin.

NEOTTIA *Linn.* (NÉOTTIE).

Linn. in act. ups. ann. 1740. *p.* 33. *C. L. Rich. in mém. du Museum* 4. *p.* 51. *fig.* 7. *Lindl. orchid. p.* 457. *Endl. gen. pl. p.* 213. — *Ophrydis species Linn. sp. pl. p.* 1339 *et pl. auct.* — *Epipactidis species All. fl. ped.* 2. *p.* 151. — *Listeræ species Smith engl. fl.* 4. *p.* 38. — *Neottieæ species Reich. fil. orchid. p.* 145.

Divisions périgonales libres, conniventes en voûte; les internes presque égales aux externes et de même forme. Labelle plus long que les divisions périgonales, étalé, dirigé en avant, en forme de sac à la base, trilobé; lobes latéraux très-petits et formant seulement un angle; lobe médian divisé en deux lanières élargies au sommet et divergentes. Gynostème subarrondi, acuminé. Anthère terminale, libre, persistante, biloculaire; à loges parallèles, contiguës, insérée au sommet du gynostème vers son bord postérieur. Masses polliniques: deux, bipartites, linéaires-oblongues, fixées à une glande commune. Staminodes nuls. Ovaire ovale-oblong, subtriquètre et à pédicelle contourné. Capsule coriace, ovale-oblongue, à six côtes, comme tronquée et denticulée à la base endurcie du gynostème et des divisions périgonales. Semences très-petites, sublinéaires. Tégument formé de cellules simples, atténué aux deux extrémités. Embryon ovale. Rhizome à fibres radicales charnues, très-nombreuses, rapprochées entre elles de manière à former une masse conique.

NEOTTIA NIDUS AVIS *C. L. Rich.*

Néottie nid-d'oiseau.

Neottia Nidus avis C. L. Rich. in mém. du Museum 4. *p.* 51. *fig.* 7. *Gaud. fl. helv.* 5. *p.* 472. *Ten. syll. p.* 461. *Lindl. orchid. p.* 458. *Vis. fl. dalm.* 1. *p.* 182. *Koch.* *syn. fl. germ. et helv. edit.* 1. *p.* 802. *Guss. syn. fl. sic.* 2. *p.* 538. *De Not. rep. fl. lig. p.* 393. *Gries. spic. fl. rum. et byth.* 2. *p.* 368. *Puccin! syn. fl. luc. p.* 485. *Reich. fil. orchid. p.* 145. *Bert. fl. ital.* 9. *p.* 614. *Gren. et Godr. fl. de Franc.* 3. *part.* 1. *p.* 273. *Ambros! fl. tir. austr.* 1. *p.* 730. *Parlat fl. ital.* 3. *p.* 361. *Ardoino fl. anal. du dép. des Alpes-Marit. p.* 361.

Ophrys Nidus avis Linn. sp. pl. p. 1339. et mant. all. p. 488.

Suffr. pl. du Frioul p. 185. Balb. fl. taur. p. 149.
Epipactis Nidus avis All. fl. ped. 2. p. 151. Dec. fl.
franç. 3. p. 260. Nocc. et Balb. fl. ticin. 2. p. 158. Ten.
fl. nap. 2. p. 322. Seb. et Maur. fl. rom. prodr. p. 315.
Bert. amœn. ital. p. 418. Poltin. fl. veron. 3. p. 36.
Listera Nidus avis Smith engl. fl. 4. p. 38.
Satirio abortivo del Lobelio Pona Mont. Bald. p. 238.
Orchis abortiva fusca cup. h. cath. p. 158.
Fig. — Flor. dan. tab. 181. Reich. fil. orchid. tab. 173.
Epipactis aphylla, flore inermi, labello bicorni Hall. ic.
pl. Helv. tab. 40.

Épi allongé, assez gros, dense au sommet; à fleurs nombreuses. Divisions périgonales libres, concaves, conniventes, obovées-oblongues, d'un jaune terreux roussâtre; les internes aussi longues que les externes, de même forme, mais plus étroites. Labelle d'un brun roussâtre, deux fois plus long que les divisions périgonales, étalé, dirigé en avant, en sac à la base, trilobé; lobes latéraux très-petits; lobe médian divisé en deux lanières élargies au sommet, divergentes et recourbées en faulx. Gynostème subcylindrique, d'un blanc sale, portant au sommet un stigmate transversal étroit. Anthère oblongue, en cœur, d'un blanc jaunâtre, située un peu en arrière du stigmate. Masses polliniques d'un jaune très-clair. Ovaire ovale allongé, légèrement rétréci à la base. Pédicelle contourné. Capsule plus ou moins dressée ou horizontale, coriace, subtrigone, à six côtes, dont trois très-proéminentes, un peu tronquée et denticulée à la base endurcie du gynostème et des divisions périgonales. Semences sublinéaires. Bractées lancéolées-aiguës, de la couleur des fleurs. Feuilles réduites à des écailles engaînantes, d'une couleur brunâtre; les supérieures sensiblement plus longues et comme renflées au sommet. Tige de 3 décimètres environ, grosse, cylindrique, d'un blanc jaunâtre, pubérulente, et munie de poils glanduleux au sommet. Rhizome vertical, à fibres radicales simples, nombreuses, étroitement fasciculées, grosses, cylindriques, jaunâtres, obtuses aux extrémités, graduellement plus courtes de bas en haut, de manière à former une sorte de pyramide du sommet de laquelle sort la tige. Cette plante a le port et le facies d'une orobanche.

Collines et vallons; région montagneuse; bois de la Maïris, de la Fraccia, Forêt de Clans, de Saint-Martin-Lantosque, Saint-Étienne-des-Monts, Crasse, etc. — Mai, juin.

Obs. — J'ai trouvé, sur la colline de Cimiez, cette espèce plus grêle et plus petite dans toutes ses parties; on pourrait la considérer comme une forme méridionale.

—

EXPLICATION DES FIGURES.
Pl. 9. Fig. 1-12.

1. Plante entière.
2. Fleur vue de face.
3. Fleur vue de côté.
4. Fleur étalée avec les divisions périgonales supérieures détachées.
5. Gynostème vu de face.
6. Le même vu de profil.
7. Le même vu de face avec l'anthère relevée; a. a. masses polliniques détachées.
8. Autre plante entière de la variété méridionale.
9. Fleur vue de face.
10. La même vue de côté sans les divisions périgonales supérieures.
11. Autre fleur vue par derrière.
12. La même vue de côté.

LISTERA R. *Brown.* (LISTÈRE).

R. Brown in Ait. h. kew. 5. p. 301. Lindl. orchid. p. 455. Endl. gen. pl. p. 213. — Ophrydis species Linn. sp. pl. p. 1340. — Epipactidis species All. fl. ped. p. 2. 151, 152. et pl. auctor. — Neottiœ species C. L. Rich. in mém. du Museum 4. p. 59. Reich. fil. orchid. p. 147. 149.

Divisions périgonales libres, conniventes. Labelle dirigé en avant, dépourvu d'éperon, pendant, égal à la base, trilobé; lobes latéraux très-petits, dressés; lobe médian grand, bifide. Gynostème très-court, acuminé. Stigmate épais, horizontal. Anthère biloculaire, libre, sessile, persistante. Masses polliniques: deux, bipartites, subclaviformes, fixées à une glande commune. Ovaire subglobuleux. Pédicelle contourné. Capsule membraneuse, elliptique, globuleuse ou subglobuleuse, à six côtes peu saillantes. Semences très-petites, linéaires, un peu courbées. Tégument formé de cellules simples, atténué aux deux extrémités. Embryon subarrondi. Rhizome à fibres radicales nombreuses, un peu charnues.

LISTERA OVATA *R. Brown.*

Listère à feuilles ovales.

Listera ovata R. Brown in Ait. h. kew. 5. p. 201.
Lindl. orchid. p. 455. Reich. fl. germ. excurs. 1. p. 133.
Koch syn. fl. germ. et helv. edit 2. p. 804. Boiss. voy.
en Espagn. p. 599. Comoll! fl. comens. 6. p. 391. Guss!
syn. fl. sic. 2. p. 557. Puccin! syn. fl. luc. p. 185. De
Not. rep. fl. lig. p. 393. Bert. fl. ital. 9. p. 646. Gren.
et Godr. fl. de Franc. 3. part. 1. p. 272. Ambros! fl.
tir austr. 1. p. 732. Parlat. fl. ital. 3. p. 367. Ardoino
fl. anal. du dép. des Alpes-Marit. p. 360.
Ophrys ovata Linn. sp. pl. 1340, Ucria h. r. pan.
p. 384.
Savi. fl. pis. 2. p. 301. Todar! orchid. sic. p. 130.
Epipactis ovata All. fl. ped. 2. p. 151. Dec. fl. franç. 3.
p. 261. Nocc. et Balb. fl. tic. 2. p. 159. Seb. et Maur.
fl. rom. prodr. p. 316. Pollin. fl. veron. 1. p. 37. Ten.
fl. nap. 2. p. 322.
Neottia latifolia C. L. Rich. in mém. du Museum 4. p. 59.
Ten. syll. p. 461. Moris! stirp. sard. elench. fasc. 1.
p. 44.
Neottia ovata Bluff. et Fingerh. comp. fl. germ. p. 453.
Gaud. fl. helv. 5. p. 474. Reich. fil. orchid. p. 147.
Ophrys. Cœsalp. de plant. lib. 10. cap. 48. p. 430. et
herb. fol. 226. n. 631. Bisfoglio Calc. viaggio di Monte
Baldo. p. 11.
Orchis falso o Bifolio del Dodoneo da alcuni Ophrys
Pliniano creduto Pona Mont. Bald. p. 189.
Ophrys bifolia Seg. pl. veron. 2. p. 138. Zannich. opusc.
posth. p. 73.
Figure.— Flor. dan. tab. 137. Reich. fl. orchid. tab. 179.
Epipactis foliis binis ovatis, labello bifido Hall icon.
plant. Helv. 2. p. 150. tab. 39.

Epi allongé, un peu lâche, à fleurs nombreuses,
petites, verdâtres, disposées en grappe. Divisions
périgonales obtusiuscules, à bords parfois d'un
violet clair; les externes ovales; les internes latérales linéaires, à peine plus courtes et de moitié
plus étroites que les externes. Labelle dépourvu
d'éperon, plane, pendant, trilobé; lobes latéraux
très-petits, dressés; lobe médian, presque trois fois
plus long que les divisions périgonales, linéaire
et un peu rétréci à la base, muni de deux petites
lignes longitudinales, profondément bifide, à lanières linéaires très-obtuses. Gynostème court,
épais, voûté à sa partie dorsale supérieure. Stigmate épais, horizontal. Anthère oblongue. Masses
polliniques claviformes. Ovaire subglobuleux. Pédicelle contourné, courbé, dressé, plus long que
l'ovaire. Capsule d'un vert lavé de violâtre, glabre,
elliptique, subglobuleuse ou subglobuleuse, membraneuse, à six côtes peu saillantes. Semences linéaires,
blanchâtres. Bractées très-courtes, ovales-acuminées, vertes. Feuilles au nombre de deux, situées
un peu au-dessous du milieu de la tige, très-rapprochées et paraissant opposées, largement ovales
ou elliptiques, assez épaisses, obtuses, légèrement

mucronulées, vertes, glabres, à cinq nervures longitudinales. Tige de 3-5 décimètres et plus, dressée,
cylindrique, pubescente, d'un vert clair, et munie
de bractées à sa partie supérieure; anguleuse,
glabre, blanche, et plus épaisse au-dessous des
feuilles, ayant vers sa base deux ou trois gaines
membraneuses, blanchâtres. Rhizome court, à fibres
nombreuses, longues, assez grosses, contournées.

Lieux ombragés et humides, bois frais: bois du
Var, vallon de Magnan, vallon Obscur, vallon de
Contes. Région montagneuse: Berre, La Maïris, etc.
— Mai, juin.

EXPLICATION DES FIGURES.
Pl. 9. Fig. 13-16.

13. Plante entière.
14. Epi en partie en fructification.
15. Fleur vue de face.
16. Capsule.

LISTERA CORDATA *R. Brown.*

Listère à feuilles en cœur.

Listera cordata R. Brown in Ait. h. kew. 5. p. 201.
Lindl. orchid. p. 456. Reich. fl. germ. excurs. 1. p. 133.
Koch syn. fl. germ. et helv. edit. 2. p. 801. Bert. fl
ital. 9 p. 648. Gren. et Godr. fl. de Franc. 3. part. 1.
p. 272. Ambros! fl. tir. austr. 1. p. 733. Parlat. fl. ital. 3.
p. 369. Ardoino fl. anal. du dép. des Alpes-Marit. p. 360.
Ophrys cordata Linn. sp. pl. 1340. var. a Hall. ic.
pl. Helv. p. 45.
Epipactis cordata All. fl. ped. 2. p. 152.
Neottia cordata C. L. Rich. in mém du Museum 4. p. 59.
Reich. fil. orchid. p. 149.
Figure. — Gunn. fl. norveg. p. 2. tab. III. f. 6. 7. 8.
Fl. dan. tab. 1278. Reich. fil. l. c. tab. 480.
Ophrys foliis cordatis Hall. icon. plant. Helv. tab. 22.

Epi court, grêle, un peu lâche, pauciflore, à
fleurs petites, verdâtres. Divisions périgonales étalées, oblongues, obtuses; les internes presque aussi
longues que les externes et de même forme.
Labelle plane trilobé; lobes latéraux petits, linéaires,
dressés, acuminés; lobe médian plus long que les
divisions périgonales externes, linéaire, bifide, à
lanières linéaires-acuminées. Gynostème court,
épais. Stigmate subréniforme. Anthère oblongue.
Masses polliniques en massue. Ovaire fusiforme.
Pédicelle court, contourné. Capsule subglobuleuse,
d'un vert pâle, à côtes rougeâtres, plus longue que
le pédicelle. Bractées ovales, aiguës, vertes; plus
courtes que, le pédicelle. Feuilles au nombre de
deux, situées un peu au-dessous du milieu de la
tige, très-rapprochées et paraissant opposées, en
cœur, obtuses, mucronulées, vertes, luisantes en

dessus et à cinq nervures. Tige de deux décimètres environ, très-grêle, dressée, presque quadrangulaire, glabre, un peu plus épaisse au-dessous des feuilles, et munie d'une ou de deux gaînes brunes à la base. Rhizome grêle, délié, à fibres radicales blanchâtres et pubescentes.

Montagnes et région alpine (très-rare): Forêt de Clans (Montolivo), col de Fenestre (De Not.). — Juin.

—

SECONDE SOUS-TRIBU.

SPIRANTHÉES.

Spirantee *Parl. fl. ital.* 3. p. 371. — Spiranthidæ *Lindl. orchid.* p. 441.

Divisions périgonales serrées, plus ou moins conniventes. Labelle de forme variée parallèle au gynostème, prolongé en sac ou en éperon à la base. Gynostème subcylindrique charnu.

SPIRANTHES *C. L. Rich.* (SPIRANTHE).

C. L. Rich. in mém. du Museum 4. p. 50. *Lindl. orchid.* p. 463. *Endl. gen. pl.* p. 212. *Reich. orchid.* p. 150. *Parl. fl. ital.* 3. p. 371. — *Ophrydis species Linn. sp. pl.* p. 1340. — *Srapiadis species Scop. fl. carn. edit.* 2. *tom.* 2. p. 201. — *Epipactidis species All. fl. ped.* 2. p. 152. — *Neottiœ species Wild. spl. pl.* 4. p. 74. *et pl. auctor.* — *Orchiastrum Mich. nov. pl. gen.* p. 30.

Divisions périgonales soudées en partie. Labelle entier, crénelé ou frangé sur les bords, canaliculé embrassant le gynostème, et un peu en forme de sac à la base. Gynostème subarrondi, court, prolongé inférieurement en une lame bifide sur laquelle l'anthère s'appuie. Stigmate ovale. Anthère biloculaire, libre, aiguë, persistante. Masses polliniques linéaires, claviformes, bifides, fixées à une glande commune. Staminodes lamelliformes, courts, aigus. Ovaire oblong, linéaire, parfois contourné, à dos gibeux vers le sommet, subsessile et formant un angle avec le périgone. Capsule membraneuse, linéaire, oblongue, ovale, à six côtes. Semences très-petites, linéaires. Tégument formé de cellules fibreuses, aminci aux deux extrémités. Embryon ovale. Fibres radicales 2-5, renflées et charnues. Fleurs disposées en spirale.

SPIRANTHES ÆSTIVALIS *C. L. Rich.*

Spiranthe d'été.

Spiranthes œstivalis C. L. Rich. in mém. du Museum 4. p. 58. *Gaud. fl. helv.* 5. p. 477. *Reich. fl. germ. excurs* 1. p. 127. *Lindl. orchid.* p. 464. *Koch syn. fl. germ. et helv. edit.* 2. p. 802. *De Not. rep. fl. lig.* p. 393. *Puccin! syn. fl. luc.* p. 486. *Comolli! fl. comens.* 6. p. 392. *Reich. fil. orchid.* p. 151. *Bert. fl. ital.* 9. p. 612. *Gren. et Godr. fl. de Franc.* 3. *part.* 1. p. 267. *Ambros! fl. Tir. austr.* 1. p. 735. *Parlat. fl. ital.* 3. p. 372. *Arduino fl. anal. du dép. des Alpes-Marit.* p. 360. *Ophrys spiralis γ Linn. sp. pl.* p. 1340. *Neottia spiralis γ Willd. sp. pl.* 4 p. 74.

Ophrys œstiva Balb. elench. in add. ad. fl. pedem. p. 96. *et misc. bot.* 1. p. 10. *Ophrys œstivalis Lamk. encycl. bot.* 4. p. 567. *Neottia œstivalis Dec. fl. franç.* 3. p. 258. *Pollin. fl. veron.* 3. p. 32. *Nacc. fl. venet.* 4. p. 145. *Orchiastrum œstivum, palustre, spirale, album, odoratum Mich. nov. pl. gen.* p. 30. *tab.* 26. *Orchis spiralis, alba, odorata Zannich. istor. delle piante venet.* p. 199 *ex parte.*

Figure. — *Reich. fil. orchid. tab.* 175. *Epipactis bulbis radicalibus oblongis, labello articulato crenato Hall. icon. pl. Helv. tab.* 11. *Orchis spiralis odorata Zannich. l. c. tab.* 86. *fig.* 1. 3.

Epi étroit, à fleurs petites, blanches, assez rapprochées entre elles, disposées en spirale et subunilatérales. Divisions périgonales conniventes et subcampanulées au sommet; les externes lancéolées, obtusiuscules, trinervées, verdâtres, pubérulentes sur le dos et un peu en forme de sac à la base; les internes linéaires, presque spathulées, obtuses et un peu courbées en faulx. Labelle ovale oblong, à bords frangés ou crénelés. Gynostème court, verdâtre, incliné en avant. Stigmate presque elliptique, d'un vert clair. Anthère obtuse, triangulaire, d'un rouge brique. Masses polliniques allongées, d'un jaune clair. Ovaire subsessile, allongé-linéaire, vert, un peu contourné, presque glabre, à six côtes proéminentes. Capsule obovée-oblongue, d'un vert clair ou rougeâtre. Semences très-petites linéaires. Bractées plus longues que l'ovaire, lancéolées, aiguës, concaves, canaliculées, d'un vert clair, à cinq nervures dont deux très-courtes. Feuilles lancéolées-linéaires, obtusiuscules, canaliculées, carénées, dressées, assez rapprochées de la tige et d'un vert jaunâtre; les supérieures bractéiformes; les inférieures réduites à des gaines brunes. Tige de 2 à 4 décimètres environ, droite, presque cylindrique, légèrement pubérulente au sommet, d'un vert pâle ou jaunâtre. Fibres radicales fusiformes, allongées, charnues, d'un blanc sale.

Prairies marécageuses de la pointe de Caras et des bords du Var; golfe Jouan (Thuret et Bornet). — Région montagneuse: Grasse, Maures de Tanneron, etc. — Juin, juillet.

EXPLICATION DES FIGURES.

Pl. 10. Fig. 1-6.

1. Plante entière.
2. Epi.
3. Fleur grossie vue de face avec les divisions périgonales détachées.
4. Fleur grossie vue de côté avec bractée.
5. La même sans bractée et sans divisions périgonales supérieures.
6. Gynostème grossi vu de côté avec l'anthère relevée.

SPIRANTHES AUTUMNALIS *C. L. Rich.*

Spiranthe d'automne.

Spiranthes autumnalis C. L. Rich. in mém. du Museum 4. p. 59. Gaud. fl. helv. 5. p. 478. Reich. fl. germ. excurs. 1. p. 127. Lindl. orchid. p. 469. Vis. fl. dalm. 1. p. 475. Tod l orchid. sic. p. 132. Koch. syn. fl. germ. et helv. edit. 2. p. 802. Guss. syn. fl. sic. 2. p. 559. De Not. rep. fl. lig. p. 393. Gries. spir. fl. rum. et bith. 2. p. 368. Puccin l syn. fl. luc. p. 486. Comoll. fl. comens. 6. p. 393. Reich. fil. orchid. p. 150. Bert. fl. ital. 9. p. 610. Gren. et Godr. fl. de Franc. 3. part. 1. p. 267. Ambros. fl. Tir. austr. 1. p. 736. Guss. enum. pl. inarim. p. 325. Parlat. fl. ital. 3. p. 371. Ardoino fl. anal. du dép. des Alpes-Marit. p. 360.

Ophrys spiralis Linn. sp. pl. p. 4340. Ucriah. r. pan. p. 384. Savi fl. pis. 2. p. 302. Suffren pl. du Frioul p. 175. Bert. pl. genuens. p. 424.

Serapias spiralis Scop. fl. carn. edit. 2. tom. 2. p. 201.

Epipactis spiralis All. fl. ped. 2. p. 152.

Ophrys autumnalis Balb. elench. in addit. ad fl. ped. p. 96 et misc. bot. 1. p. 40.

Neottia spiralis Willd. sp. pl. 4. p. 74. var. a. Dec. fl. franç. 3. p. 257. Biv. sic. pl. cent. 1. p. 57. Seb. et Maur. fl. rom. prodr. p. 313. Bert. amœn. ital. p. 203. Moric. fl. venet. 1. p. 373. Ten. fl. nap. 2. p. 314. Nacc. fl. venet. 4. p. 144.

Neottia autumnalis Ten. syll. p. 464.

Orchis spiralis, alba, odorata Cup. h. cath. p. 138. Zannich. istor. delle piant. venet. p. 199. ex parte.

Orchiastrum autumnale, pratense, spirale, album, odoratum Mich. nov. pl. gen. p. 30. Seg. pl. veron. suppl. p. 252. tab. 8. fig. 9.

Figure. — *Flor. dan. tab. 387. Reich. fil. orchid. tab. 474.*

Epi étroit, à fleurs petites, blanches, assez rapprochées entre elles, disposées en spirale et exhalant une odeur agréable analogue à celle de la vanille. Divisions périgonales un peu en forme de sac à la base, et conniventes; les externes lancéolées-linéaires, obtusiuscules, d'un verdâtre et pubescent; les internes latérales ligulées, uninervées et un peu plus courtes que les externes. Labelle presque aussi long que les divisions externes, obové, émarginé, canaliculé, à bords frangés et crénelés, un peu en forme de sac à la base. Gynostème d'un vert clair, court, subcylindrique, plus épais au sommet, incliné en avant, dirigé parallèlement au labelle, sillonné et pubescent à la face antérieure. Stigmate ovale, arrondi, un peu elliptique, muni à sa partie inférieure d'une rangée de poils. Anthère située dans une petite fossette creusée en arrière et vers le sommet du gynostème. Masses polliniques allongées, claviformes, profondément bifides, d'un blanc jaunâtre. Glande commune linéaire ou linéaire-allongée, blanchâtre, marquée d'une ligne longitudinale brune et retenue par les deux petites dents du sommet du bec de l'anthère situé au-dessus du stigmate, vers le bord antérieur de la fossette. Ovaire subsessile, ovale, allongé, coudé au sommet et d'un vert pâle. Capsule ovale, pubescente, d'un vert glaucescent lavé de teintes rougeâtres, à trois côtes saillantes. Semences linéaires blanchâtres.

Bractées ovales-acuminées, vertes, pubescentes en dehors, à bords blanchâtres, plus longues que l'ovaire. Feuilles disposées en faisceau à côté de la base de la tige, courtes, ovales, aiguës, d'un vert glauque. Tige de 2 à 3 décimètres environ, nue, cylindrique, déliée, résistante, un peu flexueuse, pubescente au sommet, d'un vert glauque et couverte en partie de petites feuilles bractéiformes, étroitement engainantes et d'un vert pâle. Renflements

3

tubéreux fusiformes, le plus souvent au nombre de deux.

Collines et vallons: Gairaut, Cimiez, Montgros, Vinaigrié, bois du Var, vallon de Magnan, St-André; Menton. — Région montagneuse: Grasse. — Septembre, octobre.

—

EXPLICATION DES FIGURES.
Pl. 10. Fig. 7-12.

7. Plante entière.

8. Fleur grossie vue de face avec les divisions supérieures détachées.
9. Fleur grossie vue de côté.
10. Fleur grossie vue de côté sans les divisions périgonales supérieures.
10. *a.* Bractées.
11. Gynostème grossi vu de côté.
11. *a.* Le même vu en dessous.
11. *b.* Le même vu en dessus.
12. Masses polliniques.

GOODYERA *R. Brown.* (GOODYÈRE).

R. Brown. in Ait. h. kew. 5. *p.* 197. *C. L. Rich. in mém. du Museum.* 4. *p.* 49. *Lindl. orchid. p.* 492. *Endl. gen. pl. p.* 214. *Reich. fil. orchid. p.* 154. — *Satyrii species Linn. sp. pl. p.* 1339. — *Epipactidis species All. fl. ped.* 2. *p.* 152. — *Serapiadis species Will. hist. des pl. du Dauph.* 2. *p.* 52. — *Neottiæ species Swartz in act. holm. ann.* 1800. *p.* 226. — *Tussacia Raf. journ. de bot.* 4. *p.* 271. — *Peramium Salisb. in trans. of the hortic. soc.* 1. *p.* 261.

Divisions périgonales libres;·les externes étalées; les internes plus étroites et conniventes. Labelle entier, lancéolé, dirigé en avant, en forme de sac à la base, terminé par une petite languette. Gynostème court, presque tridenté, à bec droit, cuspidé. Stigmate subarrondi. Anthère libre, persistante, mutique, stipitée. Masses polliniques lobulées, fixées à une glande commune située entre les dents du bec du gynostème. Ovaire oblong, subtriquètre, atténué à la base, un peu contourné et subsessile. Capsule membraneuse, obovée subglobuleuse. Semences très-petites, linéaires, formées de cellules simples, atténuées aux deux extrémités. Embryon elliptique. Rhizome un peu charnu, articulé, rameux et stolonifère.

GOODYERA REPENS *R. Brown.*

Goodyère rampente.

Goodyera repens R. Brown in Ait. h. kew. 5. *p.* 198. *Gaud. fl. helv.* 5. *p.* 486. *Reich. fl. germ. excurs.* 1. *p.* 131. *Lindl. orchid. p.* 492. *Koch. syn. fl. germ. et helv. edit.* 2. *p.* 802.·*Reich. fil. orchid. p.* 155. *Bert. fl. ital.* 9. *p.* 608. *Gren. et Godr. fl. de Franc.* 3. *p.* 268. *Ambros! fl. Tir. austr. p.* 734. *Parlat. fl. ital.* 3. *p.* 377. *Ardoino fl. anal. du dép. des Alpes-Marit. p.* 360. *Satyrium repens Linn. sp. pl. p.* 1339. *Hall. ic. pl. Helv. p.* 48. *Epipactis repens All. fl. ped.* 2. *p.* 152. *Serapias repens·Will. pl. du Dauph.* 2. *p.* 53. *Neottia repens Swartz. in act. holm. anno* 1800, *p.* 226. *Dec. fl. franç.* 3. *p.* 258. *Pollin. fl. veron.* ·3. *p.* 32. *Tussacia repens. Raf. in journ. de bot.* 4. *p.* 270. *Peramium repens Salisb. in trans. of the hortic. soc.* 1. *p.* 261. *Epipactis Seg. pl. veron.* 3. *p.* 253. *tab.* 8. *fig.* 10. *Figure.* — *Flor. dan. tab.* 812. *Reich. fil. orchid. tab.* 482. *Epipactis foliis petiolatis ovato-lanceolatis, floribus tetrapetalis hirsutis Haller icon. pl. Helv. tab.* 22.

Epi à fleurs assez rapprochées, petites, blanches et presque disposées en spirale. Divisions périgonales libres; les externes ovales-allongées, obtuses, concaves à la base, à dos pubescent; les latérales internes presque lancéolées, obtusiuscules, glabres, conniventes, rapprochées de la médiane, aussi longues que les externes, mais plus étroites. Labelle entier, lancéolé, acuminé et ligulé au sommet, canaliculé, en forme de sac à la base. Gynostème court. Stigmate subarrondi. Anthère mutique. Masses polliniques jaunes, insérées sur une glande subquadrangulaire et soutenues par les dents du bec du gynostème. Ovaire allongé, rétréci à la base, subsessile, triquètre et pubescent. Capsule obovée, presque arrondie, dressée, rougeâtre, pubescente, entourée en partie par la bractée. Semences très-petites, linéaires. Bractées lancéolées-linéaires, acuminées, uninervées, glabres, vertes, égalant ou dépassant l'ovaire. Feuilles ovales-lancéolées, assez aiguës, brusquement contractées en forme de pétiole engaînant, vertes, à veines réticulées, rougeâtres. Les caulinaires supérieures linéaires-acuminées. Tige de 1 à 2 décimètres, cylindrique, un peu flexueuse, pubescente au sommet, peu feuillée à la base. Rhizome un peu charnu, articulé, rameux et stolonifère.

Région montagneuse (très-rare): bois de Lamairis (D' Bornet), forêt de Clans; H' Thorenc (H. Loret, Goaty). — Juin, juillet.

—

TROISIÈME TRIBU.

MALAXIDÉES.

MALASSIDEE *Parl. fl. ital.* 3. *p.* 379. — MALAXIDEÆ *Lindl. orchid. p.* 3. *an ex parte? Reich. fil. orchid. p.* 159. — ORCHIDEÆ *subordo* 1. — MALAXIDEÆ *Endl. g. pl. p.* 186.

Plantes monandres. Anthère libre. Masses polliniques céracées, agglutinées, appliquées immédiatement sur le stigmate. Organes accessoires, celluleux nuls. Capsule uniloculaire à ouverture trivalve ou seulement à trois valves au sommet. Semences à tégument lâche, atténué aux extrémités.

CORALLORHIZA *Haller.* (CORALLORHIZE).

Hall. hist. 2. *p.* 159. *tab.* 44. *R. Brown in Ait. h. kew.* 5. *p.* 209. *Endl. gen. pl. p.* 189. *Lindl. orchid. p.* 533.

Divisions périgonales libres, conniventes; les externes linéaires-oblongues; les internes à peine plus courtes que les externes. Labelle étalé, trilobé, muni à la base de deux callosités; lobes latéraux très-petits, dressés; éperon très-court en forme de sac. Gynostème droit, subcylindrique. Stigmate triangulaire. Anthère terminale, biloculaire, à loges divisées par des cloisons presque transversales. Masses polliniques subglobuleuses, bipartites, libres. Ovaire subsessile, contourné à la base, pendant. Semences très-petites, allongées. Tégument formé de cellules simples, fibreuses, réticulées, atténué aux deux extrémités. Embryon oblong. Rhizome rameux et coralliforme.

CORALLORHIZA INNATA *R. Brown.*

Corallorhize Neottie. — Cymbidie corail DC.

Corallorhiza innata R. Brown. in Ait. hort. kew. 5. *p.* 209. *Reich. fl. germ. excurs.* 1. *p.* 131. *Lindl. orchid. p.* 533. *Vis. fl. dalm.* 1. *p.* 182. *De Not. rep. fl. lig. p.* 395. *Reich. fil. orchid. p.* 159. *Bert. fl. ital.* 9. *p.* 635. *Koch syn. fl. germ. et helv. edit.* 2. *p.* 803. *Gren. et Godr. fl. de Franc.* 3. *part.* 1. *p.* 274. *Ambros. fl. Tir. austr.* 1. *p.* 738. *Parlat. fl. ital.* 3. *p.* 385. *Ophrys corallorhiza Linn. sp. pl.* 1336. *et mant. alt. p.* 489. *Corallorhiza Neottia Scop. fl. carn. edit.* 2. *tom.* 2. *p.* 207. *All. auctar. p.* 33. *Ardoino fl. anal. du dép. des Alpes-Marit. p.* 364. *Cymbidium Corallorhiza Swartz in act. holm. ann.* 1800. *p.* 238. *Willd. sp. pl.* 4. *p.* 109. *Pollin. fl. veron.* 3. *p.* 38.

Cymbidium Corallorhiza Dec. fl. franç. 3. *p.* 263. *Corallorhiza Halleri Rich. in mém. du Museum.* 4. *p.* 61. *Corallorhiza dentata Host. fl. austr.* 2. *p.* 547. *Figure.* — *Reich. fil. orchid. tab.* 490.

Epi court, grêle, de 4 à 9 fleurs petites, pendantes, d'un blanc jaunâtre. Divisions périgonales libres, conniventes; les externes presque linéaires, à bords réfléchis, parfois rougeâtres vers le sommet à l'extérieur; les internes plus courtes que les externes, oblongues, jaunâtres et pointillées d'un brun rougeâtre en dedans. Labelle un peu plus court que les divisions externes, étalé, muni à la base de deux callosités linéaires parallèles, assez distantes entre elles; lobes latéraux petits, dressés; lobe médian ovale, subtrilobé, blanchâtre, et marqué de petites lignes ou de points rougeâtres près des callosités. Gynostème court, presque droit, subcylindrique, et marqué de points rougeâtres en avant. Stigmate triangulaire. Anthère dressée, mutique, jaune. Masses polliniques bipartites, jaunâtres. Ovaire allongé, rétréci et contourné à la base, beaucoup plus long que le pédicelle. Capsule pendante, fusiforme, striée, rougeâtre. Semences blanchâtres, Bractées très-courtes, membraneuses, aiguës, ochracées. Tige de 1 à 2 décimètres, ascendante, cylindrique, lisse, d'un vert jaunâtre, aphylle et munie de quelques gaînes membraneuses, d'autant plus longues qu'elles sont plus près du sommet; la supérieure un peu renflée en haut et engaînant l'épi comme une spathe avant l'anthèse. Rhizome

presque horizontal, rameux, légèrement aplati, coralliforme et jaunâtre. Plante parasite sur les racines des hêtres.

Bois des montagnes et des Alpes (rare): Forêt de Clans (Montolivo), bois de Lamairis, montagnes des environs de Tende. — Juin, juillet.

—

EXPLICATION DES FIGURES.

Pl. 10. Fig. 19-23.

19. Plante entière.
20. Epi en fructification.
21-22. Fleurs détachées grossies.
23. Fleur grossie vue de face avec les divisions périgonales détachées, *b. c.* labelles détachés.

QUATRIÈME TRIBU.

EPIPOGONÉES.

Epipogonee *Parl. fl. ital.* 3. *p.* 388. — Orchideæ sect. IV. *R. Brown. prodr. p.* 330. — Gastrodieæ *Lindl. scelet. p.* 7. *Endl. gen. pl. p.* 212. — Arethuseæ *Div. I. Gastrodieæ. Lindl. orchid. p.* 383. — Arethuseæ *Reich. fil. orchid. p.* 156.

Plantes monandres. Anthère libre. Pollen en lobules grands, cohérants en masse élastique. Caudicules situés au sommet des masses polliniques et fixés à une glande commune. Stigmate placé en avant à la base du gynostème.

EPIPOGON *Gmel.* (EPIPOGE).

Gmel. fl. sibir. 1. *p.* 11 (Epipogum). *C. L. Rich. in mém. du Museum* 4. *p.* 50. *Lindl. orchid. p.* 383 (Epipogium). *Reich. fil. orchid. p.* 156. — Satyrii *species Linn. sp. pl. p.* 1338. — Epipactidis *species All. auctar. p.* 32. — Limodori *species Swartz in act. soc. upsal. anno* 1799. *p.* 80.

Divisions périgonales libres, lancéolées; les externes étalées; les internes un peu plus larges que les externes et un peu conniventes. Labelle dressé, occupant la partie supérieure de la fleur, trilobé; lobes latéraux petits, étalés; lobe médian grand, entier, concave, renflé à la base en éperon ascendant. Gynostème court, épais, subarrondi. Stigmate concave. Anthère en partie incluse dans la sommité concave du gynostème, biloculaire, à loges contiguës. Caudicules filiformes, allongés, élastiques, naissant au sommet des masses polliniques, et passant derrière elles pour s'attacher à une glande commune située dans l'échancrure du bec du gynostème. Ovaire ovale, globuleux, obtusément triquètre. Pédicelle non contourné. Capsule turbinée, dressée. Semences très-petites. Rhizome coralliforme.

EPIPOGON GMELINI *C. L. Rich.*

Epipoge de Gmelin.

C. L. Rich. in mém. du Museum p. 48. *Lindl. orchid. p.* 383. *Koch syn. fl. germ. et helv. edit.* 2. *p.* 799. *Bert. fl. ital.* 9. *p.* 634. *Gren. et Godr. fl. de Franc.* 3.

part. 1. *p.* 274. *Parlat. flor. ital.* 3. *p.* 390. *Ardoino fl. anal. du dép. des Alpes-Marit. p.* 361. *Satyrium Epipogium Linn. sp. pl. p.* 1338. *Hall. ic. pl. Helv. p.* 43. *Epipactis Epipogium All. auct. p.* 32. *Limodorum Epipogium Swartz in nov. act. soc. upsal. anno* 1799. *p.* 80.

*Epipogium aphyllum Bluff et Fing. comp. fl. germ.
edit. 1. tom. 2. p. 432. Reich. fl. germ. excurs. 1. p. 135.
Reich. fil. orchid. p. 156.*
Figure. — *Gmel. fl. sibir. 1. tab. 2. f. 2. Fl. dan.
tab. 1283. Reich. fil. orchid. tab. 468.*

Épi court, de 2 à 3 fleurs, pendantes et assez distantes entre elles. Divisions périgonales libres, lancéolées, obtusiuscules, canaliculées, d'un jaune très-pâle ; les externes linéaires ; les internes latérales plus larges que les externes. Labelle occupant la partie supérieure de la fleur, aussi long que les divisions périgonales, mais plus large, trilobé ; lobes latéraux, petits, étalés, arrondis ; lobe médian plus grand, dressé, concave, blanc, crénelé sur les bords, muni de papilles ou de petites crêtes purpurines, renflé à la base en un éperon ascendant en forme de sac. Gynostème de moitié plus court que les divisions périgonales, subcylindrique. Stigmate large, presque arrondi, émarginé ou comme bifide au sommet. Anthère grosse, obtuse. Masses polliniques obovées, assez grosses, d'un jaune pâle. Caudicules longs, filiformes, élastiques. Glande commune blanchâtre. Ovaire ovale, arrondi, subtriquètre. Pédicelle non contourné, plus court que l'ovaire. Capsule turbinée, dressée, marquée de lignes purpurines. Semences très-petites. Bractées concaves, ovales, trinerviées, minces, presque transparentes, blanchâtres, embrassant d'abord la fleur à l'exception de l'éperon. Tige de 1 à 2 décimètres, cylindrique, fistuleuse, jaunâtre, aphylle, parfois renflée à la base et munie de quelques gaines jaunâtres presque tronquées et assez distantes entre elles. Rhizome coralliforme, émettant des filaments blanchâtres renflés çà et là.

Plante parasite sur les racines des sapins, des hêtres et des airelles — (*Vaccinum myrtilus*).

Obs. — J'ai cru devoir citer cette plante curieuse malgré son extrême rareté dans nos Alpes, afin d'attirer l'attention des botanistes qui visiteront ces localités ; elle a été indiquée à Entraigues par Allioni, et à St-Dalmas-le-Sauvage, par A. Risso. — Elle fleurit en été.

EXPLICATION DES FIGURES.
Pl. 11. Fig. 28-33.

28. Plante entière.
29. Divisions périgonales étalées grossies.
30. Gynostème vu de face.
31. Le même vu de côté.
32. Masses polliniques.
33. Une masse pollinique considérablement grossie.

CINQUIÈME TRIBU.

OPHRYDÉES.

OPHRIDEE *Parl. fl. ital. 3. p. 392.* — OPHRYDEÆ *Lindl. orchid. p. 257. Endl. gen. pl. p. 208. Reich. fil. orchid. p. 1.* — ARACHNITIDEÆ *Tod. orchid. sic. p. 7.*

Plantes monandres. Anthère continue avec le gynostème plane. Pollen en masses céracées indéfinies, agglutinées par le moyen d'un tissu élastique visqueux. Deux masses polliniques ; caudicules fixés à une glande commune ou à deux glandes distinctes ; glandes nues ou renfermées dans une bursicule.

PREMIÈRE SOUS-TRIBU.

GYMNADÉNIÉES.

GINNADENIEE *Parl. fl. ital. 3. p. 393.* — EBURSICULATÆ *Reich. fil. orchid. p. 105.*

Glandes nues, distinctes.

HERMINIUM *R. Brown* (HERMINION).

R. Brown in Ait. h. kew. edit. 2. *tom.* 5. *p.* 191. *C. L. Rich. in mém. du Museum* 4. *p.* 49. *Endl. gen. pl. p.* 210. *Parl. fl. ital.* 3. *p.* 393. — *Ophrydis species Linn. sp. pl. p.* 1342. — *Orchidis species All. fl. ped.* 2. *p.* 148. — *Satyrii species Pers. syn.* 2. *p:* 507. — *Monorchis Mich. nov. pl. gen. p.* 30. *tab.* 26.

Divisions périgonales libres, conniventes, campanulées, oblongues, obtusiuscules; les latérales internes plus étroites. Labelle dirigé en avant, en forme de sac à la base, trilobé; lobes linéaires, entiers. Gynostéme court. Stigmate transversal, subarrondi. Anthère dressée, à loges divergentes. Staminodes squamiformes. Masses polliniques lobulées. Caudicules très-courts. Glandes distinctes. Ovaire sessile, linéaire, oblong, tordu. Capsule oblongue, à six côtes. Semences très-petites, courtes, sublinéaires. Tégument formé de cellules simples, atténué aux deux extrémités. Embryon subarrondi. Renflements tubéreux 1-3, globuleux.

HERMINIUM MONORCHIS *R. Brown.*

Herminion à un tubercule. Ophryde à une seule bulle.

R. Brown in Ait. h. kew. edit. 2. *tom.* 5. *p.* 191. *Reich. fl. germ. excurs.* 1. *p.* 119. *Lindl. orchid. p.* 305. *Comoll! fl. comens.* 6. *p.* 377. *Reich. fil. orchid. p.* 105. *Bert. fl. ital.* 9. *p.* 578. *Ambros! fl. Tir. austr.* 1. *p.* 719. *Parlat. fl. ital.* 3. *p.* 391. *Ardoino fl. anal du dép. des Alpes-Marit. p.* 356.
Ophrys Monorchis Linn. sp. pl. p. 1342. *Suffren pl. du Frioul. p.* 186. *Dec. fl. franç.* 3. *p.* 254. *Pollin. fl. veron.* 2. *p.* 23. *Gaud. fl. helv.* 5. *p.* 454. *Ten! syll. p.* 458 *et fl. nap.* 5. *p.* 241.
Orchis Monorchis All. fl. ped. 2. *p.* 148.
Satyrium Monorchis Pers. syn. 2. *p.* 507.
Herminium clandestinum Gren. et Godr. fl. de Franc. 3. *part.* 1. *p.* 299.
Monorchis montana, minima, flore obsoleto, vix conspicuo Mich. nov. pl. gen. p. 30. *tub.* 26. *Seg. pl. veron.* 3. *p.* 254. *tab.* 8. *fig.* 8.
Orchis trifolia, floribus spicatis, herbaceis Seg. pl. veron. 2. *p.* 131. *tab.* 16. *fig.* 15.
Figure. — *Reich. fil. orchid. tab.* 415.
Monorchis Hall. ic. pl Helv. tab. 22.

Epi étroit, à fleurs serrées, petites, subunilatérales, d'un jaune verdâtre. Divisions périgonales libres, conniventes, campanulées; les externes ovales-allongées, obtusiuscules; la médiane plus large et émarginée au sommet; les latérales internes un peu plus étroites et un peu plus longues que les externes, subtrilobées, à lobes latéraux plus ou moins apparents, à lobe médian allongé, obtus et réfléchi au sommet. Labelle à peine plus court que les divisions externes, dirigé en haut, en forme de sac à la base, trifide; linières latérales obtuses, divergentes et recourbées en faulx; la médiane plus longue, obtuse. Anthère petite, dressée, d'un brun rougeâtre, à loges divergentes en bas. Stigmate subquadrangulaire ou subtriangulaire. Masses polliniques blanches. Caudicules très-courts. Glandes nues, distinctes, rougeâtres. Ovaire sessile, linéaire, allongé, contourné, d'un vert pâle. Capsule dressée, oblongue, à six côtes. Bractées d'un vert clair, lancéolées, presque aussi longues que l'ovaire. Feuilles inférieures ordinairement au nombre de deux, ovales, ou ovales-lancéolées, vertes, un peu canaliculées en dessus, carénées en dessous; les supérieures bractéiformes, lancéolées-aiguës. Tige grêle, de 2-3 décimètres, d'un vert clair, légèrement striée. Racine munie de 1-2 renflements tubéreux, subarrondis, au-dessus desquels se trouve le nouveau tubercule, ainsi que quelques fibres radicales, lisses, blanchâtres.

Montagnes et Alpes: pâturages du Col de Tende, vallée de la mine de Tende; montagnes près St-Martin-Lantosque. — Juin.

EXPLICATION DES FIGURES.

Pl. 11. Fig. 17-27.

17. Plante entière.
18. Fleur vue de face.
19. La même vue de côté; *a.* bractée détachée.
20. Fleur grossie vue de côté.
20. *a.* Bractée détachée considérablement grossie.
21. Fleur vue de face avec les divisions périgonales détachées.
22-23. Labelles.
24. Gynostème vu de face considérablement grossi.
25. Le même vu de côté.
26. Une masse pollinique considérablement grossie.
27. Section transversale de la capsule considérablement grossie.

BICCHIA *Parlat.* (BICCHIA).

Satyrii species Linn. sp. pl. p. 1338. — *Orchidis species Scop. fl. carn. edit.* 2 *tom.* 2. *p.* 201 *et pl. auctor.* — *Habenariæ species R. Brown. in Ait. h. kew. edit.* 2. *tom.* 5. *p.* 193. — *Gymnadeniæ species C. L. Rich. in mém. du Museum* 4. *p.* 57 *et pl. auctor.* — *Platantheræ species Lindl. synops. p.* 261. — *Peristyli species Lindl. orchid. p.* 299. *et nonnul. auctor.* — *Leucorchis Meyer preuss. pflanz. gatt. p.* 50 *ex Reich. fil. orchid. p.* 110. — *Pseudo-orchis Mich. nov. pl. gen. p.* 30.

Divisions périgonales libres, conniventes, campanulées; les externes presque égales aux internes latérales. Labelle plus long que les divisions externes, dirigé en avant, trilobé, étalé, muni d'un éperon court et dirigé en bas. Gynostème court. Anthère dressée, à loges divergentes à la base, et séparées par un petit bec papilleux situé en avant de la fossette médiane. Masses polliniques lobulées. Caudicules très-courts. Glandes très-petites, distinctes. Staminodes planiuscules, courts. Ovaire sessile, oblong, tordu. Capsule oblongue, à trois côtes saillantes. Semences très-petites, oblongues, linéaires, courtes. Tégument subarrondi. Racine à fibres grosses, charnues, assez longues et disposées en faisceaux.

BICCHIA ALBIDA *Parl.*

Bicchia blanchâtre. — Orchis blanchâtre DC.

Satyrium albidum Linn. sp. pl. p. 1338.
Satyrium scanense Linn. iter. scan. p. 153.
Orchis albida Scop. fl. carn. edit. 2. *tom.* 2. *p.* 201.
All. fl. ped. 2. *p.* 149. *Dec. fl. franç.* 3. *p.* 253. *Nocc. et Balb. fl. ticin.* 2. *p.* 154. *Pollin. fl. veron.* 3. *p.* 21. *Gaud. fl. helv.* 5. *p.* 452. *Ten. syll. p.* 458. *Gren. et Godr. fl. de Franc.* 3. *part.* 1. *p.* 299. *Ardoino fl. anal. du dép. des Alpes-Marit. p.* 355.
Habenaria albida R. Brown in Ait. h. kew. edit. 2. *tom.* 5. *p.* 193. *Reich. fl. germ. excurs.* 1. *p.* 180.
Gymnadenia albida C. L. Rich. in mém. du Museum 4. *p.* 57. *Koch syn. fl. germ. et helv. edit.* 2. *p.* 794. *Comoll! fl. comens.* 6. *p.* 367. *Reich. fil. orchid. p.* 110. *Ambros. fl. Tir. austr.* 1. *p.* 70?.
Platanthera albida Lindl. synops. p. 261.
Peristylus albidus Lindl. orchid. p. 299. *De Not. rep. fl. lig. p.* 389. *Bert. fl. ital.* 9. *p.* 572.
Leucorchis Meyer preuss. pflanz. gatt. p. 50. *ex Reich. fil. orchid. p.* 110.
Pseudo-orchis alpina, flore herbaceo Mich. nov. pl. gen. p. 30. *tab.* 26. *seg. pl. veron.* 3. *p.* 254.
Figure. — *Fl. dan. tab.* 115. *Reich. fil. orchid. tab.* 449. *Orchis radicibus confertis teretibus, calcare brevissimo, labello trifido Hall. ic. pl. Helv. tab.* 25.

Epi étroit, cylindrique. Fleurs nombreuses, petites, blanchâtres ou jaunâtres, très-rapprochées entre elles et subunilatérales. Divisions périgonales conniventes, campanulées; les externes presque ovales, obtuses, concaves, trinerviées, carénées et d'un blanc verdâtre; les latérales internes égalant les externes, un peu charnues, ovales, subtrilobées et verdâtres. Labelle dépassant à peine les divisions périgonales externes, d'un blanc jaunâtre ou d'un vert clair, trilobé; lobes latéraux linéaires, obtusiuscules; lobe médian obtus, du double plus large et souvent un peu plus long que les latéraux. Éperon à peu près de moitié plus court que l'ovaire, obtus, dirigé en bas, jaunâtre. Gynostème court.

Stigmate transversal, subréniforme ou subquadrangulaire. Anthère dressée, à loges divergentes en bas et d'un blanc verdâtre. Masses polliniques lobulées, jaunâtres. Caudicules très-courts. Glandes petites, nues. Ovaire allongé, subtriquètre, rétréci au sommet, verdâtre, sessile. Capsule allongée, obtuse, à six côtes, dont trois saillantes. Bractées lancéolées, acuminées, d'un vert clair, égalant ou dépassant l'ovaire. Feuilles d'un beau vert, nerviées; les inférieures ovales-oblongues, obtuses, étalées; les supérieures lancéolées-aiguës, mucronulées. Tige de 2 à 4 décimètres, cylindrique, d'un vert clair. Fibres radicales charnues, blanchâtres, grosses, longues, fasciculées, et comme pubérulentes.

Alpes: cols de Tende, de Salèze, Lamaïris, pâturages de Cairos, vallée de la Gordolasque, St-Etienne-des-Monts, etc. — Juin, juillet.

———

EXPLICATION DES FIGURES.

Pl. 11. Fig. 1-16.

1-2. Plante entière.
3. Autre plante entière.
4. Epi en fructification.
5. Fleur étalée avec les divisions périgonales supérieures détachées.
6. La même vue de côté sans les divisions périgonales supérieures; *a.* bractée détachée.
7. Labelle détaché grossi.
8. Fleur vue de face avant l'épanouissement.
9. Anthère grossie vue de face; *b. b.* masses polliniques détachées.
10. Une masse pollinique considérablement grossie.
11. Gynostème vue de face considérablement grossi.
12. Gynostème grossi vu de côté.
13. Capsule.
14. Section transversale de la capsule.
15. La même considérablement grossie.
16. Semence vue à la loupe.

GYMNADENIA *R. Brown* (GYMNADENIE).

R. Brown. in Ait. h. kew. edit. 2. *tom.* 5. *p.* 191. *Parl. fl. ital.* 3. *p.* 399. — *Orchidis species Linn. sp. pl. p.* 1335 *et pl. auctor.* — *Gymnadeniæ species C. L. Rich. in mém. du Museum* 4. *p.* 48. *fig. n.* 5. *Lindl. orchid. p.* 275. *Reich. fil. orchid. p.* 108.

Divisions périgonales libres; les externes latérales très-étalées; la médiane et les deux internes latérales conniventes. Labelle dirigé en avant, étalé, trilobé et muni d'un éperon. Gynostème très-court. Stigmate transversal subréniforme. Anthère dressée, à loges contiguës, parallèles et séparées par un petit bec oblong. Masses polliniques lobulées. Caudicules assez longs. Glandes distinctes. Staminodes courts, arrondis. Ovaire linéaire-oblong, subcylindrique, sessile, le plus souvent tordu. Capsule oblongue, subtriquètre, obtuse. Semences très-petites, courtes, sublinéaires. Tégument formé de cellules simples, et atténué aux extrémités. Embryon subarrondi. Deux renflements tubéreux aplatis, divisés en deux lobes digités-palmés.

GYMNADENIA CONOPSEA (*) *R. Brown.*

Gymnadenie à long éperon.

Gymnadenia conopsea R. Brown in Ait. h. kew. edit. 2. *tom.* 5. *p.* 191. *C. L. Rich. in mém. du Museum* 4. *p.* 57. *Reich. fl. germ. excurs.* 1. *p.* 121. *Lindl. orchid. p.* 275. *Koch syn. fl. germ. et helv. edit.* 2. *p.* 794. *Tod. orchid. sic. p.* 59. *Guss. syn. fl. sic.* 2. *p.* 544. *De Not. rep. fl. lig. p.* 387. *Comoll! fl. comens.* 6. *p.* 363. *Puccini syn. fl. luc. p.* 178. *Reich. fil. orchid. p.* 113. *Bert. fl. ital.* 9. *p.* 562. *Ambros! fl. tir. austr.* 2. *p.* 699. *Parlat. fl. ital.* 3. *p.* 400.
Orchis conopsea Linn. sp. pl. p. 1335. *All. fl. ped.* 2. *p.* 150. *Suffren pl. du Frioul. p.* 184. *Bert. fl. genuens. p.* 121. *Dec. fl. franç.* 3. *p.* 252. *Balb. fl. taur. p.* 148. *Nocc. et Balb. fl. tic.* 2. *p.* 153. *Bert. amœn. ital. p.* 199. *Moric. fl. venet.* 1. *p.* 371. *Pollin. fl. veron.* 3. *p.* 19. *Nacc. fl. venet.* 4. *p.* 141. *Ten. fl. nap.* 2. *p.* 299. *Gaud. fl. helv.* 5. *p.* 446. *Ten. syll. p.* 457. *Ardoino fl. anal. du dép. des Alpes-Marit. p.* 353.
Satyrium conopseum Wahlemb. fl. svec. p. 557.
Orchis montana, purpurea, odorata Seg.? pl. veron. 2. *p.* 121 *ex Pollinio.*
Orchis palmata minor, calcaribus oblongés Seg. pl. veron. 2. *p.* 251. *tab.* 8. *fig.* 7. *b. floribus albis.*
Orchis ornithis Jacq. fl. austr. 2. *p.* 23. *tab.* 138.
Gymnadenia ornithis C. L. Rich. in mém. du Museum 4. *p.* 57.
Figures. — *Fl. dan. tab.* 224. *Reich. fil. orchid. tab.* 422.
Orchis radicibus palmatis, calcare longissimo, labello unicolore, trifido, obtuso Hall. ic. plant. Helv. tab. 29.

Epi plus ou moins allongé, subcylindrique, un peu dense. Fleurs nombreuses, assez petites, de couleur lilas, d'un rose violacé, purpurines et parfois tout à fait blanches. Divisions périgonales libres, les latérales externes ovales, obtuses, très-étalées; les internes latérales un peu plus courtes, conniventes avec la médiane. Labelle plus large que long, un peu plus long que les divisions périgonales, trilobé; lobes ovales, obtus, planes. Éperon filiforme, un peu recourbé, du double plus long que l'ovaire. Gynostème très-court. Stigmate

(*) Le nom de conopsea signifie *qui ressemble à un cousin.* DC. fl. Franç. 3. p. 253.

transversal, subréniforme. Anthère dressée, d'un blanc jaunâtre, à loges parallèles et séparées par un petit bec. Masses polliniques verdâtres. Caudicules jaunâtres. Glandes distinctes, linéaires, nues, blanchâtres. Staminodes arrondis. Ovaire allongé, subcylindrique, sessile, très-contourné, vert, ou lavé de violet. Capsule allongée, dressée, à six côtes, dont trois plus saillantes. Bractées ovales-lancéolées, acuminées, vertes, trinerviées, égalant ou dépassant un peu l'ovaire. Feuilles d'un vert glaucescent, les inférieures de 4-5, linéaires-lancéolées, aiguës, nerviées, canaliculées en dessus, carénées en dessous, engaînantes à la base; les supérieures bractéiformes. Tige élancée, de 3 à 5 décimètres et plus, cylindrique, d'un vert jaunâtre clair, munie à la base d'une ou de deux gaînes membraneuses brunes. Deux renflements tubéreux assez gros, aplatis, bifides, à divisions digitées-palmées. Fleurs exhalant une odeur assez agréable.

Montagnes et Alpes : le Bois-Noir près de Berre; Utelle, bois du Ferghet, Braus, Lamaïris, Saorgio, Col de Tende, St-Martin-Lantosque, vallée de la Gordolasque, Villars du Var, Forêt de Clans, Caussols et St-Vallier près de Grasse. — Juin, juillet.

EXPLICATION DES FIGURES.

Pl. 12. Fig. 1-26.

1-2. Plante entière.
3. Fleur vue de face avec les divisions périgonales supérieures détachées.
4. Fleur vue de côté.
5. Autre fleur vue de côté sans les divisions périgonales supérieures.
6. La même grossie.
7. Gynostème vu de face grossi.
8. Le même vu de profil.
9. Masses polliniques grossies.
10. Ovaire; a. bractée détachée.
11. Section transversale de la capsule grossie.
12. Semence vue à la loupe.
13. Epi.
14. Fleur vue de face.

15. Plante entière (forme à labelle denticulé).
16. Fleur vue de face, avec les divisions périgonales détachées.
17. Fleur vue de côté sans les divisions périgonales supérieures ; *b.* bractée détachée.
18. Gynostème vu de face grossi ; *c. c.* masses polliniques.
19. Capsule surmontée de la fleur flétrie.
20. Section transversale de la capsule.
21-22. Autre plante entière (variété à fleurs blanches).
23. Fleur vue de face.
24. La même vue de côté.
25. Autre fleur vue de face grossie.
26. La même vue de côté.

GYMNADENIA ODORATISSIMA *C. L. Rich.*

Gymnadénie très-odorante. — Orchis odorant DC.

Gymnadenia odoratissima C. L. Rich. in mém. du Museum 4. p. 57. Reich. fl. germ. excurs. 1. p. 121. Lindl. orchid. p. 277. Koch syn. fl. germ. et helv. edit. 2. p. 794. Comoll! fl. comens. 6. p. 364. Reich. fil. orchid. p. 112. Bert. fl. ital. 9. p. 561. Ambros! flor Tir. iuistr. 1. p. 701. Parlat. fl. ital. 3. p. 402.
Orchis odoratissima Linn. sp. pl. p. 1335. All. fl. ped. 2. p. 150. Suffren pl. du Frioul p. 184. Dec. fl. franç. 3. p. 252. Bert. amœn. ital. p. 416. Pollin. fl. veron. 3. p. 19. Gren. et Godr. fl. de Franc. 3. part. 1. p. 298. Ardoino fl anal. du dép. des Alpes-Marit. p. 355.
Gymnadenia suaveolens Reich. fl. germ. excurs. 1. p. 121. excl. syn. Villarsii.
Orchis palmata angustifolia, minor, odoratissima Seg. pl. veron. 3. p. 250. tab. 8. fig. 6.
Figure. — Reich. fil. orchid. tab. 421.
Orchis radicibus palmatis, flore concolore, labello obtuso trifido, calcare germini breviore Hall. ic. plant. Helv. tab. 28.
b. Floribus roseis.
c. Floribus albis.

Epi plus ou moins allong¹, subcylindrique, dense. Fleurs nombreuses, assez petites, purpurines, ou d'un rose violacé plus ou moins clair, exhalant une odeur analogue à celle de la vanille ou du lilas. Divisions périgonales libres ; les externes oblongues, obtusiuscules ; les latérales étalées ; les latérales internes obovales, obtusiuscules, concaves, conniventes avec la médiane. Labelle presque aussi large que long, plus long que les divisions périgonales, trilobé ; lobes obtus, les latéraux arrondis.

Eperon grêle, pendant, presque aussi long que l'ovaire. Gynostème très-court. Stigmate transversal, subréniforme. Anthère dressée, rougeâtre, à loges parallèles séparées par un petit bec. Masses polliniques d'un jaune verdâtre. Caudicules blancs. Glandes distinctes nues. Ovaire d'un vert clair, linéaire, allongé, subcylindrique, sessile, contourné. Capsule allongée, dressée, à six côtes. Bractées d'un vert clair, lancéolées, acuminées, trinerviées, égalant ou dépassant l'ovaire. Feuilles d'un vert glauque, linéaires ou linéaires-lancéolées, un peu luisantes en dessus, carénées en dessous, à nervures peu apparentes ; les inférieures assez épaisses, pliées en gouttière, dressées ou arquées en faulx ; les supérieures bractéiformes. Tige de 2 à 4 décimètres, d'un vert clair, raide, cylindrique à la base, sensiblement anguleuse ou presque triangulaire au sommet. Deux renflements tubéreux bifides, à divisions digitées-palmées.

Alpes et montagnes (assez rare). Cette espèce m'a été communiquée par M. Canut qui l'a récoltée dans les environs de Clans, à St-Grat, dans la vallée de la Gordolasque et dans les environs de St-Etienne-des-Monts. — Juin, juillet.

EXPLICATION DES FIGURES.

Pl. 13. Fig. 1-15.

1. Plante entière.
2. Epi plus développé.
3. Fleur grossie vue de face avec les divisions périgonales supérieures détachées.
4. Fleur vue de côté sans les divisions périgonales supérieures ; *a.* bractée détachée.
5. Gynostème grossi vu de face ; *b. b.* masses polliniques.
6. Gynostème considérablement grossi vu de face.
7. Le même vu de côté.
8. Une masse pollinique détachée considérablement grossie.
9. Capsule surmontée de la fleur flétrie.
10-11. Autre plante entière.
12. Autre épi.
13. Fleur grossie vue de face avec les divisions périgonales supérieures détachées.
14. La même vue de profil sans les divisions périgonales supérieures ; *c.* bractée détachée.
15. Gynostème grossi vue de face ; *d. d.* masses polliniques détachées.

CŒLOGLOSSUM *Hartm.* (CELOGLOSSE).

Hartm. fl. scand. edit. 1. ann. 1820. p. 329. — Satyrii species Linn. sp. pl. p. 1337. — Orchidis species Crantz stirp. austr. fasc. 6. p. 491. et pl. auctor. — Habenariæ species R. Brown in Ait. h. kew. edit. 2. tom. 5. p. 192. — Gymnadeniæ species C. L. Rich. in mém. du Museum 4. p. 57. — Himantoglossi species Reich. fl. germ. excurs. 1. p. 119. — Peristyli species Lindl. orchid. p. 299. Endl. gen. pl. p. 209. — Platantheræ species Reich. fil. orchid. p. 129.

Divisions périgonales libres, conniventes; les externes ovales; les internes latérales étroites, linéaires, presque aussi longues que les externes. Labelle dirigé en avant, roulé en spirale avant l'anthèse, plane, plus du double que les divisions périgonales, linéaire, élargi et bilobé au sommet, à lobes obtusiuscules, convergents et séparés par un petit appendice. Eperon court, obtus et recourbé. Gynostème aminci. Stigmate subtriangulaire ou réniforme, Anthère dressée à loges divergentes à la base et séparées par un petit bec. Masses polliniques obovales. Caudicules assez courts. Glandes distinctes, latérales, nues. Staminodes assez grands. Ovaire oblong, sessile. Capsule oblongue, à six côtes peu saillantes. Semences très-petites, courtes, linéaires. Tégument formé de cellules simples, brièvement atténué aux extrémités. Embryon subarrondi. Renflements tubéreux allongés, bifides ou trifides, à divisions amincies en pointe.

CŒLOGLOSSUM VIRIDE *Hartm.*

Celoglosse vért. — Orchis verdâtre DC.

Cœloglossum viride Hartm fl. scand. edit. 1. anno 1820. p. 329. Koch syn. fl. germ. et helv. edit. 2. p. 795. Parlat. fl. ital. 3. p. 407.

Satyrium viride Linn. sp. pl. p. 1337. Hall. ic. pl. Helv. p. 29. Ten. fl. nap. 2. p. 304.

Orchis viridis Crantz fasc. 6. edit. 2. p. 491. All fl. ped. 2. p. 150. Dec. fl. franç. 3. p. 253. Nocc. et Balb. fl. ticin. 2. p. 153. Pollin. fl. veron. 3. p. 20. Gaud. fl. helv. 5 p. 449. Ten. syll. p. 457. Gren et Godr. fl. de Franc. 3. part. 1. p. 298. Ardoino fl. anal. du dép. des Alpes-Marit. p. 355.

Orchis virens Scop. fl. carn. edit. 2. tom. 2. p. 199.

Habenaria viridis R. Brown. in Ait. h. kew. edit. 2. tom. 5. p. 192. Todar. orchid. sic. p. 161. Guss. syn. fl. sic. 2. p. 542. Puccin. syn. fl. luc. p. 479.

Gymnadenia viridis C. L. Rich. in mém. du Museum 4. p. 57. Comoll! fl. comens. 6. p. 365. Ambros. fl. Tir. austr. 1. p. 703.

Himantoglossum viride Reich. fl. germ. excurs. 1. p. 119. Peristylus viridis Lindl. orchid. p. 299. De Not. rep. fl lig. p. 389. Bert. fl. ital. 9. p. 570.

Platanthera viridis Reich. fil. orchid. p. 129. var. a.

Orchis palmata, odore gravi, ligula bifariam divisa flore viridi Seg. pl. veron. 2. p. 133. tab. 16. f. 18.

Figure. — Fl. dan. tab. 77. Reich. fil. orchid tab. 434-35.

Epi étroit, lâche, ordinairement pauciflore, à fleurs verdâtres. Divisions périgonales libres, conniventes; les externes ovales-obtuses, trinerviées, verdâtres; les internes latérales linéaires, uninerviées, d'un vert jaunâtre clair, et presque aussi longues que les externes. Labelle d'un jaune verdâtre, parfois rougeâtre vers les bords, dirigé en avant, roulé en spirale avant l'anthèse, plane, plus long du double que les divisions périgonales, sublinéaire, élargi et bilobé au sommet; lobes obtus, convergents et séparés par une petite dent.

Eperon très-court, assez gros, recourbé en avant, et d'un blanc verdâtre. Stigmate subtriangulaire ou réniforme. Anthère rougeâtre, obtuse au sommet, à loges divergentes à la base et séparées par un petit bec verdâtre clair. Caudicules courts. Glandes distinctes, nues. Ovaire sessile. Capsule allongée, d'un vert clair, à six côtes peu saillantes. Bractées lancéolées, un peu obtuses, vertes, égalant ou dépassant l'ovaire et même la fleur. Feuilles assez distantes, nerviées, d'un vert glauque; les inférieures ovales, obtusiuscules; les supérieures lancéolées-aiguës. Tige de 1 à 2 décimètres, anguleuse, d'un vert jaunâtre clair. Deux renflements tubéreux allongés, bifides ou trifides, à divisions amincies en pointe. Fibres radicales déliées.

Montagnes et Alpes: la Mairis, la Fracia, Tende, la Briga, St-Martin-Lantosque, St-Étienne-des-Monts, Entraunes, etc. — Juin, juillet.

———

EXPLICATION DES FIGURES.

Pl. 13. Fig. 16-29.

16. Plante entière.
17. Epi et partie supérieure de la tige.
18. Fleur détachée vue de côté.
19. Fleur grossie vue de face.
20. Autre fleur grossie vue de face avec les divisions périgonales supérieures détachées.
21-22. Labelles détachés grossis.
23. Fleur grossie vue de côté sans les divisions périgonales supérieures; e. bractée détachée.
24-25. Anthère et partie supérieure du gynostème grossi vus de face; f. f. masses polliniques détachées.
26. Gynostème grossi vu de face.
27. Une masse pollinique détachée considérablement grossie.
28. Section transversale de la capsule grossie.
29. Semence considérablement grossie.

PLATANTHERA *C. L. Rich.* (PLATANTHÈRE).

C. L. Rich. in mém. du Museum 4. *p.* 35. *Parl. fl. ital.* 3. *p.* 410. — *Orchidis species Linn. sp. pl. p.* 1331. *et pl. auctor. Habenariæ species R. Brown. in Ait. h. kew. edit.* 2. *tom.* 5. *p.* 193. — *Gymnadeniæ species Meyer chlor. hann. p.* 540. — *Conopsidium Wallr. beitr.* 1. *p.* 103. — *Platantheræ species Lindl. orchid. p.* 284. *Endl. gen. pl. p.* 209. *Reich. fil. orchid. p.* 117.

Divisions périgonales libres; les deux latérales externes étalées; les latérales internes un peu plus courtes que les externes, et conniventes avec la médiane. Labelle entier, ligulé, dirigé en avant. Eperon filiforme, nectarifère. Gynostème assez large, concave. Anthère dressée, à loges presque parallèles, non contiguës, séparées par un bec plane. Masses polliniques lobulées. Caudicules courts. Glandes nues, latérales. Staminodes oblongs, obtus, presque papilleux, deux, trois fois plus courts que l'anthère. Ovaire linéaire, très-contourné, sessile. Capsule fusiforme. Semences très-petites. Téguments formés de cellules simples. Deux renflements tubéreux allongés, fusiformes. Fibres radicales courtes.

PLATANTHERA BIFOLIA *C. L. Rich.*

Platanthère à deux feuilles. Orchis à deux feuilles DC.

Platanthera bifolia C. L. Rich. in mém. du Museum p. 57. *Reich. fl. germ. excurs.* 1. *p.* 120. *Ten. fl. nap.* 2. *p.* 282. *ex parte. Lindl. orchid. p.* 285. *Tod. orchid. sic. p.* 63 *Boiss. voyag. en Espagn. p.* 596. *Vis. fl. dalm.* 1. *p.* 165. *Koch. syn. fl. germ. et helv. edit.* 2. *p.* 795. *De Not. rep. fl. lig. p.* 388. *Tin. rar. pl. sic. fasc.* 1. *p.* 41. *Puccini syn. fl. luc. p.* 179. *Comoll! fl. comens.* 6. *p.* 368. *Bert. fl. ital.* 9. *p.* 564. *ex parte. Parlat. fl. ital.* 3. *p.* 411.
Orchis bifolia Linn. sp. pl. p. 1331. *Gren. et Godr. fl. de Franc.* 3. *part.* 1. *p.* 107 *Ardoino fl. anal. du dép. des Alpes-Marit. p.* 353
Habenaria bifolia R. Brown. in ait. h. kew. edit. 2. *tom.* 5. *p.* 193.
Orchis bifolia b. brachyglossa Wallr. sched. crit. p. 486.
Platanthera solstitialis Bonngh. in Reich. fl. germ. excurs. 1. *p.* 120. *Reich. fil. orchid. p.* 120.
Gymnadenia bifolia Meyer chlor. hann. p. 540. *Ambros! fl. Tir. austr.* 1. *p.* 704.
Conopsidium stenantherum Wallr. beitr. 1. *p.* 103. *ex Reich. fil. l. c.*
Orchis chlorantha Guss. syn. fl. sic. 2. *p.* 529. *var. b.*
Orchis alba, bifolia, minor, calcari oblongo Seg. pl. veron. 2. *p.* 128. *tab.* 15. *n.* 10.
Orchis alba, bifolia, calcare oblongo Zannich. istor. delle piant. venet. p. 196. *tab.* 42. *fig.* 3.
Figure. — *Reich. fil. tab.* 127. *fig.* 3. 128. *fig.* 2. *et* 129.
Orchis palmata, purpurea, ligulata Cup. panph. sic. 1. *tab.* 174. *et* 2. *tab.* 250.
Orchis bifolia, purpurea, ligulato flore, longoque calcari donato Bonann. tab. 38.

Epi à fleurs nombreuses, plus ou moins rapprochées entre elles, assez grandes, blanches, exhalant une odeur analogue à celle de la tubéreuse ou de la belle de nuit. Divisions périgonales libres; les externes blanches; les latérales presque lancéolées, obtuses, étalées; la médiane un peu plus courte et plus large, ovale, en cœur à la base,

obtuse et rapprochée du gynostème; les latérales internes blanches ou jaunâtres, lancéolées, en faulx, conniventes, un peu plus courtes et plus étroites que les externes. Labelle blanc à la base et verdâtre au sommet, linéaire, dirigé en bas, entier, un peu plus long que les autres divisions périgonales. Eperon filiforme, presque plus long du double que l'ovaire, horizontal et souvent recourbé en bas, blanc, verdâtre et nectarifère au sommet. Gynostème très-obtus, aussi long que large, d'un blanc verdâtre au sommet. Anthère à loges parallèles jaunâtres. Masses polliniques d'un jaune clair. Caudicules courts. Glandes planes et d'un jaune clair. Ovaire subsessile, linéaire, tordu et contourné en *S*. Capsule allongée, oblongue, à six côtes. Bractées lancéolées, obtusiuscules, un peu plus courtes que l'ovaire ou l'égalant. Feuilles inférieures: deux, rarement trois, grandes, d'un vert clair, ovales-oblongues, obtuses, à bords souvent ondulés; les supérieures bractéiformes, lancéolées-aiguës. Tige de 3 à 5 décimètres, raide, ou un peu flexueuse, anguleuse, striée, d'un vert pâle jaunâtre, et munie à la base d'une ou de deux gaînes brunes. Deux renflements tubéreux allongés-fusiformes. Fibres radicales courtes.

Collines et vallons: Gairaut, Cimiez, vallon de St-Pons, de St-Isidore, bois du Var, St-Michel d'Eze, etc. — Mai.

Var. *b.* **laxiflora,** Reich. fil. Orchid. Europ. p. 121. T. 76.

Epi grêle, à fleurs lâches. Divisions périgonales internes conniventes, rapprochées au sommet. Eperon plus longuement effilé, ordinairement aminci au sommet.

Bois montueux; Berre, bois du Ferghet, etc. — Juin.

—

28

EXPLICATION DES FIGURES.

Pl. 14. Fig. 1-15.

1-2. Plantes entières.
3. Epi et partie supérieure de la tige.
4. Portion de tige grossie pour laisser voir les stries profondes de sa surface.
5. Fleur vue de face avec les divisions périgonales supérieures détachées.
6. La même vue de côté sans les divisions périgonales supérieures. *a.* bractée détachée.
7. Gynostème vu de face grossi; *b. b.* masses polliniques.
8-10. Autres gynostèmes grossis vus de face; *c.* une masse pollinique détachée.
11. Capsule surmontée de la fleur flétrie.
12. Section transversale de la capsule.
13. Autre section fortement grossie.
14. Semence vue à la loupe.
15. Semence considérablement grossie.

Pl. 15. Fig. 1-3.

1. Epi et partie supérieure de la tige de la var. *b.* laxiflora.
2. Fleur détachée vue de face.
3. Bractée inférieure détachée.

———

PLATANTHERA CHLORANTHA *Custor.*

Platanthère à fleurs jaune-verdâtre.

Platanthera chlorantha Custor. ap. Reich. in Mosl. handb. 2. p. 1565 *et fl. germ. excurs.* 1. p. 120. *Lindl. orchid.* p. 285. *Koch, syn. fl. germ. et helv. edit.* 2. p. 795. *Tin. pl. rar. Sic. fasc.* 1. p. 11. *Guss. enum. pl. inarim.* p. 349. *Parlat. fl. ital.* 3. p. 443.
Orchis montana Schmidt. fl. boëm. p. 35. *Gren. et Godr. fl. de Franc.* 3. part. 1. p. 297. *Ardoino fl. anal. du dép. des Alpes-Marit.* p. 353.
Orchis bifolia a macroglossa Wallr. sched. crit. p. 486.
Orchis virescens Gaud. fl. helv. 5. *in app.* p. 497.
Orchis ochroleuca Ten. ud *fl. neap. syll. app.* 5. p. 45. *et fl. nap.* 5. p. 235.
Habenaria chlorantha Bab. in trans. of the linn. soc. 17. *part.* 3. p. 463.
Conopsidium platantherum. Wallr. beitr. 1. p. 107.
Platanthera Wankelii Reich. fil. in Reich. fl. sax. p. 89.
Orchis chlorantha Guss. syn. fl. sic. 2. p 529. *var. a.*
Platanthera montana Reich. fil orchid. p. 123. *pl* 78.
Gymnadenia chlorantha Ambros l fl. Tir. austr. 1. p. 705.
Figure. — Reich. fil. orchid. tab. 430.

Epi subcylindrique, un peu lâche, à fleurs plus petites que dans l'espèce précédente, d'un blanc jaunâtre et verdâtre, peu odorantes, exhalant une légère odeur de cire. Divisions périgonales libres; les externes latérales ovales-lancéolées, aiguës, étalées, blanches ou jaunâtres vers le sommet, la médiane plus large et plus courte que les deux

latérales, ovale en cœur, un peu obtusiuscule, trinerviée et d'un jaune verdâtre clair; les internes latérales plus courtes, plus étroites que les externes, un peu obtuses, obliquement lancéolées-linéaires, d'un blanc verdâtre vers la base. Labelle presque égal aux divisions externes latérales, sublinéaire, obtus, dirigé en bas, et d'un jaune verdâtre clair. Eperon filiforme, nectarifère, presque horizontal, un peu courbé en *S*, ordinairement plus long du double que l'ovaire, d'un blanc jaunâtre et verdâtre au sommet. Gynostème large, tronqué, concave en avant, d'un vert clair. Anthère à loges distantes, divergentes à leur base et séparées par un petit bec plane, élargi et obtus. Masses polliniques d'un jaune clair ou verdâtre. Caudicules blancs. Glandes jaunes, planes, munies d'un appendice filiforme, articulé obliquement avec la base des caudicules. Staminodes blancs ou grisâtres, un peu allongés, obtus, comme papilleux, et d'un tiers plus court que l'anthère. Ovaire linéaire, étroit, contourné en *S*, subsessile, d'un vert clair. Capsule allongée-oblongue, à six côtes. Bractées d'un vert jaunâtre, lancéolées, obtuses, uninerviées et plus courtes que l'ovaire. Deux feuilles inférieures d'un beau vert clair, lisses et comme luisantes, ovales-oblongues, obtuses, à nervures unies entre elles par de petites veines obliques, en réseau; les supérieures bractéiformes, lancéolées-aiguës. Tige de 2 à 4 décimètres environ, d'un vert clair et munie à la base d'une ou de deux gaines membraneuses, d'un brun roussâtre. Deux renflements tubéreux, allongés-fusiformes. Fibres radicales courtes.

Montagnes; Braus, environs de Berra, bois du Ferghet. M' Mulacé, au-dessus de Menton, — (Ardoino). — Mai, juin.

—

EXPLICATION DES FIGURES.

Pl. 15. Fig. 4-17.

4-5. Plantes entières.
6. Epi et partie supérieure de la tige.
7-8. Fleurs vues de face.
9. Fleur vue de face avec les divisions périgonales supérieures détachées.
10. La même vue de profil sans les divisions périgonales supérieures; *a.* bractée détachée.
11-12. Gynostèmes grossis vus de face.
13. Gynostème grossi vu de face; *b. b.* masses polliniques détachées.
14. Masses polliniques grossies avec l'appendice inséré à la base du caudicule.
15. Appendice considérablement grossi.
16. Masses polliniques lobulées considérablement grossies.
17. Section transversale de la capsule grossie.

TRAUNSTEINERA *Reich.* (TRAUNSTEINERA).

Reich. fl. saxon. p. 87. Parl. fl. ital. 3. p. 415. — Orchidis species Linn. sp. pl. p. 1332. Lindl. orchid. p. 269. Endl. gen. pl. Reich. fil. orchid. p. 35. — Nigritellæ species Reich. fl. germ. excurs. 1. p. 121.

Divisions périgonales libres, conniventes; les externes ovales-lancéolées, et prolongées en une pointe dilatée au sommet; les latérales internes acuminées et plus courtes que les externes. Labelle étalé, ascendant, étroit, trilobé ou trifide; lobes latéraux petits, subtriangulaires, un peu obtus; lobe médian plus grand, oblong, tronqué-émarginé et souvent muni d'un mucron dans l'angle de la bifidité. Eperon grêle, subcylindrique, un peu obtusiuscule, assez droit et près de moitié plus court que l'ovaire. Gynostème très-court, obtus. Stigmate ovale. Anthère obtuse, à loges parallèles, contiguës et séparées par un petit bec. Masses polliniques lobulées. Caudicules courts. Glandes nues, distinctes. Staminodes papilleux. Ovaire sessile, linéaire-oblong, rétréci au sommet. Capsule membraneuse, subtriquètre, légèrement contournée et à côtes peu saillantes. Semences très-petites, sublinéaires. Tégument formé de cellules simples. Embryon oblong. Deux renflements tubéreux allongés, souvent divisés au sommet. Fibres radicales grêles.

TRAUNSTEINERA GLOBOSA *Reich.*
Traunsteinére globuleuse. Orchis globuleux DC.

Traunsteinera globosa. Reich. fl. saxon. p. 87. Parlat. fl. ital. 3. p. 446.
Orchis globosa Linn. sp. pl. p. 1332. All. fl. ped. 2. p. 146. Hall. ic. pl. helv. p. 31 Suffren pl. du Frioul p. 184. Dec. fl. franç. 3. p. 245. Nocc. et Balb. fl. ticin. 2. p. 147. Savi bot. etrusc. 3. p. 167. Pollin. fl. veron. 3. p. 5. Gaud. fl. helv. 5. p. 427. Lindl. orchid. p. 269. Bert. mant. pl. fl. Alp. apuan. p. 64. Puccin. syn. fl. luc. p. 474. Comoll. fl. comens. 6. p. 348. Reich. fil. orchid. p. 35. Bert. fl. ital. 9. p. 520. Gren. et Godr. fl. de Franc. 3. part. 1. p. 291. Ambros. fl. Tir. austr. 4. p. 685.
Nigritella globosa Reich. fl. germ. excurs. 1. p. 121. Ardoino fl. anal. du dép. des Alpes-Marit. p. 355.
Orchis carnea, spica congesta, brevi calcari Seg. pl. veron. 2. p. 129. tab. 15. f. 12.
Figure. — Jacq. austr. 3. tab. 266. Reich fil. orchid. tab. 381.
Orchis radicibus subrotundis, spica densissima, petalis exterioribus aristatis Hall. ic. pl. helv. tab. 26.

Epi subglobuleux, assez dense. Fleurs petites, d'un violet clair ou lilas. Divisions périgonales libres, conniventes; les externes ovales-lancéolées, longuement cuspidées, à pointes obtuses, spathulées; les latérales internes ovales-lancéolées, acuminées et un peu plus courtes que les externes. Labelle d'un violet clair ou lilas, blanchâtre vers la base, ponctué ou marqué de petites taches d'un pourpre violacé, étalé, ascendant, étroit, à peine dilaté au sommet, trilobé; lobes latéraux petits, subtriangulaires, un peu obtus; lobe médian plus grand, oblong, tronqué-émarginé et souvent muni d'un mucron dans l'angle de la bifidité. Eperon grêle, subcylindrique, un peu obtus, assez droit, de moitié environ plus court que l'ovaire et d'un rose violacé clair. Gynostème blanc, très-court, obtus. Stigmate ovale. Anthère d'un blanc jaunâtre, à loges parallèles, contiguës et séparées par un petit bec. Masses polliniques d'un jaune très-pâle.

Caudicules courts. Glandes linéaires, nues, blanches. Staminodes papilleux. Ovaire d'un vert clair, sessile, linéaire-oblong, rétréci au sommet. Capsule membraneuse, subtriquètre, légèrement contournée, à côtes peu saillantes. Bractées d'un vert clair, violacées ou purpurines, égalant ou dépassant l'ovaire, allongées-lancéolées, acuminées et uninervées. Feuilles d'un vert glaucescent, nerviées; les inférieures oblongues, obtusiuscules, longuement engaînantes; les caulinaires lancéolées-aiguës, les supérieures bractéiformes. Tige de 2 à 4 décimètres, dressée ou un peu flexueuse, cylindrique, lisse, d'un vert jaunâtre, et munie à la base de deux ou de trois gaînes brunes. Deux renflements tubéreux plus ou moins allongés et parfois divisés au sommet. Fibres radicales grêles.

Montagnes et Alpes: Col de Tende, Montdaour, pâturages de Valdeblore, de Cairos; vallée de la Gordolasque, Forêt de Clans. — Juin, juillet.

EXPLICATION DES FIGURES.
Pl. 16. Fig. 1-23.

1-4. Plantes entières à divers degrés de développement.
5-6. Fleurs vues de face (grandeur naturelle).
7-8. Les mêmes vues de côté.
9-10. Fleurs grossies vues de face.
11-12. Fleurs grossies vues de face avec les divisions périgonales détachées.
13-14. Fleurs grossies vues de côté sans les divisions périgonales supérieures.
14ᵃ. Bractée détachée.
15. Fleur grossie vue de côté avant son entier épanouissement.
16-17. Partie supérieure du gynostème grossi, avec les masses polliniques détachées a.a. b.b.
18. Gynostème vu de face grossi.
19. Masses polliniques détachées considérablement grossies.
20. Section longitudinale du gynostème.
21. Capsule grossie surmontée de la fleur flétrie.
22. Section transversale de la capsule grossie.
23. Semence considérablement grossie.

SECONDE SOUS-TRIBU.

ANGIADÉNIÉES.

ANGIADENIEÆ *Parl. fl. ital.* 3. *p.* 418. — BURSICULATÆ *Reich. fil. orchid. p.* 105.

Glande commune ou glandes distinctes des masses polliniques, renfermées dans une bursicule.

A. MONADENIEÆ (*Parl. flor. ital.* 3. *p.* 448).
Glande commune ou glandes soudées.

SERAPIAS *Swartz*. (HELLEBORINE. — SERAPIAS).

Swartz in act. holm. anno 1800 *p.* 223. *tab.* 3. *f.* 4. *R. Brown in Ait. h. kew. edit.* 2. *tom.* 5. *p.* 194. *C. L. Rich. in mém. du Museum* 4. *p.* 47. *Lindl. orchid. p.* 377. *Endl. gen. pl. p.* 211. *Reich. fil. orchid. p.* 8. — *Serapiadis species Linn. sp. pl. p.* 1344. *Juss. gen. pl. p.* 65. — *Helleborine Pers. syn.* 2. *p.* 512. *et pl. auctor.*

Divisions périgonales conniventes en casque; les externes soudées entre elles par leurs bords, et libres au sommet seulement; les internes latérales plus courtes, longuement acuminées-subulées, dilatées à la base, et soudées au sommet avec les divisions externes. Labelle trilobé, dirigé en avant, sans éperon, muni à la base d'une ou de deux callosités; lobes latéraux dressés et cachés en partie par les divisions périgonales, le médian plus long, géniculé et réfléchi. Gynostème allongé, rapproché du labelle, prolongé au sommet en un bec comprimé. Stigmate subcordiforme. Anthère verticale, à loges parallèles et séparées par un petit bec lamellaire. Masses polliniques lobulées. Caudicules fixés à une glande commune ovale, plane, subbilobée et renfermée dans une bursicule. Ovaire sessile, sublinéaire. Capsule non contournée, oblongue, amincie à la base, subtriquètre, à six côtes saillantes. Semences très-petites, sublinéaires. Tégument formé de cellules fibreuses réticulées, atténué aux extrémités. Embryon elliptique. Renflements tubéreux subarrondis.

SERAPIAS LINGUA *Linn.*
Helléborine à languette.

Serapias lingua Linn. sp. pl. p. 1344. *var. b. ex synon. Bauhin. et excl. syn. Columnæ. Ucria h. r. pan p* 385. *Savi. fl. pis.* 2. *p.* 304. *var. a. ex parte. Desf! fl. atl.* 2. *p.* 322. *ex herb. excl. syn. Column. Bert. pl. genuens. p.* 125 *Biv! sic. pl. cent.* 1. *p.* 74. *Pollin. fl. veron.* 3. *p.* 29 *Reich. fl. germ. excurs.* 1. *p.* 129. *Ten. syll. p.* 458. *Parl. var. pl. sic. fasc.* 1. *p.* 9. *Lindl. orchid. p.* 377. *Boiss. voyag. en Espagn. p.* 598. *Parl. pl. novæ p* 19. *Vis? fl. dalm* 1 *p.* 180. *Moris et De Not. fl. Capr. p.* 124. *Koch syn. fl. germ. et helv. edit.* 2. *p* 799. *Guss. syn. fl. sic.* 2. *p.* 553. *De Not. rep. fl. lig. p.* 390. *Gries? spic fl. rum. et bith.* 2 *p.* 367. *Puccin! syn. fl. luc. p.* 182. *Reich. fil. orchid. p.* 9. *Gren et Godr. fl. de Franc.* 3 *part.* 1. *p.* 208. *Guss. enum. pl. inarim. p.* 323. *Parlat. fl. ital* 3. *p.* 422. *Ardoino fl. anal. du dép. des Alpes-Marit. p.* 358.
Orchis lingua All. fl. ped. 2. *p.* 148. *an ex parte? Serapias oxyglottis Willd? sp. pl.* 4. *p.* 71. *Bert! amœn. ital. p.* 202. *Tod! orchid. sic. p.* 112. *Bert! fl. it.* 9. *p.* 605.
Helleborine oxyglottis Pers. syn. 2 *p.* 512.
Helleborine Lingua Seb. et Maur. fl rom. prodr. p 313. *Ten. fl. nap.* 2. *p.* 316. *non Pers.*
Orchis montana lingua oblonga altera C. Bauh. pin. p. 84 *et Mich? in Till. cat. h. pis. p.* 125. *excl. syn. Columnæ.*

Orchis flore phœniceo, linguo oblonga, rhomboidea Mich. in Till. cat. h. pis p. 125. *Eadem flore albo Mich. ibid. Figure.* — *Sibth. et Smith fl. græc. tab.* 334. *Reich. fil. orchid. p.* 439.
Polyorchis Etruriæ Lingua rubro-lutea Petiv. gazoph. tab. 128. *fig.* 6. *ex Willd.*
Polyorchis Etruriæ Lingua alba Petiv. l. c. p. 5.

Epi ordinairement allongé. Fleurs: de 2 à 6, assez distantes entre elles et disposées en spirale. Divisions périgonales conniventes en casque; les externes soudées, libres au sommet seulement, ovales-lancéolées, aiguës, concaves, un peu carénées en dehors, d'un violet clair varié de verdâtre, marquées de nervures longitudinales d'un violet rougeâtre foncé, unies entre elles par de petites veines transversales; les deux internes latérales d'un violet clair, nervées, longuement acuminées-subulées, dilatées à la base, un peu plus courtes et beaucoup plus étroites que les externes, et soudées à celles-ci par leur sommet. Labelle trilobé, presque du double plus long que les divisions périgonales, dirigé en avant, muni à la base d'une callosité noirâtre, luisante, de forme allongée et traversée par un sillon longitudinal; lobes latéraux d'un pourpre très-foncé dans leur moitié supérieure, arrondis, dressés, rapprochés entre eux au sommet, et cachés en partie par les divisions périgonales; le médian plus long que les latéraux, géniculé, réfléchi, ovale-acuminé ou presque lancéolé, légèrement nervié, glabre ou très-finement pubescent, entier ou un peu crénelé sur les bords, d'un violet clair, rougeâtre, rose, couleur de chair ou jaunâtre. Gynostème dirigé en avant, verdâtre, à bec droit, allongé. Stigmate subcordiforme. Anthère jaunâtre. Masses polliniques et caudicules d'un jaune pâle. Glande commune elliptique. Ovaire sessile, linéaire-allongé, subcylindrique, d'un vert clair. Capsule allongée, subtriquètre, un peu rétrécie à la base, à six côtes dont trois plus larges. Semences très-petites, linéaires, rougeâtres. Bractées égalant ou dépassant les fleurs, ovales ou ovales-lancéolées, aiguës, lavées de teintes rougeâtres ou violacées et marquées de nervures plus foncées. Feuilles largement linéaires-lancéolées, aiguës, d'un vert glaucescent, canaliculées, longitudinalement nerviées, et arquées en dehors. Tige de 2 à 4 décimètres environ, droite, cylindrique, d'un vert clair. Renflements tubéreux subarrondis, dont un parfois pédonculé. Fibres radicales assez grosses.

St-Hospice (assez rare), vallon de Contes, Berre, Levens, la Croisette près de Cannes, île Sainte-Marguerite, etc. — Avril, mai.

EXPLICATION DES FIGURES.

Pl. 17. Fig. 1-24.

1. Plante entière.
2. Plante entière (variété à labelle jaunâtre).
3. Epi (forme robuste).
4-5. Plantes entières (forme pauciflore).
6. Epi détachée (forme pauciflore).
7. Fleur vue de face.
8. Fleur vue de côté sans les divisions périgonales supérieures.
9. La même vue en dessus.
10. Fleur vue en dessus sans les divisions périgonales supérieures (variété à labelle jaunâtre).
11. Fleur détachée vue de côté.
12. Autre fleur vue de côté sans les divisions périgonales supérieures; a. bractée détachée.
13. La même vue de face avec les divisions périgonales supérieures .c. détachées et soudées entre elles.
14. Labelle étalé vu de face.
15. Fleur de la forme robuste vue de côté avec les divisions périgonales supérieures détachées; b. bractée détachée.
16. Divisions périgonales étalées vues de face (forme robuste).
17. Divisions périgonales supérieures soudées entre elles.
18 Gynostème vu de face grossi.
19. Prolongement du bec de l'anthère grossi vu de côté.

20-21. Masses polliniques grossies.
22. Masses polliniques considérablement grossies.
23. Ovaire surmonté de la fleur flétrie.
24. Semence considérablement grossie.

SERAPIAS LONGIPETALA *Pollin.*

Helléborine à longs pétales.

Serapias longipetala Pollin. fl. veron. 3. p. 30. Nacc. fl. venet. 4. p. 144. Reich. fl. germ. excurs. 1. p. 130. Lindl. orchid. p. 378. Ten. syll. p. 458. Parl. rar. pl. sic. fasc. 1. p. 11. et pl. nov. p. 24. Guss. syn. fl. sic. 2. p. 552. De Not. rep. fl. lig. p. 390. Gren. et Godr. fl. de Franc. 3. part 1. p. 278. Guss. enum. pl. inarim. p. 322. Parlat. fl. ital. 3. p. 424. Ardoino fl. anal. du dép. des Alpes-Marit. p. 358.
Serapias lingua Linn. sp. pl. p. 1334. var. a. ex parte et excl. syn. Sauvag. Savi fl. pis. 2. p. 304. ex parte. Balb. fl. taur. p. 151. Nocc. et Balb. fl. ticin. 2. p. 156. Bert. amœn. ital. p 279. Tod ! orchid. sic. p. 110. Comoll ! fl. comens. 6. p. 380. Bert. fl. ital. 9. p. 600. var. α. et excl. syn. S. oxyglottis Tod. Ambros! fl. Tir. austr. 1. p. 714.
Orchis lingua All. fl. ped. 2. p. 148. ex parte.
Serapias cordigera var. Bert. pl. gen. p. 126.
Helléborine longipetala Ten. fl. neap. prodr. p. LIII (anno 1811). Seb. et Maur. fl. rom. prodr. p. 312. Ten. fl nap. 2. p. 317.
Helléborine pseudo-cordigera Seb. rom. pl. fasc. 1. p 11.
Serapias pseudo-cordigera Moric. fl. venet. 1. p. 574. Koch. syn. fl. germ. et helv. edit. 2. p. 799. Comoll ! fl. comens. 6. p. 379. Reich. fil. orchid. p. 12.
Serapias lancifera St-Amans ! fl. agen. p 378.
Serapias laxiflora Chaub. fl. du Pelop. p. 62.
Orchis macrophylla Column. ecphr. 1. p. 321. quoad. descript.
Orchis montana, italica, flore ferrugineo, lingua oblonga, C. Bauh. prodr. p. 29 et prin. p. 84. Cup. h. cath. p. 157. Mich. in Till. cat. h. pis. p. 125. Seg. pl. veron. 3. p. 248. tab. 8. Zannich. istor. delle piante venet. p. 197. tab. 42. fig. 1.
Orchis etrusca, lingua ferruginea pilosa Petiv. gazoph. tab. 128. fig. 4.
Figure. — Seb. rom. pl. fasc. 1. tab. 4, fig. 1. Seb. et Maur. fl. rom. prodr. tab. 10. fig. 1. Ten. fl. nap. 2. tab. 98. Reich. fil. orchid. tab. 441.

Epi allongé; fleurs: de 3 à 6, rarement plus nombreuses, grandes, assez distantes entre elles et disposées en spirale. Divisions périgonales conniventes en casque; les externes soudées par leurs bords, libres au sommet seulement, lancéolées-acuminées, aiguës, concaves, un peu carénées en dehors, d'un violet rougeâtre pâle plus foncé en dedans, à nervures longitudinales purpurines ou violâtres, unies entre elles par des veines transversales; les deux internes latérales, rougeâtres, trinerviées, longuement acuminées, subulées, à base dilatée, d'un pourpre noirâtre, à bords ondulés-crépus, un peu plus courtes et beaucoup plus étroites que les externes et soudées à celles-ci par leur sommet. Labelle trilobé une fois et demie à peu près aussi long que les divisions périgonales, dirigé en avant, muni à la base de deux callosités saillantes, linéaires, un peu divergentes en avant et blanchâtres; lobes latéraux d'un pourpre très-foncé dans leur moitié supérieure, arrondis, dressés, rapprochés entre eux au sommet et cachés en partie par les divisions périgonales; lobe médian plus long que les latéraux, ovale-lancéolé, géniculé, réfléchi, velu, entier ou légèrement crénelé sur les bords, d'un fauve rougeâtre plus ou moins foncé, et marqué de veines ramifiées. Gynostème d'un violet rougeâtre à la base, dirigé en avant, à bec droit, allongé, verdâtre. Stigmate subcordiforme. Anthère jaunâtre. Masses polliniques d'un vert terne. Caudicules blanchâtres. Glande commune elliptique. Ovaire sessile, allongé-linéaire, triquètre, vert. Capsule allongée, rétrécie à la base, subtriquètre, à six côtes dont trois plus larges. Bractées dépassant les fleurs, longuement lancéolées, acuminées, larges, d'un violet rougeâtre, parfois d'un vert clair lavé de teintes violacées, et marquées de nervures assez semblables à celles des divisions périgonales externes. Feuilles largement linéaires-lancéolées, aiguës, d'un vert glaucescent, canaliculées, longitudinalement nerviées et arquées en dehors. Tige parfois très-robuste, de 3 à 5 décimètres environ, anguleuse, d'un violet rougeâtre au sommet, et munie d'une ou de deux gaines à la base. Renflements tubéreux subarrondis. Fibres radicales assez grosses.

Vallons de Contes, de l'Alouette près de la Trinité; Bendejeun, etc. — Mai.

—

EXPLICATION DES FIGURES.

Pl. 18. Fig. 1-15.

1-2. Plante entière.
3-4. Autre plante entière.
5. Fleur détachée avec bractée, vue de face.
6. La même vue de côté.
7. Bractée détachée.
8. Fleur vue de côté sans les divisions périgonales supérieures.
9. Divisions périgonales supérieures soudées entre elles.
10. Divisions périgonales détachées, vues de face.
11-12. Formes diverses du labelle.
13. Gynostème vu de face.
14. Le même vu de côté.
15. Masses polliniques détachées grossies.

—

Pl. 19. Fig. 1-14.

1. Plante entière.
2. Epi et partie supérieure de la tige.

3. Divisions périgonales supérieures et labelle étalés.
4. Divisions périgonales supérieures détachées du gynostème et soudées entre elles.
5. Fleur vue de côté sans les divisions périgonales supérieures.
6. Gynostème grossi vu de face.
7. Le même vu de côté.
8. Masses polliniques grossies.
9. Capsule surmontée de la fleur flétrie.
10. Section transversale de la capsule.
11. Semence considérablement grossie.
12. Plante entière de la variété à bractées vertes.
13. Fleur vue de face avec les divisions périgonales supérieures détachées et soudées entre elles.
14. Fleur vue de côté sans les divisions périgonales supérieures; a. bractée détachée.

—<<>>—

SERAPIAS CORDIGERA L.

Helleborine en cœur.

Serapias cordigera Linn. sp. pl. p. 1345. *Ucria h. r pan. p.* 385 *Desf. fl. atl.* 2. *p.* 324. *Dec. fl. franç.* 3. *p.* 250. *et* 5 *p.* 333. *Biv. sic. pl. cent.* 1. *p.* 74. *Reich. fl. germ. excurs.* 1. *p.* 130. *Ten. syll. p.* 458. *Lindl. orchid. p.* 377. *Parl. rar. pl. Sic. fasc.* 1. *p.* 12. *et pl. nov. p.* 22. *Vis. fl. dalm.* 1. *p.* 180. *Todar l orchid. sic. p.* 108. *Koch. syn. fl. germ et helv. edit.* 2. *p.* 798. *Guss. syn. fl. sic.* 2. *p.* 552. *De Not. rep. fl. lig. p.* 390. *Gries. spic. fl. rum. et bith.* 2. *p.* 367. *Puccin. syn. fl. luc. p.* 482 *ex parte. Reich. fl. orchid. p.* 10. *Gren. et Godr l fl. de Franc.* 3. *part.* 1. *p.* 276. *Guss. enum. pl. inarim. p.* 322. *Parlat. fl. ital.* 3. *p.* 427. *Ardoino fl. anal. du dép. des Alpes Marit. p.* 358.
Serapias lingua Savi fl. pis. 2. *p.* 304. *var. b. ex parte. Bert. lucubr. p.* 12.
Helleborine cordigera Pers. syn. 2. *p.* 512. *Seb. rom. pl. fasc.* 1. *p.* 13. *Seb. et Maur. fl. rom. prodr. p.* 313. *Ten. fl. nap.* 2. *p.* 315.
Serapias ovalis C. L. Rich. in mém. du Museum 4 *p.* 51.
Orchis ferrugineo, linguæformi ac cordato, maximo flore Cup. h. cath. p. 157.
Orchis montana, italica, lingua oblonga, retro reflexa Mich. in Till. cat. h. pis. p. 125.
Figure. — *Seb. rom. pl. fasc.* 1. *tab.* 4. *Seb. et Maur. fl. rom. prodr. tab.* 10. *Sibth. et Smith fl. græc. tab.* 932. *Reich. fl. orchid. tab.* 440.
Orchis ferrugineo, linguæformi, cordato, maximo flore Cup. panph. sic. 1. *tab.* 65. *Bonann. tab.* 34.

Epi court, fleurs de 3 à 7 environ, grandes, assez rapprochées entre elles. Divisions périgonales conniventes en casque; les externes soudées, libres au sommet seulement, ovales-lancéolées, acuminées, aiguës, concaves, un peu carénées en dehors, d'un violet rougeâtre pâle, plus foncé en dedans, et marquées de nervures longitudinales purpurines ou violâtres; les deux internes latérales d'un pourpre foncé, subtrinerviées, longuement acuminées-subulées, à base dilatée, d'un pourpre noirâtre, à bords ondulés-crépus, un peu plus courtes et beaucoup plus étroites que les externes, et soudées à celles-ci par leur sommet. Labelle trilobé, presque du double plus long que les divisions périgonales, dirigé en avant, muni à la base de deux callosités noirâtres, luisantes, saillantes, linéaires, assez divergentes en avant; lobes latéraux d'un pourpre très-foncé, arrondis, dressés, rapprochés entre eux au sommet, et cachés en partie par les divisions périgonales; lobe médian plus long que les latéraux, ovale en cœur, acuminé, géniculé, réfléchi, hérissé de poils nombreux, blanchâtres ou bruns, légèrement ondulé sur les bords, d'un fauve rougeâtre plus ou moins foncé ou d'un roux ferrugineux et marqué de veines ramifiées. Gynostème d'un pourpre terne, dirigé en avant, à bec droit, allongé, verdâtre. Stigmate subcordiforme. Anthère d'un brun rougeâtre. Masses polliniques d'un vert foncé. Caudicules jaunâtres. Glande commune elliptique, bleuâtre. Ovaire sessile, allongé, subcylindrique, d'un vert pâle. Capsule allongée, rétrécie à la base, subtriquètre, à six côtes dont trois plus larges. Semences très-petites, blanchâtres. Bractées plus courtes que les fleurs, ovales-lancéolées, aiguës, presque acuminées, assez semblables pour la couleur aux divisions périgonales externes, et marquées de nervures purpurines ou violâtres, souvent unies entre elles par de petites veines transversales. Feuilles largement linéaires-lancéolées, aiguës, d'un vert glaucescent, canaliculées, longitudinalement nerviées, plus ou moins arquées; les inférieures réduites à des gaînes membraneuses brunes. Tige de 2 à 3 décimètres environ, cylindrique, dressée, d'un rouge violâtre au sommet, et marquée à la base, ainsi que sur les gaînes des feuilles, de petites lignes et de points d'un pourpre foncé. Renflements tubéreux subarrondis. Fibres radicales assez grosses.

Vallon de Contes, Bendijeun, Berre, Cannes, Ile Ste-Marguerite, l'Esterel, Menton, etc. — Avril, mai.

EXPLICATION DES FIGURES.
Pl. 20. Fig. 1-11.

1-2. Plantes entières.
3. Epi.
4. Divisions périgonales détachées et étalées.
5-6. Labelles détachés et étalés; *a. b.* divisions périgonales supérieures détachées du gynostème et soudées entre elles.
7. Autre labelle étalé.
8. Fleur vue de côté, sans les divisions périgonales supérieures; *c.* bractée.
9. Gynostème grossi, vu de côté; *d.* bractée.
10-11. Masses polliniques grossies.

SERAPIAS NEGLECTA *De Not.*

Helléborine négligée.

Serapias neglecta De Not! rep. fl. lig. p. 389. Reich. fil. orchid. p. 14 et p. 171. Parlat. fl. ital. 3. p. 430. Ardoino fl. anal. du dép. des Alpes-Marit. p. 358. Serapias lingua Savi fl. pis. 2. p. 304. var. b. ex parte. Serapias cordigera Bert. pl. gen. p. 125. et amœn. ital. p. 203. excl. nonn. syn. Puccin! syn. fl. luc. p. 482. ex parte ex specimin. simul confusis. Bert. fl. ital. 9. p. 633. excl. nonn. syn. Orchis montana, italica, lingua oblonga, fulva et crispa Mich. in Till. cat. h. pis. p. 125.

Figure. — Reich. fil. orchid. tab. 520.

Epi court. Fleurs de 2 à 6, grandes, plus ou moins rapprochées entre elles. Divisions périgonales conniventes en casque; les externes soudées par leurs bords, libres au sommet seulement, ovales-lancéolées, aiguës, concaves, un peu carénées en dehors, violâtres, à nervures longitudinales purpurines et unies entre elles par des veines transversales; les internes latérales d'un pourpre foncé, subtrinerviées, longuement acuminées-subulées, largement ovales à la base, à bords planiuscules, beaucoup plus étroites que les externes, soudées à celles-ci à leur sommet et non ondulées sur les bords. Labelle trilobé, deux fois plus long que les divisions périgonales, dirigé en avant, muni à la base de deux callosités ou lames saillantes linéaires-oblongues, presque parallèles, plus éloignées l'une de l'autre que dans l'espèce précédente, et d'un pourpre foncé ou noirâtre; lobes latéraux d'un pourpre plus ou moins foncé dans leur partie supérieure, divergents, plus ou moins étalés, à peine cachés par les divisions périgonales supérieures; lobe médian grand, largement ovale-acuminé, plus ou moins pendant, parfois presque horizontal, hérissé, ainsi que la base du labelle, de poils blanchâtres ou rougeâtres, légèrement ondulé sur les bords, rougeâtre, d'une couleur d'ochre très-pâle, couleur de chair ou de brique, parfois lavé de teintes vineuses, et marqué de veines ramifiées, purpurines ou ochracées. Gynostème d'un pourpre violacé, dirigé en avant, à bec droit, allongé, très-aigu. Stigmate subcordiforme. Anthère violâtre. Masses polliniques verdâtres. Caudicules d'un jaune pâle. Glande commune violacée. Ovaire sessile, allongé-linéaire, subtriquètre. Capsule ovale-oblongue, à six côtes. Bractées plus courtes que les fleurs, ovales-aiguës, d'un vert clair lavé de teintes violacées, marquées de nervures purpurines unies entre elles par de petites veines. Feuilles linéaires-lancéolées, aiguës, d'un vert glaucescent, canaliculées, longitudinalement nerviées et plus ou moins arquées; les inférieures réduites à des gaînes membraneuses brunes. Tige de 1 à 3 décimètres environ, cylindrique, dressée, d'un vert clair, et immaculée. Renflements tubéreux, subarrondis, dont un souvent pédonculé. Fibres radicales assez grosses.

Environs de Menton (Ardoino), Biot, bois de l'Esterel, Cannes (Canut et Fossat). — Avril.

EXPLICATION DES FIGURES.

Pl. 20. Fig. 12-13.

12. Plante entière.
13. Labelle étalé vu de face.

Pl. 21. Fig. 1-14.

1-4. Plantes entières.
5. Epi.
6. Divisions périgonales supérieures et labelle détachés et étalés.
7. Autre labelle étalé — a. divisions périgonales supérieures détachées du gynostème et soudées entre elles.
8. Fleur vue de côté, sans les divisons périgonales supérieures — b. bractée détachée.
9. Gynostème grossi, vu de face.
10. Gynostème grossi, vu de côté.
11. Masses polliniques grossies.
12. Capsule surmontée de la fleur flétrie.
13. Section transversale de la capsule.
14. Semence considérablement grossie.

———◦≫◦◦◦≪◦———

SERAPIAS PARVIFLORA *Parl.*

Helléborine à petites fleurs.

Serapias parviflora Parl. in giorn di scienz. lett. e arti per la Sicilia ann. 1837. p. 66. et in Linnea 12. p. 347. et rar. pl. sic. fasc. 1. p. 8. et pl. nov. p. 17. fl. ital. 3. p. 420. Todar! orchid. sic. p. 114. Guss. syn. fl. sic. 2. p. 553. Bert. fl. ital 9. p. 606. Serapias occultata Gay! in Durieu pl. astur. exsic. ann. 1836. et in ann. des scienc. natur. ann. 1836. p. 119. ubi nomen. tantum. Gren. et Godr. fl. de Franc. 3. p. 260. Serapias longipetala b parviflora Lindl. orchid. p. 378. Serapias laxiflora Reich. fil orchid. p. 13. var. a. et exclus. syn Chaub.

Figure. — Parl. op. c. et in Linnæa l. c. tab. 4. Reich. l. c. tab. 142. f. 2. 3.

Epi plus ou moins allongé. Fleurs de 4 à 8, petites, assez distantes entre elles. Divisions périgonales conniventes en casque; les externes soudées par les bords dans leur moitié inférieure, linéaires-lancéolées, aiguës, d'un violet rougeâtre pâle, à nervures longitudinales plus foncées et unies entre elles par de petites veines transversales; les internes latérales, verdâtres, ovales-allongées, subulées, élargies à la base, planiuscules sur les bords, soudées au sommet avec les divisions externes. Labelle trilobé, aussi long que les divisions périgonales,

dirigé en avant, muni à la base de deux callosités linéaires parallèles; lobes latéraux d'un pourpre brun au sommet, arrondis, dressés, comme denticulés sur les bords, et cachés en partie par les divisions périgonales; lobe médian lancéolé-aigu, étroit, géniculé, fortement réfléchi, légèrement pubescent, d'un roux ferrugineux et marqué de petites veines ramifiées. Gynostème dirigé en avant, à bec droit et longuement acuminé. Anthère jaune. Ovaire sessile, allongé-linéaire, subtriquètre, d'un vert pâle. Capsule allongée, obtuse, dressée, à six côtes assez larges. Bractées égalant ou dépassant les fleurs, allongées-aiguës, acuminées, nerviées et d'un vert clair, ou rougeâtres. Feuilles lancéolées-linéaires, acuminées, carénées, d'un vert glaucescent, longitudinalement nerviées et légèrement ondulées sur les bords; les inférieures réduites à des gaînes. Tige de 1 à 2 décimètres et plus, cylindrique, dressée, d'un vert pâle, et anguleuse au sommet. Renflements tubéreux subarrondis. Fibres radicales assez grêles.

Entre Vintimille et la Bordighiera (très-rare).

Cette espèce a été trouvée aussi par feu mon ami le professeur André Verany, à la Croisette, près de Cannes, en avril 1846; mais, à ma connaissance, elle n'a plus été signalée dans cette localité.

On peut en attribuer la disparition aux travaux de défrichements exécutés pendant ces dernières années.

EXPLICATION DES FIGURES.

Pl. 22. Fig. 1-3.

1. Plante entière.
2. Labelle étalé, grandeur naturelle.
3. Le même grossi.

———≫◦≪———

SERAPIAS PAPILIONACEO-LINGUA *Barla*

Helléborine hybride.

Serapias triloba Viv. ann. bot. 1. part. 2. p. 186. et fl. ital. fragm. fasc. 1. p. 11. tab. 12. fig. 1. Reich. fl. germ. excurs. 1. p. 130; Lindl. orchid. p. 378. Koch. syn. fl. germ. et helv. edit. 2. p. 799. Puccin! syn. fl. luc. p. 483. cum icone. Reich. fil orchid. p. 9 et p. 171. tab. 438. Bert. fl. ital. 9. p. 604. Parlat. fl. ital. 3. p. 433. Ardoino fl. anal. du dép. des Alp. marit. p. 358. Isias triloba De Not! in mém. dell' Accad. R. delle scienze di Torino anno 1844. sez. 2ᵃ, tom. 6. cum icone, et in rep. fl. lig. p. 394.

Epi court. Fleurs de 5 à 6, assez rapprochées entre elles. Divisions périgonales conniventes en casque, libres; les externes allongées-lancéolées, obtusiuscules ou aiguës, d'un violet rougeâtre pâle, et marquées de nervures longitudinales d'un pourpre foncé; les deux internes latérales d'un violet rougeâtre, nerviées, ovales-lancéolées, obtusiuscules, d'abord conniventes, ensuite étalées et un peu plus courtes que les externes. Labelle trilobé, plus long que les divisions périgonales, canaliculé, et muni à la base d'un rudiment de callosité noirâtre; lobes latéraux d'un pourpre foncé, arrondis, crénelés sur les bords, et marqués de petites veines purpurines, divergentes en éventail et naissant un peu en avant de la callosité; lobe médian d'un pourpre rosé, court, subtrilobé, nervié, à bords ondulés-crépus. Gynostème presque dressé et non rapproché du labelle, à bec peu prolongé et muni d'une petite pointe aiguë presque pétaloïde. Anthère à loges assez rapprochées entre elles vers la base, et séparées par un petit bec saillant en forme de lame. Masses polliniques verdâtres. Caudicules d'un blanc jaunâtre. Glande commune formée de deux glandes soudées. Staminodes blanchâtres et apparaissant comme deux lignes saillantes. Ovaire sessile, presque linéaire, un peu courbé, non contourné et verdâtre. Bractées égalant ou dépassant les fleurs, larges, lancéolées-acuminées, nerviées et d'une couleur assez semblable à celle des divisions périgonales externes. Feuilles longuement linéaires-lancéolées, un peu aiguës, canaliculées, nerviées et d'un beau vert. Tige de 2 à 4 décimètres, cylindrique, lisse, d'un vert pâle, rougeâtre au sommet et pourvue à la base de gaînes membraneuses. Renflements tubéreux subarrondis.

Obs. — Cette plante a été trouvée près de Berre, en avril 1866, dans une localité où croissaient en assez grande abondance l'Orchis papilionacea, le Serapias Lingua et le S. longipetala. Le rudiment de callosité noirâtre que l'on remarque à la base du labelle, me porte à croire que ce n'est pas le Serapias longipetala, mais plutôt le S. Lingua, qui, avec l'Orchis papilionacea, a contribué à former cette hybride.

M. Ardoino a eu l'obligeance de me communiquer, sous le nom de Serapias triloba, une hybride qu'il a trouvée à Diano Marina. Cette plante a beaucoup d'analogie avec l'hybride que j'ai observée à Nice, autant que j'ai pu en juger par l'échantillon sec: les divisions périgonales sont plus courtes; le labelle paraît moins trilobé et moins crépu; les fleurs sont un peu plus petites, plus nombreuses, et disposées en épi lâche et allongé. L'hybride de Nice a l'inflorescence de l'Orchis papilionacea, et celle de M. Ardoino le facies de l'O. laxiflora.

EXPLICATION DES FIGURES.

Pl. 22. Fig. 4-8.

4. Plante entière.
5. Épi.
6. Fleur étalée vue de face, avec les divisions périgonales supérieures détachées.
7. Fleur vue de côté, sans les divisions périgonales supérieures.
8. Masses polliniques.

Pl. 22. Fig. 9-11.

9. Plante entière.
10. Fleur vue de face.
11. Labelle détaché.

CHAMÆORCHIS C. L. Rich. (CHAMÉORCHIS).

C. L. Rich. in mém. du Museum 4. p. 49. Parl. fl. ital. 3. p. 435. — *Ophrydis species Linn. sp. pl. p. 1342.* — *Orchidis species All. fl. ped. 2. p. 149.* — *Satyrii species Pers. syn. 2. p. 507.* — *Chamærepes Spreng. syst. veg. 3. p. 702. Endl. gen. pl. p. 212.* — *Herminii species Lindl. orchid. p. 305. Reich. fil. orchid. p. 107.*

Divisions périgonales libres, conniventes; les externes presque égales entre elles; les internes latérales un peu plus courtes et plus étroites que les externes. Labelle dirigé en avant, plane, sans éperon, subtrilobé et réfléchi. Gynostème court, obtus. Anthère dressée, mutique, à loges parallèles, non séparées par un petit bec. Masses polliniques lobulées. Caudicules courts. Glande commune renfermée dans une bursicule simple. Ovaire sessile, subfusiforme, triquètre, tordu. Capsule oblongue. Semences très-petites, courtes, sublinéaires. Tégument formé de cellules simples, atténuées aux extrémités. Embryon elliptique. Renflements tubéreux subarrondis.

CHAMÆORCHIS ALPINA C. L. Rich.

Chaméorchis des Alpes. — Ophrys des Alpes D.C.

C. L. Rich. in mém. du Museum 4. p. 57. Koch syn. fl. germ. et helv. edit. 2 p. 798. Ambros. fl. Tir. austr. 1. p. 717. Parlat. fl. ital. 3 p. 436.

Ophrys alpina Linn. sp. pl. p. 1342. Dec. fl. franç. 3. p. 254. Gaud. fl. helv. 5. p. 455.
Orchis alpina All. fl. ped. 2. p. 149.
Satyrium alpinum Pers. syn. 2. p. 507.
Chamærepes alpina Spreng. syst. veg. 3. p. 702.
Reich. fl. germ. excurs. 1. p. 127.

Herminium alpinum Lindl. orchid. p. 305. *Reich. fil. orchid. p.* 107.

Chamæorchis alpina, folio gramineo C. Bacch. pin. p. 81. *et prodr. p.* 29.

Figure. — Fl. dan. tab. 452. *Bot. reg. tab.* 1499. *Reich. fil. orchid. tab.* 416.

Chamæorchis Hall. ic. pl. Helv. tab. 22.

Epi court, pauciflore, ovale. Fleurs petites, assez rapprochées entre elles et penchées. Divisions périgonales libres, conniventes; les externes presque égales entre elles, elliptiques, allongées, obtuses, nerviées et d'un vert lavé de violet clair; les internes latérales un peu plus courtes et plus étroites que les externes, allongées-linéaires, obtuses, légèrement concaves, uninerviées. Labelle jaunâtre, sans éperon, un peu plus long que les divisions périgonales, subrhomboïdal ou subtrilobé; lobes latéraux arrondis, peu apparents; lobe médian allongé et obtus. Gynostème court. Anthère dressée, à loges parallèles, non séparées par un petit bec. Masses polliniques petites, rosées. Caudicules courts. Ovaire sessile, subfusiforme, triquètre, tordu, vert ou rougeâtre. Capsule allongée, obtuse.

Bractées dépassant les fleurs, linéaires-lancéolées, acuminées, uninerviées et vertes Feuilles presque aussi longues que la tige, vertes, étroites, linéaires, canaliculées, légèrement carénées en dessous. Tige de 6 à 12 centimètres, anguleuse, striée, d'un vert pâle, blanchâtre à la base. Renflements tubéreux légèrement aplatis, subarrondis.

Obs. — Cette plante que Risso a indiquée dans nos Alpes, n'a plus été retrouvée que je sache. J'ai cru cependant devoir la mentionner dans cette monographie, pour la rappeler à l'attention des botanistes.

EXPLICATION DES FIGURES.

Pl. 23. Fig. 14-20.

14-15. Plantes entières.
16. Epi et partie supérieure de la tige.
17. Fleur grossie vue de face, avec les divisions périgonales supérieures détachées; *a. b.* formes diverses du labelle.
18. Gynostème grossi, vu de face.
19. Le même, vu de profil.
20. Une masse pollinique détachée.

ACERAS *R. Brown* (ACÉRAS).

R. Brown in Ait. h. kew. edit. 2. *tom.* 5. *p.* 191. *Parl. fl. ital.* 3. *p.* 458. — *Ophrydis species Linn. sp. pl. p.* 1343. *et pl. auctor.* — *Orchidis species All. fl. ped.* 2. *p.* 148. — *Satyrii species Pers. syn.* 2. *p.* 507. — *Loroglossi species C. L. Rich. in mém. du Museum* 4. *p.* 54. — *Himantoglossi species Spreng. syst. veg.* 3. *p.* 694. — *Aceratis species Lindl. orchid. p.* 282. *Endl. gen. pl. p.* 208. *Reich. fil. orchid. p.* 1.

Divisions périgonales conniventes en casque; les externes ovales, soudées à leur partie inférieure; les internes latérales plus étroites. Labelle dirigé en avant, pendant, sans éperon, plane, tripartite; lobe médian profondément bifide. Gynostème très-court. Stigmate oblique. Anthère dressée, à loges rapprochées à la base et non séparées par un petit bec. Masses polliniques lobulées. Caudicules courts. Glande commune subbilobée et renfermée dans une bursicule. Ovaire sessile, oblong-linéaire, tordu. Capsule membraneuse, oblongue, subtriquètre, rétrécie à la base et à six côtes. Semences très-petites, courtes. Tégument formé de cellules simples, atténué aux extrémités. Embryon subarrondi. Renflements tubéreux ovoïdes.

ACERAS ANTHROPOPHORA *R. Brown.*

Acéras. — Homme-pendu.

Aceras anthropophora R. Brown. in Ait. h. kew. edit. 2. *tom.* 5. *p.* 191. *Reich. fl. germ. excurs* 1. *p.* 127. *Lindl. orchid. p.* 232. *Todar! orchid sic. p.* 102. *Boiss. voyag. en Espagn. p.* 595. *Vis. fl. dalm.* 1. *p.* 174. *Koch. syn. fl. germ et helv. edit.* 2. *p.* 798. *Guss. syn fl. sic.* 2. *p.* 543. *De Not. rep. fl. lig. p.* 388. *Puccin! syn fl. luc. p.* 482. *Comoll! fl. comens.* 6. *p.* 373. *Reich fil. orchid. p.* 1. *Bert. fl. ital.* 9. *p* 576. *Gren. et Godr. fl. de Franc.* 3. *part.* 1. *p.* 281. *Parlat. fl. ital.* 3. *p.* 439. *Ardoino fl. anal. du dép. des Alpes-Marit. p.* 338.

Ophrys anthropophora Linn. sp. pl. p. 1343. *Ucria? h. r. pan. p.* 584. *Hall. ic. pl. Helv. p.* 25. *Bert. pl. gen. p.* 122. *Dec. fl. franç.* 3. *p.* 255. *Balb. fl. taur.*

p. 150. *Nocc. et Balb. fl. ticin* 2. *p.* 155. *Bert. amœn. ital. p.* 199 *et* 447. *Pollin. fl. veron.* 3. *p.* 24.

Orchis anthropophora All. fl. ped. 2. *p.* 148. *Ten. syll. p.* 457.

Satyrium anthropophora Pers. syn. 2. *p.* 507. *Seb. et Maur. fl. rom. prodr. p.* 309.

Loroglossum anthropophorum C. L. Rich. in mém. du Museum 4. *p.* 44.

Satyrium anthropophorum Ten. fl. nap. 2. *p.* 302. *Himantoglossum anthropophorum Spreng. syst. reg.* 3. *p.* 694.

Orchis anthropophora Oreades Column. ecphr. 1. *p.* 318. *Orchis flore nudi hominis effigiem repræsentans, fœmina Cup. h. cath. p.* 158.

Orchis flore nudi hominis effigiem repræsentans, mas Seg. pl. veron. p. 126. *non C. Bacch. pin. et excl. syn.*

Figure. — *Reich. fl. orchid. tab.* 357.
Orchis anthropophora Oreades Column. ecphr. 1. *p.* 318.
Orchis radicibus subrotundis, spica longa, flore inermi,
labello angusto, quadrifido Hall. ic. pl. Helv. tab. 23.

Epi allongé, étroit. Fleurs nombreuses, rapprochées entre elles. Divisions périgonales conniventes; les externes ovales, obtusiuscules, concaves, légèrement soudées entre elles, libres au sommet, d'un vert clair, nerviées et un peu violacées vers les bords; les internes latérales étroites, linéaires, obtusiuscules, verdâtres et presque aussi longues que les externes. Labelle trifide, d'un jaune verdâtre, souvent rougeâtre vers les bords, pendant, deux fois plus long que les divisions externes, muni à la base de deux gibbosités blanchâtres, luisantes, obtuses et séparées par un petit canal; lanières latérales très-étroites; lobe médian étroit, linéaire, divisé presque jusqu'au milieu en deux lanières semblables aux latérales, mais un peu plus courtes et souvent séparées par une petite dent. Gynostème très-court. Stigmate oblique. Anthère dressée, obtuse, à loges assez rapprochées à la base et non séparées par un petit bec. Masses polliniques d'un jaune clair. Caudicules blanchâtres. Glande commune elliptique. Staminodes à peine apparents. Ovaire sessile, allongé-linéaire, contourné, plus court que le labelle. Capsule d'un vert pâle, membraneuse, allongée, obtuse, dressée, rapprochée de la tige, un peu rétrécie à la base et à côtes saillantes. Semences rougeâtres, uninerviées, beaucoup plus courtes que l'ovaire. Feuilles d'un vert glaucescent, allongées-lancéolées, nerviées; les inférieures obtuses; les supérieures aiguës ou obtusiuscules. Tige de 3 à 5 décimètres, d'un vert clair, cylindrique, lisse, nue au sommet. Renflements tubéreux subarrondis. Fibres radicales assez épaisses.

Collines, vallons et montagnes: Montgros, Cimiez, St-Pons, le Chaudan, le Brec, etc. — Avril, mai.

—

EXPLICATION DES FIGURES.

Pl. 23. Fig. 1-13.

1. Plante entière.
2-3. Epis.
4. Fleur détachée vue de face.
5. Autre fleur vue de face, avec les divisions périgonales supérieures détachées.
6. Autre fleur grossie vue de face, avec les divisions périgonales supérieures détachées.
7. Fleur vue de côté, sans les divisions périgonales supérieures.
8. Fleur grossie vue de côté, sans les divisions périgonales supérieures.
9. Gynostème grossi, vu de face.
10. Masses polliniques grossies.
11. Capsule surmontée de la fleur flétrie.
12. Section transversale de la capsule.
13. Semence considérablement grossie.

HIMANTOGLOSSUM *Spreng.* (HIMANTOGLOSSE).

Spreng. syst. veg. 3. *p.* 675 *ex parte. Parl. fl. ital.* 3. *p.* 442. *et pl. auctor.* — *Satyrii species Linn. sp. pl.* 1337. — *Orchidis species Scop. fl. carn. edit. t.* 2. *p.* 193. *R. Rrown. in Ait. h. kew. edit.* 2. *tom.* 5. *p.* 190. — *Loroglossi species C. L. Rich. in mém. du Museum* 4. *p.* 54. — *Aceratis species Lindl. orchid. p.* 282. *Reich. fil. orchid. p.* 5.

Divisions périgonales conniventes en casque; les externes soudées par leurs bords; les internes latérales soudées aux externes par leur sommet. Labelle tripartite, roulé en spirale avant l'anthèse, ensuite étalé; lobe médian ordinairement allongé. Eperon court, en forme de sac. Gynostème court, concave. Stigmate subcordiforme. Anthère biloculaire, à loges un peu rapprochées à la base et séparées par un petit bec. Masses polliniques lobulées. Caudicules courts. Glande commune renfermée dans une bursicule simple. Ovaire courtement pédicellé, linéaire-oblong et contourné. Capsule oblongue, subtriquètre et rétrécie à la base. Semences très-petites, linéaires. Tégument composé de cellules fibreuses, brièvement atténué aux extrémités. Embryon subarrondi. Renflements tubéreux ovoïdes.

HIMANTOGLOSSUM HIRCINUM *Spreng.*

Himantoglosse à odeur de bouc. - Orchis barbe de bouc.

Spreng. syst. veg. 3. *p.* 694. *Reich. fl. germ. excurs.* 1. *p.* 120. *Boiss. voyag. en Espagn. p.* 593. *Todor! orchid. sic. p.* 67. *Koch. syn. fl. germ. et helv. edit.* 2. *p.* 795.

Guss. syn. fl. sic. 2. *p.* 542. *De Not. rep. fl. lig. p.* 388. *Gries. spic. fl. rum. et bith.* 2. *p.* 361. *Puccin. syn. fl. luc. p.* 478. *Ambros! fl. Tir. austr.* 1. *p.* 697. *Parlat. fl. ital.* 3. *p.* 413.

Satyrium hircinum. Linn. sp. pl. 1337. *Hall. ic. pl. Helv. p.* 28. *Suffr. pl. du Frioul p.* 186. *Seb. et*

38

Maur. fl. rom. prodr. p. 308. *Ten. fl. nap.* 2. *p.* 300.
Orchis hircina Scop. fl. carn. edit. 2. *t.* 2 *p.* 193.
All. fl. ped. 2. *p.* 146. *R. Brown in Ait h. kew. edit.* 2.
tom. 5. *p.* 190. *Nocc. et Balb. fl. ticin.* 2. *p.* 151. *Pollin.*
fl. veron. 3. *p.* 15. *Ten. syll. p.* 457. *et fl. nap.* 5.
p. 241. *Vis. fl. dalm.* 1. *p.* 174.
Loroglossum hircinum C. L. Rich. in mém. du Museum 4.
p. 54. *Ardoino fl. anal. du dép. des Alpes-Marit. p.* 350.
Aceras hircina Lindl. orchid. p. 282. *Reich. fl. orchid.*
p. 5. *var. a. Gren. et Godr. fl. de Franc.* 3. *p.* 283.
Orchis barbata, odore hirci, breviore latioreque folio
cup. h. cath. p. 157. *Seg. pl. veron.* 2. *p.* 121. *tab.* 15.
fig. 1. *Zannich. opusc. posth. p.* 83.
Orchis nebrodensis, per omnia maxima, Pilato flore
purpureo albo micato cup. h. cath. p. 157. *et suppl. alt.*
p. 67.
Figure. — *Reich. fil. l. c. tab.* 369. *Hall. ic. pl. Helv.*
tab. 36.

Épi souvent très-allongé. Fleurs nombreuses, assez rapprochées entre elles, subunilatérales, répandant une odeur désagréable assez analogue à celle du bouc. Divisions périgonales conniventes en casque; les externes ovales-obtuses, concaves, soudées par leurs bords dans leur partie inférieure; nerviées, blanchâtres, d'un vert clair à la base, violacées au sommet, et marquées à l'intérieur de petites lignes ou de points d'un rouge violâtre; les internes latérales, étroites, linéaires, un peu plus courtes que les externes, verdâtres, marquées d'une ligne longitudinale d'un pourpre foncé et soudées par leur sommet avec les divisions externes. Labelle trifide, blanchâtre, à bords ondulés-crépus, velouté vers la base et marqué de petits points d'un rouge violet foncé; lanières contournées; les latérales, étroites, linéaires, d'un gris verdâtre, d'un gris de lin, ou rougeâtre; la médiane quatre fois plus longue que les latérales, étroite, linéaire, d'un gris verdâtre, incisée et dentée au sommet. Éperon très-court, obtus, en forme de sac, dirigé en bas et un peu recourbé en avant. Gynostème court, obtus, concave. Anthère à loges avec des distantes entre elles, rapprochées à la base et séparées par un petit bec. Stigmate subcordiforme. Masses polliniques verdâtres. Caudicules courts. Glande commune renfermée dans une bursicule simple.

Staminodes petits, subarrondis. Ovaire d'un vert clair, linéaire-allongé, subfusiforme, contourné. Pédicelle court. Capsule allongée, subtriquètre, rétrécie à la base, à côtes saillantes. Bractées linéaires-lancéolées, aiguës, nerviées, blanchâtres à la base, d'un vert clair ou lavées de violet au sommet, plus longues que l'ovaire. Feuilles oblongues-lancéolées ou ovales-lancéolées, obtusiuscules, nerviées, d'abord d'un vert glaucescent, ensuite jaunâtres; les supérieures plus étroites et plus longues. Tige robuste, de 4 à 9 décimètres, d'un vert pâle, subcylindrique, lisse et légèrement anguleuse au sommet. Renflements tubéreux ovoïdes. Fibres radicales grosses.

Drap, Contes, vallon de la Mantega, tertre de St-Cassien, près de Cannes; Vence, Grasse, etc. — Mai, juin.

—

EXPLICATION DES FIGURES.

Pl. 24. Fig. 1-23.

1-2. Plante entière.
3. Épi et partie supérieure de la tige.
4. Fleur détachée vue de face.
5. La même vue de côté.
6. Fleur vue de face, avec les divisions périgonales supérieures détachées.
7-8. Fleurs vues de côté, sans les divisions périgonales supérieures.
9. Divisions périgonales supérieures réunies par leur base, et séparées du gynostème.
10. Fleur vue de côté avant l'anthèse, avec le labelle roulé en spirale.
11. Bractée détachée.
12. Gynostème grossi, vu de face.
13. Masses polliniques grossies.
14. Gynostème vu de face, considérablement grossi.
15. Masses polliniques considérablement grossies.
16. Bursicule grossie.
17. Bec de l'anthère considérablement grossi.
18. Gynostème et éperon attachés à l'ovaire, vus de côté, grossis.
19. Capsule surmontée de la fleur flétrie.
20. Section transversale de la capsule.
21. Autre section de la capsule fortement grossie.
22. Semence vue à la loupe.
23. La même considérablement grossie.

BARLIA *Parl.* (BARLIA).

Parl. due nuovi generi di piante monocot. p. 5. (anno 1858), *et fl. ital.* 3. *p.* 445. — *Orchidis species Biv. sic. pl. cent.* 1. *p.* 57. *Lindl. orchid. p.* 272 *et pl. auctor.* — *Aceratis species Reich. fil. orchid. p.* 3.

Divisions périgonales libres; les internes latérales soudées par leur base au gynostème, conniventes en casque avec la médiane; les latérales externes plus larges et un peu ouvertes. Labelle enroulé avant l'anthèse, dirigé en avant, étalé, trilobé. Eperon muni d'une glande à l'intérieur. Gynostème court, obtus. Stigmate grand, vertical. Anthère continue avec le gynostème, biloculaire, à loges contiguës presque parallèles, un peu rapprochées à leur base et séparées par un petit bec. Masses polliniques lobulées. Caudicules longs. Glande commune renfermée dans une bursicule simple. Staminodes apparents. Ovaire linéaire-oblong, subcylindrique, sessile, contourné. Capsule membraneuse, oblongue, subtriquètre, à six côtes. Semences très-petites, sublinéaires, courtes. Téguments formés de cellules fibreuses, réticulées, atténués aux extrémités. Embryon oblong. Renflements tubéreux ovoïdes.

BARLIA LONGIBRACTEATA Parl.

Barlia à longues bractées. - Orchis à longues bractées.

Parl. due nuovi generi di piante monocot. p. 6. et fl. ital. 3. p. 447.
Orchis longibracteata Biv! sic. pl. cent. 1. p. 57 (anno 1806). Bert. rar. ital. pl. dec. 3. p. 39. Dec. fl. franç. 5. p. 530. Bert. amœn. ital. p. 48. Pollin. fl. veron. 3 p. 22. Ten! syll. p. 456. Reich. fl. germ. excurs. 1. p. 125. Lindl. orchid. p. 272. Todar! orchid. sic. p. 47. Guss. syn. fl. sic. 2. p. 537. De Not. rep. fl. lig. p. 384. Reich. fil! in Webb, phyt. canar. p. 304. Bert. fl. ital. 9. p. 543.
Orchis Robertiana Lois. fl. gall. edit. 1. tom. 2. p. 606. (ann. 1807) Ten! fl. nap. 2. p. 296. Moris! stirp. sard. elench. fasc. 1. p. 44.
Orchis fragrans Ten. in prodr. fl. nap. 1. p. LIII. (ann. 1811).
Aceras longibracteata Reich. fil. orchid. p. 3. Gren. et Godr. fl. de Franc. 3. part. 1. p. 282.
Orchis myodes, hyemalis, liliacea, hircina, fimbriato flore, magno, rubro, porphyrographi Cup. h. cath. p. 137.
Orchis myodes, hyemalis, liliacea, hircina, fimbriato flore, magno, rubro, porphyrographi, margine herbeo cup. h. cath. suppl. alt. p. 67.
Loroglossum longibracteatum Moris. Ardoino fl. anal. du dép. des Alpes-Marit. p. 351.
Figure. — Biv. l. c. tab. 4. Lois. l. c. tab. 21. Ten. fl. nap. tab. 91. Bot. reg. tab. 357. Reich. fil. orchid. tab. 379.
Monorchis myodes, liliacea, hircina, flore magno rubro. porphyrographi cup. panph. 1. tab. 200.
Orchis myodes, liliacea, hircina, flore rubro porphyrographi fimbriato Bonann. tab. 33.

Epi allongé, obtus. Fleurs remarquables, grandes, assez nombreuses, exhalant une agréable odeur d'iris (*Iris germanica* L.). Divisions périgonales libres, conniventes; les externes elliptiques, concaves, obtuses, d'un violet rougeâtre en dehors, plus clair en dedans, marquées de points d'un pourpre violacé et de 3 à 4 nervures verdâtres; la médiane un peu plus courte que les latérales; les internes latérales sublinéaires, obtuses, uninervées, élargies à la base, parfois comme lobulées du côté extérieur, verdâtres ou violacées, marquées de quelques points purpurins, et soudées par la base au gynostème. Labelle trifide, presque trois fois plus long que les divisions périgonales supérieures, d'un violet plus ou moins foncé, verdâtre vers les bords, blanc au centre et à la base, et parsemé de petites taches et de points d'un violet

plus foncé; lanières latérales linéaires, un peu courbées en faulx, concaves en dedans, finement crénelées et ondulées-crépues sur les bords; lobe médian en forme de cœur renversé, bilobé, à lobules obtus, subarrondis, finement crénelés au sommet, et souvent séparés par une petite dent. Eperon de moitié ou d'un tiers plus court que l'ovaire, conique, obtus, dirigé en bas, d'un blanc violacé, marqué de petites taches purpurines et muni en dedans, à sa face antérieure et près du sommet, d'une glande oblongue, obtuse, couverte de petits poils blancs. Gynostème court, obtus, un peu concave. Stigmate grand, oblong, en forme de cœur ou subtriangulaire, étalé verticalement et d'un rouge brun. Anthère à loges presque parallèles, rapprochées à leur base et séparées par un petit bec linéaire. Masses polliniques d'un vert très-foncé. Caudicules jaunâtres, longs, fixés à une glande commune renfermée dans une bursicule uniloculaire, dirigée en avant. Staminodes blanchâtres. Ovaire linéaire-oblong, contourné, sessile, d'un vert lavé de teintes purpurines. Capsule oblongue, obtuse, subtriquètre, à côtes petites. Semences roussâtres. Bractées lancéolées-aiguës, dépassant les fleurs, d'un vert clair, violacées ou purpurines vers le sommet, et marquées de trois nervures verdâtres. Feuilles largement ovales-obtuses ou un peu aiguës, nervées, d'un beau vert assez foncé et luisantes en dessus, d'un vert plus clair et glaucescent en dessous; les supérieures lavées de teintes violacées. Tige de 3 à 5 décimètres, parfois plus élevée, d'un vert pâle-jaunâtre, variée de violet-rougeâtre, luisante et anguleuse au sommet. Renflements tubéreux, gros, ovoïdes. Fibres radicales nombreuses et assez épaisses.

Collines et vallons: Cimiez, Vinaigrier, Montgros, vallon de la Mantega; Menton, etc. — Janvier, mars.

EXPLICATION DES FIGURES.

Pl. 25. Fig. 1-19.

1-2. Plantes entières.
3. Epi.
4. Fleur détachée, vue de face.
5. La même avec bractée, vue de côté.
6-7. Fleurs vues de face, avec les divisions périgonales supérieures détachées.

8. Fleur vue de côté, sans les divisions périgonales supérieures.
9. Gynostème et partie supérieure du labelle grossis, vus de face.
10. Les mêmes vus de côté.
11. Masses polliniques grossies, attachées à la glande commune.
12. Bursicule considérablement grossie.
13. Coupe verticale ou profil d'une partie de la fleur

grossie, pour laisser voir la glande située dans l'intérieur de l'éperon.
14. Coupe verticale de l'éperon vu de face.
15. Coupe verticale antérieure de l'éperon portant la glande.
16. Capsule surmontée de la fleur flétrie.
17. Bractée détachée.
18. Section transversale de la capsule grossie.
19. Semence considérablement grossie.

ANACAMPTIS *C. L. Rich.* (ANACAMPTIDE).

C. L. Rich. in mém. du Museum 4. p. 47. — Lindl. orchid. p. 274 ex parte. Endl. gen. pl. p. 208. ex parte. Parl. fl. ital. 3. p. 450. — Orchidis species Linn. sp. pl. p. 1332. et pl. auctor. — Aceratis species Reich. fil. orchid. p. 6.

Divisions périgonales libres, presque égales entre elles; les externes latérales étalées; les internes latérales dressées et conniventes avec la médiane. Labelle dirigé en avant, trilobé. Gynostème court, obtus. Stigmate subcordiforme. Anthère à loges contiguës, parallèles et séparées par un petit bec. Masses polliniques lobulées. Caudicules assez longs. Glande commune bilobée, renfermée dans une bursicule uniloculaire. Staminodes obtus, munis de papilles. Ovaire linéaire, tordu, subsessile. Capsule membraneuse, oblongue-fusiforme, à côtes peu saillantes. Renflements tubéreux subarrondis.

ANACAMPTIS PYRAMIDALIS *C. L. Rich.*
Anacamptide pyramidale.

C. L. Rich. in mém. du Museum 4. p. 55. Reich. fl. germ. excurs. 4. p. 422. Lindl. orchid. p. 274. Boiss. voy. en Espagn. p. 595. Koch syn. fl. germ. et helv. edit. 2. p. 793. De Not. rep. fl. lig. p. 387. Gries. spic. fl. rum. et byth. 2. p. 362. var. a. Comoll. fl. comens. 6. p. 361. Parlat. fl. ital. 3. p. 451. Ardoino fl. anal. du dép. des Alpes-Marit. p. 351.
Orchis pyramidalis Linn. sp. pl. p. 1332. All. fl. ped. 2. p. 145. Ucria. h. r. pan. p. 382. Hall. ic. pl. Helv. p. 40. Suffren pl. du Frioul p. 184. Savi! due cent. p. 193. Dec. fl. franç. 3. p. 246. Nocc. et Balb. fl. tic. 2. p. 157. Seb. et Maur. fl. rom. prodr. p. 302. Moric. fl. venet. 4. p. 319. Savi! bot. etrusc. 4. p. 163. Moris stirp. sard. elench. fasc. 4. p. 44. Ten. fl. nap. 2. p. 283. Nacc. fl. venet. 4. p. 134. Gaud. fl. helv. 5. p. 425. Vis. fl. dalm. 4. p. 173. Todar! orchid. sic, p. 35. Güss. syn. fl. sic. 2. p. 532. Puccin! syn. fl. luc. p. 477. Bert. fl. ital. 9. p. 518. Ambros. fl. Tir. austr. 4. p. 696.
Orchis condensata Desf. fl. atl. 2. p. 316.
Aceras pyramidalis Reich. fil. orchid. p. 6.
Orchis militaris media Cup. h. cath. p. 158.
Orchis parvo flore rubro, sive phœniceo Cup. h. cath. suppl. alt. p. 68.
Orchis purpurea spica congesta pyramidali· Seg. pl. veron. 2. p. 129. tab. 15. n. 11. Zannich. istor. delle piante venet. p. 196. tab. 64. et tab. 42. fig. 3.
Orchis purpurea, spica congesta pyramidali, flore roseo Seg. loc. cit.
Orchis militaris montana, spica rubente conglomerata Zannich. opusc. posth. p. 50. ex Bert.
Figure. — Jacq. austr. 3. tab. 266. Reich. fil. orchid. tab. 361. Hall. ic. pl. Helv. tab. 37. n. 1286. b. floribus albis.

Epi d'abord court, subconique, ensuite allongé, oblong. Fleurs nombreuses, petites, d'un rose violacé plus ou moins clair et assez rapprochées entre elles. Divisions périgonales libres; les externes ovales-lancéolées, aiguës, un peu concaves, subcarénées, les latérales étalées; les latérales internes un peu plus courtes, ovales, aiguës et conniventes avec la médiane. Labelle trilobé, plane, muni à la base de deux petites lames saillantes presque parallèles, obtuses et divergentes en avant; lobes latéraux obovés-allongés, arrondis en arrière, et légèrement crénelés au sommet; lobe médian sublinéaire, obtus et parfois mucronulé. Eperon filiforme, égalant ou dépassant l'ovaire, dirigé en bas, obtus et d'un rose pâle violacé. Gynostème court, obtus, un peu concave, d'un blanc rosé. Anthère à loges parallèles, contiguës, séparées par un petit bec allongé, renflé et subarrondi au sommet. Masses polliniques verdâtres. Caudicules assez longs. Glande commune renfermée dans une bursicule simple. Staminodes petits, obtus, papilleux. Ovaire linéaire, tordu, subsessile, d'un vert lavé de violet. Capsule subfusiforme, membraneuse, à côtes peu saillantes. Bractées lancéolées-linéaires, aiguës, uninerviées, verdâtres ou lavées de teintes purpurines au sommet, égalant ou dépassant l'ovaire. Feuilles d'un vert clair, longuement lancéolées-linéaires, nervivées; les supérieures bractéiformes. Tige assez mince, un peu flexueuse, de 3 à 5 décimètres environ, cylindrique.

anguleuse au sommet, d'un vert pâle-jaunâtre, et munie à la base de deux ou trois gaînes lancéolées brunes. Renflements tubéreux subarrondis. Fibres radicales assez grosses, peu nombreuses.

Collines, vallons et montagnes : Cimiez, Montgros, Contes, Berre, Menton; château de la Garde, près de Villeneuve; bois de Gourdon; la Roquette, etc. — Mai, juin.

Obs. — Les lobes du labelle sont parfois étalés à angle droit et recouvrent en partie les divisions latérales externes du périgone; parfois aussi ces lobes sont linéaires très-étroits ; le médian est un peu émarginé bilobé ; les latéraux tronqués au sommet, étalés, presque à angles droits, aussi longs et aussi larges que le médian. L'éperon est lus ou moins grêle. Les fleurs sont parfois blanches ou d'un blanc à peine rosé.

EXPLICATION DES FIGURES.

Pl. 26. Fig. 1-39.

1-2. Plante entière.
3. Epi plus développé.
4-6. Fleurs détachées vues de face.
7-9. Fleurs grossies vues de face, avec les divisions périgonales supérieures détachées (formes diverses du labelle).

10-11. Fleurs vues de côté.
12. Fleur vue de côté, sans les divisions périgonales supérieures.
13. Fleur grossie vue de côté, sans les divisions périgonales supérieures; *a. b.* bractées détachées.
14-16. Gynostèmes grossis vus de face.
17. Gynostème et lames du labelle grossis, vus de face.
18. Gynostème considérablement grossi, vu de face.
19. Le même vu de profil.
20. Le même vu par derrière.
21. Bursicule et prolongement du bec de l'anthère considérablement grossis.
22-23. Bursicule considérablement grossie vue en avant et en arrière.
24-27. Masses polliniques grossies.
28. Masses polliniques considérablement grossies.
29. Section transversale de la capsule grossie.
30. Plante entière de la variété à fleurs blanches.
31. Fleur grossie vue de face, avec les divisions périgonales supérieures détachées.
32. Fleur vue de côté, sans les divisions périgonales supérieures; *c.* bractée.
33. Gynostème grossi vu de face; *d. d.* masses polliniques détachées.
34. Epi de la variété à lobes du labelle étroits.
35-36. Fleurs détachées vues de face.
37. Fleur grossie vue de face, avec les divisions périgonales supérieures détachées.
38. Fleur vue de côté, sans les divisions périgonales supérieures; *e.* bractée détachée.
39. Gynostème grossi vu de face.

B. DIADENIEÆ (*Parl. fl. ital. 3. p.* 453).

Glandes distinctes.

TINÆA *Biv.* (TINÉA).

Biv. in giorn. di scienz. lett. ed arti per la Sicilia n. 149. *Todar. orchid. sic. p.* 7. *Guss. syn. fl. sic.* 2. *p.* 540. *Parlat. fl. ital.* 3. *p.* 453. — *Satyrii species Desf. fl. atl.* 2. *p.* 319. — *Orchidis species Willd. sp. pl.* 4. *p.* 42. *et pl. auctor.* — *Ophrydis species Desf. in ann. du Museum* 10. *p.* 228. — *Himantoglossi species Reich. fl. germ. excurs.* 1. *p.* 120. — *Aceratis species Lindl. in bot. reg. tab.* 1525. *Reich. fil. orchid. p.* 2. — *Peristyli species Lindl. orchid. p.* 298. 300. *De Not. rep. fl. lig. p.* 389.

Divisions périgonales conniventes en casque ; les externes soudées inférieurement; les latérales internes un peu plus étroites que les externes et légèrement prolongées en forme de sac, comme les externes latérales. Labelle dirigé en avant, étalé, plane, trifide. Eperon en forme de sac. Gynostème très-court. Anthère à loges presque parallèles, rapprochées à la base et séparées par un petit bec. Masses polliniques lobulées. Caudicules très-courts. Glandes distinctes, renfermées dans une bursicule biloculaire. Ovaire subsessile, linéaire, infléchi au sommet à peine contourné. Capsule ovale-oblongue, membraneuse, à côtes peu saillantes. Semences très-petites, linéaires. Tégument composé de cellules fibreuses, atténué aux extrémités. Embryon subarrondi.

TINÆA CYLINDRACEA *Biv.*

Tinéa cylindracée. — Orchis unilatéral.

Biv. l. c. Todar! l. c. Guss. l. c. et enum. pl. inarim. p. 320. *Parlat. fl. ital.* 3. *p.* 454.
Satyrium maculatum Desf. fl. atl. 2. *p.* 319. *Ten. fl. nap.* 2. *p.* 304.
Orchis intacta Link. in Schrad. Journ fur die botan. p. 323. *Ardoino Fl. anal. du dép. des Alpes-Marit. p.* 352.

Orchis atlantica Willd. sp. pl. 4. *p.* 43.
Satyrium densiflorum Brot. fl. lusit. 1. *p.* 22.
Orchis secundiflora Bert. rar. ital. pl. dec. 2. *p.* 42.
Lois. notic. p. 134. *Bert. amœn. ital. p.* 82. *Savi bot. etrusc.* 3. *p.* 167. *Ten. syll. p.* 452. *Sang. cent. tres. prodr. fl. rom. add. p.* 123. *Moris et De Not. fl. capr. p.* 123. *Puccin! syn. fl. luc. p.* 473. *Bert. fl. ital.* 9. *p.* 533.
Ophrys densiflora Desf. in ann. du Museum 10. *p.* 228.

Himantoglossum secundiflorum Reich. *fl. germ. excurs.* 1.
p. 120
  Aceras secundiflora Lindl. *in bot. reg. tab.* 1323.
  Peristylus densiflorus Lindl. *orchid. p.* 298.
  Peristylus atlanticus Lindl. *orchid. p.* 300.
  Aceras densiflora Boiss. *voyag. en Espagn. p.* 595.
  Gren. et Godr. fl. de Franc. 3. *part.* 1. *p.* 282.
  Aceras intacta Reich. *fil. orchid. p.* 2.
  Orchidis species capsellis orbiculatis per longum ir-
retitis Cup. h. cath. p. 66.
  Orchis orientalis anthropophora, flore minimo albo,
umbilico subrubente Tourn. *coroll. p.* 31.
  Orchis anthrophoros, foliis maculis paucissimis notatis,
flore albo, exiguo, punctis rubris asperso Mich. *in Till.*
cat. h. pis. p. 125.
  Figures. — Desf. in ann. du Museum 10. *tab.* 16. Lindl.
in bot. reg. tab. 1323. Reich. *fil. orchid. tab.* 500.
  Orchis Orchidi Leodiensi affinis idest culicem referens
purpurea et confertior Cup. *panph.* 2. *tab.* 221. Bon.
tab. 32.
  Orchidis species capsellis orbiculi orationis dominicalis
figura Cup. *panph.* 2. *tab.* 21. Bonann. *tab.* 138.

Epi court. Fleurs petites, nombreuses, serrées,
unilatérales. Divisions périgonales conniventes en
casque, d'un blanc rougeâtre ou verdâtre; les externes ovales-lancéolées, aiguës, marquées d'une
nervure purpurine, soudées à la partie inférieure; les
latérales internes un peu plus courtes, étroites,
linéaires, aiguës, libres, en forme de sac à la base,
ainsi que les latérales externes. Labelle trifide,
dirigé en avant, étalé, presque aussi long que les
divisions périgonales, blanc ou rougeâtre, et marqué de petites lignes purpurines; lanières latérales
linéaires, très-étroites; la médiane presque aussi
longue et un peu plus large que les latérales,
linéaire, bifide, avec une petite dent entre les
deux lobules. Éperon en forme de sac, obtus,
blanchâtre. Gynostème très-court, obtus. Anthère
biloculaire, à loges contiguës, rapprochées à la
base et séparées par un petit bec. Masses polliniques jaunes. Caudicules très-courts. Glandes

distinctes, renfermées dans une bursicule biloculaire. Ovaire subsessile, linéaire, infléchi au sommet, légèrement contourné, d'un vert glaucescent. Capsule allongée, elliptique, à côtes peu saillantes. Bractées ovales-lancéolées, d'un vert blanchâtre sur les bords, un peu plus courtes que l'ovaire. Feuilles glaucescentes, le plus souvent marquées de tâches noirâtres ou rougeâtres, parfois unies entre elles et formant comme des lignes longitudinales; les inférieures allongées, elliptiques, obtusiuscules, à bords plus ou moins contournés-ondulés, ordinairement au nombre de 2 à 3; les supérieures lancéolées-aiguës. Tige de 1 à 4 décimètres et plus, dressée ou flexueuse, subcylindrique, d'un vert pâle. Renflements tubéreux subarrondis, dont un parfois pédonculé.

Collines et vallons: Vinaigrié, St-Michel d'Eze, vallon de Contes, Berre, Menton, Cannes, l'Estérel, la Roquette, Auribeau, etc., (assez rare). — Avril, mai.

———

ORCHIS *Parl.* (ORCHIS).

Parl. fl. ital. 3. *p.* 457. — *Orchidis species* Linn. *gen. p.* 461. Juss. *gen. p.* 67. Lindl. *orchid. p.* 258.
Endl. gen. pl. p. 208. Reich. *fil. orchid. p.* 14.

Divisions périgonales ordinairement libres, les externes presque égales entre elles, quelquefois connivontes
en casque; les latérales quelquefois réfléchies; les deux internes latérales ordinairement plus courtes et conniventes. Labelle dirigé en avant, étalé ou à bords réfléchis; trilobé ou trifide et muni d'un éperon. Gynostème
court. Stigmate assez grand, oblique. Anthère continue avec le gynostème, à loges contiguës, parallèles et
séparées par un petit bec. Masses polliniques lobulées. Caudicules allongés. Glandes distinctes, renfermées
dans une bursicule biloculaire. Staminodes à peine apparents. Ovaire linéaire-oblong, subcylindrique, contourné, sessile. Capsule ovale-oblongue ou linéaire-oblongue, subtriquètre, à six côtes dont trois peu saillantes.
Semences très-petites, linéaires et légèrement striées. Téguments formés de cellules simples. Embryon ovale.
Renflements tubéreux subarrondis, entiers, aplatis ou digités-palmés.

PREMIER SOUS-GENRE.

Divisions périgonales externes conniventes en casque, libres ou plus ou moins soudées. Deux renflements tubéreux non divisés.

HErorchis *Reich. fil. orchid. p.* 14.

* **Papilionaceæ.** — Divisions périgonales externes libres. Labelle entier. Bractées à nervures presque simples, plurinervices et à peu près aussi longues que l'ovaire. (*Parlat. op. cit. p.* 458).

ORCHIS PAPILIONACEA *Linn.*
Orchis papilionacé.

Orchis papilionacea Linn. sp. pl. p. 1331. — *Ucria h. r. pan. p.* 382. *Desf. fl. atl.* 2. *p.* 316. *Biv. sic. pl. cent.* 1. *p.* 59. *excl. syn. Bert. Reich. fl. germ. excurs.* 1. *p.* 122. *Lindl. orchid. p.* 266, *Sibth. et Smith. fl. græc.* 10. *p.* 21. *Tod! orchid. sic. p.* 11. *Guss. syn. fl. sic.* 2. *p.* 531. *Reich. fil. orchid. p.* 15 *ex parte. Bert. fl. ital.* 9. *p.* 518. *in notis ad Orchid. rubram et forsan nonnull. auct. floræ italicæ ex parte. Parlat. fl. ital.* 3. *p.* 458. *Ardoino fl. anal. du dép. des Alpes-Marit. p.* 351.

Orchis papilionacea rubra Brot. phyt. lusit. 2. *p.* 17. *Orchis expansa Ten. ind. sem. h. r. neap. anno* 1827. *in notis p.* 17. *et syll. p.* 155 *et fl. nap.* 5. *p.* 240. *Orchis papilionacea var. grandiflora Boiss. voy. en Espagn. p.* 592.

Orchis rubra Bert. fl. ital. 9. *p.* 516 *ex parte. Lindl. orchid. p.* 266. *var. b.*

Orchis speciosa, expanso cochleari flore purpureo elegantissime picturato, fimbriato Cup. h. cath. p. 188.

Orchis orientalis et lusitanica flore maximo papilionem referente Tourn. coroll. p. 30.

Figures. — *Brot. fl. lusit.* 2. *tab.* 88. *Reich. fil. tab.* 362. *fig.* 2. 4. *Ten. fl. nap. tab.* 192. *f.* 2. *Sibth. et Smith. l. græc. tab.* 928.

Orchis speciosa, expanso cochleari flore purpureo elegantissime picturato, fimbriato Cup. panph. sic. 1. *tab.* 31. *Bonann. tab.* 31.

b. rubra, spica demum elongata, labello ovato, magis longo quam lato, late caniculato concavo, margine undulato, crenulato, bracteis ovario subbrevioribus.

Orchis rubra Jacq. collect. 1. *p.* 60. *All. auctar. p.* 31. *Bulb. fl. taur. p.* 118. *Reich. fl. germ. excurs.* 1. *p.* 123. *Lindl. orchid. p.* 266. *var. a. Guss. syn. fl. sic.* 2. *p.* 531. *et enum. pl. inarim. p.* 318.

Orchis papilionacea Ten. fl. nap. 2. *p.* 297. *Bert. fl. ital.* 9. *p.* 517 *ex parte et pl. auctor. flor. italicæ.*

Figures Sibth. et Smith fl. græc. 10. *tab.* 928. *Reich. fil. orchid. tab.* 362. *fig.* 1.

c. decipiens, labello obovato-flabelliformi, calcare obtuso, ascendente (Bianca).

Orchis decipiens Bianca nov. pl. spec. p. 1. *Tod. orchid. sic. p.* 16. *Guss. syn. fl. sic.* 2. *p.* 530.

Epi oblong, pauciflore. Fleurs d'abord rapprochées, ensuite assez distantes entre elles. Divisions périgonales libres, conniventes; les externes ovales-allongées, obtusiuscules, plus ou moins réfléchies au sommet, d'un rouge brun ou purpurin à 3-5 nervures; les internes latérales linéaires-oblongues, obtusiuscules, nerviées, un peu plus courtes, plus étroites et à peu près de la même couleur que les externes. Labelle aussi long que les autres divisions périgonales, d'un violet clair ou d'un rose violacé, marqué de lignes purpurines plus ou moins apparentes, dirigées, comme les plis d'un éventail, du centre vers les bords, rétréci à la base, deltoide, arrondi ou émarginé au sommet, presque plane, à bords crépus et irrégulièrement crénelés. Eperon d'un tiers ou de moitié plus court que l'ovaire, dirigé en bas, droit ou légèrement recourbé, plus large à la base, aminci au sommet, d'un blanc lavé de rose violacé. Gynostème beaucoup plus court que les divisions périgonales, obtusiuscule et d'un pourpre clair. Stigmate grand, oblique. Anthère rougeâtre, à loges parallèles séparées par un petit bec. Masses polliniques d'un vert terne. Caudicules d'un blanc jaunâtre. Glandes ovales, renfermées dans une bursicule biloculaire. Ovaire sublinéaire, étroit, triquètre, sessile, vert lavé de violet. Bractées un peu plus longues que l'ovaire, ovales-lancéolées, assez aiguës, nerviées, d'un rose violacé. Feuilles glaucescentes, lancéolées-linéaires, aiguës, caniculées, nerviées; les supérieures bractéiformes, d'un vert lavé de teintes purpurines. Tige de 2 à 3 décimètres et plus, cylindrique, d'un vert clair à la base, anguleuse et rougeâtre au sommet. Renflements tubéreux subarrondis. Fibres radicales assez épaisses.

Montgros, Drap, vallon de Contes, Berre, Châteauneuf, Biot, l'Estérel. — Avril, mai.

Var. *b.* **O. rubra** (Jacq.).

Fleurs plus petites et plus distantes entre elles. Labelle plus long que large, ovale ou subrhomboïdal, caniculé, concave, à bords peu crépus et à peine crénelés, d'un rose violacé, marqué de nervures peu apparentes.

Mêmes localités.

Obs. — M. le professeur Parlatore fait observer qu'il y a tant de formes intermédiaires entre l'*O. papilionacea* et l'*O. b. rubra*, qu'on doit considérer celles-ci comme de simples variétés d'une même espèce.

—

EXPLICATION DES FIGURES.
Pl. 28. Fig. 1-18.

1-2. Plantes entières.
3. Epi.
4-5. Fleurs détachées vues de face.
6. Fleur étalée, vue de face, avec les divisions périgonales supérieures détachées.
7-8. Fleurs vues de côté.
9. Fleur vue de côté, sans les divisions périgonales
supérieures ; a. b. bractées détachées.
10. Gynostème grossi vu de face ; c. c. masses polliniques.
11. Gynostème et stigmate grossis vus de face ; d. une
masse pollinique grossie.
12. Capsule surmontée de la fleur flétrie.
13. Section transversale de la capsule grossie.
14. Semence vue à la loupe.
15. La même considérablement grossie.
16. Plante entière de la variété b, rubra.
17-18. Formes diverses du labelle.

ORCHIS MORIO PAPILIONACEA *Timb Lagr.*

Orchis Bouffon papilionacé (hybride)

Timb. Lagr. mem. sur quelques hybrides de la fam.
des Orchid. p. 14. fig. 3. a. et b. Gren. et Godr. fl.
de Franc. p. 285
? *d. Gennarii, spica densiore, labello subrotundo, sub-*
trilobo vel integro, basi angustato. Probabiliter planta
hybrida. Parlat. Flor. Ital. 3. p. 459.
Orchis expansa Gennarii ! pl. exsicc
Orchis Gennarii Reich. fil. orchid. suppl. p. 172.
Figures. — *Reich. fil. orchid. tab. 520.*

Epi court, ovale. Fleurs de 5 à 8, d'un pourpre
violet plus ou moins foncé. Divisions périgonales
libres, conniventes en casque subglobuleux ; les externes aiguës ou obtusiuscules, un peu étalées au
sommet, nerviées ; les internes latérales plus courtes
et plus étroites, obtuses. Labelle étalé, plus long
que les divisions périgonales, plus large que long, en

forme d'éventail, subtrilobé, subémarginé au sommet, à bords crénelés, marqué de nervures non interrompues, d'un violet très-foncé et ponctué de
houppes de la même couleur sur un fond violet un
peu plus clair. Eperon un peu plus court que l'o-
vaire, élargi au sommet, obtus, réfléchi. Gynostème
court, obtusiuscule. Stigmate oblique. Anthère violâtre, à loges contiguës séparées par un petit bec.
Masses polliniques d'un vert terne. Caudicules assez
longs, d'un blanc jaunâtre. Bractées plus longues
que l'ovaire, ovales, obtusiuscules, assez larges, nerviées, d'un vert varié de pourpre ou de violet.
Feuilles ovales-oblongues, d'un vert assez foncé,
nerviées ; les inférieures obtuses ; les caulinaires
aiguës, longuement engaînantes ; les supérieures
bractéiformes, lavées de teintes purpurines. Tige de
de 2 à 3 décimètres et plus, cylindrique, d'un vert
pâle et violâtre au sommet. Tubercules radicaux
subarrondis, sessiles.

Cette hybride a été trouvée dans les vallons de
Contes et de Berdejeun avec l'*Orchis papilionacea*,
l'*O. Morio* et leurs variétés, en avril, mai ; elle a
tous les caractères de l'*O. Morio papilionacea* de
M. Timbal Lagrave.

———

EXPLICATION DES FIGURES.
Pl. 29. Fig. 1-10.

1. Plante entière.
2. Epi et partie supérieure de la tige.
3. Autre épi.
4-5. Fleurs vues de face, avec les divisions périgonales
supérieures détachées.
6. Labelle détaché.
7-8. Fleurs vues de côté, sans les divisions périgonales
supérieures.
9-10. Gynostèmes grossis vus de face ; a. a. b. b. masses
polliniques détachées.

** **Moriones.** — Divisions périgonales externes libres. Labelle trilobé, à lobes latéraux arrondis en avant,
à lobe médian presque égal aux lobes latéraux ou plus petit, tronqué, émarginé, parfois à peu près nul.
Bractées unitrinerviées, presque égales à l'ovaire. (*Parlat. fl. ital. 3. p. 463*).

ORCHIS MORIO L.

Orchis Bouffon.

Orchis morio Linn. sp. pl. p. 1333. All. fl. ped. 2. p. 146.
Savi. fl pis 2. p. 398. Suffren. pl. du Frioul p. 134.
Bert. pl. gen. p. 118. Dec. fl. franç. 3. p. 216. Nocc. et
Balb. fl. ticin. 2. p. 147. Seb. et Maur. fl. rom. prodr.
p. 304. Savi. bot. etrusc. 3. p. 465. Bert. amœn. ital.
p. 197. Moric. fl. venet. 1. p. 370. Pollin. fl. veron. 3. p. 8.
Ten, fl. nap. 2. p. 289. Nacc. fl. venet. 4. p. 139. Gaud. fl.
helv. 5. p. 429. Reich. fl. germ. excurs. 1. p. 122 Vis. fl.
dalm. 1. p. 166. Todar ! orchid. sic. p. 37. excl. syn.
O. Nicodemi Ten? Koch syn. fl. germ. et helv. edit. 2.
p. 790. Guss. syn. fl. sic. 2. p. 535. De Not. rep. fl. lig.
p. 385. Gries. spic. fl. rum. et bith. 2. p. 358. Puccin ! syn.
fl. luc. p. 475. Comoll. fl. com. 6. p. 350. Reich. fil. orchid.
p. 17. var a. Bert. fl. ital. 9. p. 524. Gren. et Godr. fl. de

Franc. 3. part. 1. p. 285. Ambros ! fl. Tir. austr. 1. p. 686.
Parlat. fl. ital. 3. p. 463. Ardoino fl. anal. du dép. des
Alpes-Marit. p. 351.
Orchis Morio fœmina Seg. pl. veron. 2. p. 125. tab. 15.
f. 17. Zannich. istor. delle piant. venet. p 193. tab. 38.
b. *Floribus albis.*
c. *Floribus roseis.*
Figures. — *Reich. orchid. tab. 363.*
d. *Spica laxiflora, floribus minoribus.*
Orchis picta Lois. fl. gall. edit. 2. tom. 2. p. 264. tab. 26
Gren. et Godr. fl. de Franc. 3. part. 1. p. 286.
Orchis longicornu. var. g. Lindl. orchid. p. 969.
Orchis morio b. picta Reich. fil. orchis p. 17. tab. 365.
fig. 1 ? e foliis. maculatis.

Epi ovale, lâche. Fleurs de 10 à 12. Divisions
périgonales conivenles en casque ; les externes

verdâtres à la base, lavées de teintes purpurines au sommet et marquées de nervures d'un violet foncé; la médiane linéaire oblongue; les latérales externes un peu plus grandes que la médiane, ovales-oblongues, obtuses; les latérales internes plus courtes et plus étroites que les externes, allongées-linéaires, verdâtres ou violacées, avec quelques nervures vertes. Labelle trilobé, de grandeur variable, plus large que long, plus ou moins crénelé sur les bords, d'un violet purpurin, blanchâtre à la base et marqué de petites taches ou de lignes purpurines; lobes latéraux légèrement réfléchis; lobe médian plus petit, plus ou moins émarginé ou tronqué. Eperon cylindrique plus large au sommet, horizontal ou ascendant. Gynostème court, apiculé. Stigmate oblique. Anthère d'un violet foncé, à loges contiguës séparées par un petit bec. Masses polliniques verdâtres. Caudicules d'un blanc jaunâtre. Glandes renfermées dans une bursicule biloculaire. Ovaire sessile, allongé-fusiforme, rétréci, courbé et contourné au sommet, d'un vert plus ou moins varié de teintes purpurines. Capsule allongée, triquètre, à côtes saillantes. Semences rougeâtres. Bractées égalant ou dépassant l'ovaire, lancéolées-oblongues, obtusiuscules, vertes et variées de violet; les inférieures trinerviées. Feuilles ovales-lancéolées, d'un vert glaucescent, nerviées; les caulinaires largement engaînantes; les supérieures bractéiformes, rougeâtres. Tige de 2 à 3 décimètres et plus, dressée, anguleuse, d'un violet plus ou moins foncé au sommet, cylindrique et d'un vert clair à la base. Tubercules radicaux subarrondis.

Vallons de la région montagneuse : Drap, Contes, Berre, Levens, vallée de Loude, etc. — Mars, avril.

Obs. Dans cette espèce, les fleurs sont de grandeur et de couleur très-variables; elles sont ordinairement d'un violet plus ou moins foncé, parfois roses, violacées, lilas ou même blanches. Le labelle est quelquefois immaculé, quelquefois marqué de taches assez espacées; la longueur de la tige et la densité de l'épi varient aussi beaucoup. Une de ces variétés, à épi pauciflore, à fleurs petites, a été appelée *Orchis picta*; les planches 30-31 représentent quelques-unes de ces variétés les plus remarquables.

Var. *a* **picta violacea**. *Nob.*

Epi ordinairement court, pauciflore, à fleurs près de la moitié plus petites que dans le type et exhalant une odeur qui rappelle celles du réséda et de la violette. Divisions périgonales supérieures conniventes en casque, obtusiuscules, soudées à la base; les latérales externes concaves, carénées, d'un violet plus ou moins foncé, mais d'un vert clair dans la partie supérieure depuis la carène jusqu'aux bords externes, et marquées de nervures purpurines sur les deux faces; la médiane linéaire-oblongue, obtuse, trinerviée, verdâtre en dedans, d'un pourpre violet en dehors; les latérales internes plus étroites et plus courtes que les externes, oblongues-lancéolées, obtusiuscules, subtrinerviées, verdâtres à la base et lavées de violet au sommet. Labelle trilobé, plus large que long, un peu plus court que les divisions périgonales externes, dirigé en avant, d'un violet plus ou moins foncé, blanchâtre à la base et marqué de petites taches et de lignes d'un pourpre foncé; lobes latéraux plus ou moins réfléchis ou étalés, à bords arrondis, entiers ou crénelés; lobe médian plus court que les latéraux, subbilobé ou émarginé et parfois presque nul. Eperon à peu près de la longueur de l'ovaire, ascendant ou horizontal, droit ou légèrement recourbé, un peu renflé et aplati au sommet, d'un violet plus ou moins foncé. Gynostème à bec court, obtus. Anthère à loges violacées ou rougeâtres. Masses polliniques verdâtres. Caudicules assez longs, d'un blanc jaunâtre. Ovaire linéaire, contourné, courbé au sommet, vert ou lavé de violet. Bractées un peu plus longues que l'ovaire, linéaires-lancéolées, obtusiuscules, violacées ou purpurines, subtrinerviées. Feuilles oblongues-lancéolées, d'un vert glaucescent; les inférieures plus ou moins étalées ou arquées; les caulinaires engaînantes; les supérieures bractéiformes. Tige de 1 à 2 décimètres, légèrement anguleuse et d'un pourpre violet au sommet. Tubercules radicaux subarrondis. Fibres déliées.

Environs de Drap, de Contes, de Berre, etc. — Mars, avril.

Obs. M. le professeur Parlatore a reconnu sur des échantillons vivants que je lui ai communiqués que cette plante est identique à l'*O. Morio b. picta*, dont il parle dans sa flore.

Var. *b.* **picta rosea** *Nob.*
FORME ROBUSTE.

Epi ovale, à fleurs plus ou moins rapprochées entre elles, grandes, remarquables par leur faciès bicolor. Divisions périgonales conniventes en casque; les externes d'un jaune verdâtre et marquées de nervures vertes; la médiane linéaire-oblongue, obtuse, rosée au sommet, trinerviée; les latérales internes ovales-lancéolées, obtusiuscules, d'un rose plus ou moins clair. Labelle entier ou subtrilobé, plus large que long, dirigé en avant, étalé, crénelé sur les bords, émarginé au sommet, d'un rose carminé et marqué de petites taches purpurines. Eperon d'un blanc rosé, horizontal ou ascendant, droit ou un peu recourbé, plus ou moins aplati, élargi au sommet. Gynostème à bec court, obtus. Loges de l'anthère purpurines. Masses polliniques d'un vert foncé. Caudicules jaunâtres. Ovaire linéaire-contourné, courbé au sommet et d'un vert clair. Bractées plus longues que l'ovaire, vertes ou violacées. Feuilles ovales-lancéolées, obtusiuscules, d'un vert glaucescent. Tige de 2 à 3 décimètres environ, cylindrique, un peu anguleuse au sommet et d'un vert jaunâtre. Tubercules radicaux subarrondis.

FORME GRÊLE.

Plante plus grêle dans toutes ses parties que dans la variété précédente.

Epi de 5 à 12 fleurs rapprochées de la tige, petites. Divisions périgonales supérieures d'un jaune très-clair, verdâtres, violacées ou rosées au sommet, à nervures d'un vert pâle; la médiane trinerviée; les latérales internes d'un blanc rosé, subtrinerviées. Labelle trilobé, plus large que long, à peu près de la longueur des divisions périgonales externes, d'un rose très-pâle ou légèrement couleur de chair, marqué de petites taches violacées; lobes latéraux à bords arrondis, entiers ou crénelés; lobe médian plus court que les latéraux, tronquéémarginé ou subbilobé. Tige grêle, flexueuse.

Var. c. **picta-alba** Nob.

Epi ovale, de 7 à 10 fleurs assez rapprochées entre elles. Divisions périgonales supérieures d'un blanc verdâtre, marquées de nervures d'un vert encore plus pâle que dans les variétés précédentes. Labelle assez large, à lobes latéraux entiers ou à peine crénelés, blanc, marqué de quelques petites taches d'un pourpre violet; lobe médian très-court, un peu émarginé ou bilobé au sommet. Tige élancée, flexueuse, de 3 décimètres et plus.

Obs. Cette belle variété, très-éloignée du type par le facies et par la couleur des fleurs, est assez rare; elle croît, ainsi que les variétés précédentes, dans la région montagneuse, le vallon de Contes, etc. — Avril.

———

EXPLICATION DES FIGURES.

Pl. 30. Fig. 1-32.

1-2. Plante entière de l'*Orchis Morio.*
3. Autre plante entière.
4-7. Epis.
8. Fleur détachée vue de face.

9-11. Fleurs étalées vues de face, avec les divisions périgonales supérieures détachées.
12. Labelle et éperon.
13-15. Labelles détachés.
16. Fleur vue de côté.
17-19. Fleurs vues de côté, sans les divisions périgonales supérieures; *a.* bractée détachée.
20. Fleur vue de face, avant l'anthèse.
21-23. Gynostèmes grossis vus de face; *bb, cc, dd,* masses polliniques détachées.
24. Gynostème considérablement grossi, vu de face.
25. Le même, vu de côté.
26. Une masse pollinique considérablement grossie.
27. Glande.
28. Bursicule.
29. Capsule surmontée de la fleur flétrie.
30. Section transversale de la capsule.
31. Semence vue à la loupe.
32. Semence considérablement grossie.

Pl. 31. Fig. 1-23.

1. Plante entière de la var. *a. picta violacea.*
2. Fleur détachée, avant l'anthèse.
3. Fleur détachée vue de face (grand. nat.).
4. La même, vue de côté.
5. Fleur grossie vue de face avec les divisions périgonales supérieures détachées.
6. Fleur grossie vue de côté, sans les divisions périgonales supérieures; *a.* bractée détachée.
7. Gynostème grossi vu de face; *b. b.* masses polliniques.
8. Plante entière de la var. *b. picta rosea* (forme robuste).
9. Fleur grossie vue de face avec les divisions périgonales supérieures détachées.
10-11. Labelles détachés.
12. Fleur grossie vue de côté, sans les divisions périgonales supérieures; *c.* bractée détachée.
13. Sommet de l'éperon grossi.
14. Gynostème grossi vu de face; *d. d.* masses polliniques.
15. Epi (forme grêle).
16. Plante entière.
17. Fleur grossie vue de face avec les divisions périgonales supérieures détachées.
18. Fleur vue de côté sans les divisions périgonales supérieures; *e.* bractée détachée.
19. Gynostème grossi vu de face; *f. f.* masses polliniques détachées.
20. Plante entière de la var. *c. picta alba.*
21. Fleur grossie vue de face avec les divisions périgonales supérieures détachées.
22. Fleur grossie vue de côté sans les divisions périgonales supérieures.
23. Gynostème grossi vu de face; *g. g.* masses polliniques.

*** **Coriophoræ.** — Divisions périgonales externes longuement soudées par les bords, libres au sommet. Labelle trilobé; à lobes latéraux plus larges que le médian, obliquement tronqués; à lobe médian plus long que les latéraux, entier. Bractées uninerviées, plus longues que l'ovaire. (*Parlat. op. cit. p.* 468.)

ORCHIS CORIOPHORA *Linn.*

Orchis punais.

Orchis coriophora Linn. sp. pl. p. 1332 *var. a. All. fl.*

ped. 2. *p.* 146. *Ucria h. r. pan. p.* 382. *Desf. fl. atl.* 2. *p.* 318. *Savi due cent. p.* 194. *Seb. et Maur. fl. rom. prodr. p.* 302. *Savi. bot. etrusc.* 3. *p.* 164. *Bert. amœn. ital. p.* 445. *Moric. fl. venet.* 1. *p.* 369. *Brot. phyt. lusit.* 2.

p. 19. Ten. fl. nap. 2. p. 283. Lindl. orchid. p. 267. Pollin.
fl. veron. 3. p. 7. var. b. Ten. syll. p. 452. Boiss. voyag.
en Espagn. p. 593. var. b. Vis. fl. dalm. 1. p. 170. var. b.
Tod. orchid. sic. p. 30. Koch syn. fl. germ. et helv. edit. 2.
p. 790 ex parte. De Not. rep. fl. lig. p. 384 var. b.
Puccin! syn. fl. luc. p. 475. Comoll. fl. comens. 6. p. 347.
Reich. fil. orchid. p. 21. var. b. Bert. fl. ital. 9. p. 522
ex parte. Gren. et Godr. fl. de Franc. 3. part. 1. p. 287 var. b.
Ambros. fl. Tir. austr. 1. p. 684. Parlat. fl. ital. 3.
p. 468. Ardoino fl. anal. du dép. des Alpes-Marit. p. 351.
Orchis cassidea. M. B. fl. taur. cauc. 3. p. 600.
Orchis fragrans Poll. in clem. bot. 2. p. 155-157. ex
Pollin. Reich. fl. germ. excurs. 1. p. 124. Guss. syn. fl.
sic. 2. p. 533. Gries spic. fl. rum. et byth. 2. p. 358. Guss.
enum. pl. inarim. p. 317.
Orchis Polliniana Spreng. pugill. 2. p. 78. Pollin. hort.
et prov. veron. pl. nov. fasc. 1. p. 25.
Orchis odore hirci minor Bauh pin. p. 82.
Orchis odore hirci, flore subviridi Vaill. bot. paris.
p. 149·
Figures. — Brot. loc. cit. tab. 89. f. 2. Reich. fil. orchid.
tab. 366.
b. cimicina, spica brevi, floribus paulo minoribus, galea
acuta, calcare ovarii dimidium subœquante.
Orchis coriophora b. Linn. sp. pl. p. 1332.
Orchis cimicina Crantz. stirp. austr. 6. p. 948. Lindl.
orchid. p. 267.
Orchis coriophora Hall. ic. pl. Helv. p. 39. Reich. fl. germ.
excurs. 1. p. 123. Pollin. fl. veron. 3. p. 6.
Orchis batavica vt Clus. rar. pl. hist. p. 268.
Orchis odore hirci minor spica purpurascente Bauh.
pin. p. 82.
Orchis odore hirci minor. Vaill. bot. paris. p. 149.
tab. 31. fig. 30, 31, 32. Seg. pl. veron. 2. p. 128.
Orchis spica purpurea fœtida Seg. pl. veron. 2. p. 128.
Figures. — Reich. fil. orchid. tab. 367.
Orchis radicibus subrotundis, galea connivente, labello
trifido reflexo Hall. ic. pl. Helv. tab. 31.

Epi cylindrique, assez long. Fleurs petites, nombreuses, serrées. Divisions périgonales conniventes en casque ; les externes ovales-acuminées, soudées par leurs bords, libres au sommet, d'un rouge violâtre avec des nervures verdâtres ; les latérales plus longues que la médiane ; les latérales internes plus courtes et plus étroites que les externes, lancéolées-linéaires, aiguës, acuminées, violacées ou lilas. Labelle trilobé, petit, convexe, un peu plus long que les divisions périgonales, dirigé en bas, en arrière, d'un violet rougeâtre légèrement varié de verdâtre, plus clair vers la base et marqué de points ou de taches d'un pourpre foncé ; lobes latéraux subrhomboïdaux, obliquement tronqués, incisés-dentés, parfois émarginés ; lobe médian lancéolé, entier, un peu plus étroit que les latéraux. Eperon conique, en forme de sac, pendant, légèrement recourbé, plus court que l'ovaire, d'un blanc varié de violet clair. Gynostème plus court que les divisions périgonales internes, apiculé, rougeâtre. Stigmate oblong. Anthère d'un pourpre violâtre, à loges contiguës et séparées par un petit

bec. Masses polliniques jaunes. Caudicules assez longs, jaunâtres. Glandes petites, blanchâtres. Ovaire sessile, allongé, contourné, un peu coudé vers le sommet, d'un vert pâle. Capsule ovale-allongée, subtriquètre. Bractées lancéolées-linéaires, plus longues que l'ovaire, blanchâtres, à nervure verte. Feuilles linéaires-lancéolées, aiguës, légèrement canaliculées, nerviées et d'un vert glaucescent ; les supérieures bractéiformes. Tige de 2 à 4 décimètres, dressée, subcylindrique ou légèrement anguleuse, d'un vert pâle. Tubercules radicaux subarrondis. Fibres radicales assez épaisses.

Fleurs exhalant une odeur assez désagréable, analogue à celle de la punaise.

Prairies de la pointe de Caras, bois du Var, pelouses des collines. — Mai, juin.

Var. b. **o. fragrans**, Poll.

Eperon égalant le labelle. Divisions périgonales allongées et plus acuminées que dans l'*O. coriophora.* Bractées plus longues et plus membraneuses. Fleurs exhalant une odeur assez agréable, analogue à celles de la vanille et de l'amande amère.

Prairies et bois du Var ; vallons et collines (très-commune).

———

EXPLICATION DES FIGURES.

Pl. 32. Fig. 1-28.

1-2. Plantes entières de l'*O. coriophora.*
3. Fleur vue de face (grand. nat.).
4. Fleur vue de côté.
5. Fleur grossie vue de côté.
6. Fleur grossie vue de face avec les divisions périgonales supérieures détachées.
7. Divisions périgonales supérieures, et labelle étalé grossi.
8. Labelle détaché.
9-10. Fleurs grossies vues de côté sans les divisions périgonales supérieures ; a. b. bractées détachées.
11-13. Gynostèmes grossis vus de face ; cc, dd, e, masses polliniques détachées.
14. Gynostème grossi vu de profil.
15. Section transversale de la capsule grossie.
16. Semence considérablement grossie.
17. Plante entière de la var. b. O. fragrans.
18. Fleur détachée vue de face.
19. La même vue de côté.
20. Fleur grossie vue de côté ; f. bractée détachée.
21. Fleur vue de face avec les divisions périgonales supérieures détachées.
22. Divisions périgonales supérieures et labelle, étalés grossis.
23-24. Gynostèmes et labelles grossis, vus de face.
25-26. Gynostèmes grossis vus de face ; g. g. masses polliniques.
27. Gynostème grossi vu de profil.
28. Capsule surmontée de la fleur flétrie.

———

**** Militares. — Divisions périgonales externes longuement soudées, libres au sommet et quelquefois entièrement libres. Labelle trilobé ou trifide; lobe médian plus grand que les latéraux, émarginé-bilobé ou bifide, à lobules souvent séparés par une petite dent. Bractées uninerviées, souvent très-courtes (*Parlat. op. cit.* 3. p. 471).

ORCHIS USTULATA Linn.

Orchis brûlé.

Orchis ustulata Linn. sp. pl. p. 1333. *All. fl. ped.* 2. *p.* 147. *Hall. ic. pl. Helv.* p. 31. *Suffren. pl. du Frioul p.* 184. *Bert. pl. gen. p.* 119. *Dec. fl. franç.* 3. *p.* 247. *Balb. fl. taurin. p.* 147. *Nocc. et Balb. fl. ticin.* 2. *p.* 148. *Bert. amœn. ital. p.* 197. *Pollin. fl. veron.* 3. *p.* 10. *Ten. fl. nap.* 2. *p.* 291. *Gaud. fl. helv.* 5. *p.* 432. *Reich. fl. germ. excurs.* 1. *p.* 124. *Ten. syll. p.* 455. *Lindl. orchid. p.* 271. *Bert. mant. fl. Alp. apuan. p.* 61. *Sanguin. cent. très-prodr. fl. rom. add. p.* 124. *Vis. fl. dalm.* 1. *p.* 161. *Koch syn. fl. germ. et helv. edit.* 2. *p.* 790. *De Not. rep. fl. lig. p.* 384. *Puccin! syn. fl. luc. p.* 474. *Comoll. fl. comens.* 6. *p.* 345. *Reich. fil. orchid. p.* 23. *Bert. fl. ital.* 9. *p.* 531. *Gren. et Godr. fl. de Franc.* 3. *part.* 1. *p.* 287. *Ambros! fl. Tir. austr.* 1. *p.* 683. *Parlat. fl. ital.* 3. *p.* 471. *Ardoino fl. anal. du dép. des Alpes-Marit. p.* 332.
Orchis amœna Crantz stirp. austr. p. 490.
Orchis Columnæ Schmidt. fl. bohem. n. 58.
Orchis parviflora Willd. sp. pl. 4. *p.* 27.
Himantoglossum parviflorum Spreng. syst. veg. 3. *p.* 694.
Orchis militaris, pratensis, humilior Vaill. bot. paris. p. 149. *tab.* 31. *fig.* 35, 36.
Orchis militaris pratensis Seg. pl. veron. 2. *p.* 123. *tab.* 15. *num* 4.
Figures. — *Fl. dan. tab.* 103. *Reich. fil. orchid. tab.* 368.
Orchis pannonica IV *Clus. rar. p. hist. p.* 268. *fig.*
Orchis radicibus subrotundis, labello quadrifido, calcare brevissimo Hall. ic. pl. Helv. tab. 27.

Epi subcylindrique, dense. Fleurs petites, assez nombreuses, rapprochées entre elles, bicolores. Divisions périgonales libres, connivantes en casque; les externes ovales-obtuses, d'un pourpre foncé en dehors, violacées et verdâtres en dedans; les latérales un peu plus grandes que la médiane, souvent d'une couleur plus claire, parfois blanchâtres, et pointillées de violet vers le bord externe; les internes latérales plus courtes et plus étroites, spathu-lées-linéaires, subémarginées, carénées, rougeâtres. Labelle tripartite, un peu plus long que les divisions externes, dirigé en avant et en bas, blanc, légèrement concave, marqué de 4 à 6 points plus ou moins rapprochés les uns des autres, de différente grandeur, d'un violet ou d'un pourpre foncé; lobes latéraux linéaires-oblongs, obtus, comme tronqués au sommet; lobe médian un peu plus large que les latéraux, divisé au sommet en deux lobules courts, obtus, subcrénelés et souvent séparés par une petite dent. Eperon dirigé en bas, obtus, violet, trois fois plus court que l'ovaire. Gynostème court, blanchâtre. Stigmate oblique. Anthère d'un jaune pâle, à loges contiguës, séparées par un petit bec.

Masses polliniques jaunes. Caudicules et glandes blanchâtres. Ovaire sessile, allongé-linéaire, très-contourné, verdâtre. Capsule petite, ovale-allongée, à côtes peu saillantes. Bractées ovales-lancéolées, aiguës, d'un rose violacé, marquées de nervures rougeâtres et verdâtres; les inférieures un peu plus courtes que l'ovaire; les supérieures l'égalant ou le dépassant. Feuilles oblongues-lancéolées ou oblongues-linéaires, aiguës ou obtusiuscules, d'un vert glaucescent. Tige de 2 à 3 décimètres, cylindrique, d'un vert clair. Tubercules radicaux sub-arrondis. Fibres radicales plus ou moins grosses.

Collines et montagnes : Rayet, Montchauve, Ferrion, vallon de Loude, forêt de Clans, St-Martin-Lantosque, Braus, le Ferghet, la Briga, Tende, Caussol, pelouses au dessus de Menton.— Mai, juin.

Hybride. **O. ustulato-tridentata** Camit.

Epi ovoïde, à fleurs nombreuses. Divisions périgonales connivantes en casque; les externes soudées par leurs bords vers la base, ovales-lancéolées, aiguës, apiculées, réfléchies au sommet, subtrinervées, carénées et d'un pourpre violâtre foncé en dehors, plus pâle en dedans; la médiane plus courte, aiguë, uninervée; les internes latérales plus courtes que la médiane, soudées avec celle-ci, beaucoup plus étroites que les externes, linéaires, obtuses, subspathulées au sommet, uninerviées et d'un violet clair. Labelle tripartite un peu plus long que les divisions externes, d'un rose violacé, blanchâtre et rétréci à la base, marqué de petites taches ou de houppes purpurines, assez espacées entre elles; lobes latéraux linéaires-oblongs, obliquement arrondis, ou recourbés en faulx, subdenticulés au sommet; lobe médian en cœur renversé à lobules étroits, plus ou moins allongés et arrondis. Eperon dirigé en bas, légèrement recourbé en avant, subcylindrique ou claviforme, de moitié plus court que l'ovaire, d'un blanc violacé. Gynostème court, obtus, blanchâtre. Stigmate oblique. Anthère d'un pourpre violâtre, à loges contiguës et séparées par un petit bec. Masses polliniques verdâtres. Caudicules assez longs. Glandes blanchâtres. Ovaire sessile, linéaire, tordu, vert lavé de violet. Brac-tées ovales-lancéolées, aiguës, plus courtes que l'ovaire ou l'égalant, roses ou violacées. Feuilles oblongues-lancéolées, nerviées, d'un vert glauces-cent; les inférieures obtusiuscules, les caulinaires aiguës. Tige de 2 à 4 décimètres, cylindrique, nue au sommet, d'un vert pâle. Tubercules radicaux subarrondis. Fibres radicales peu nombreuses, assez grosses.

Obs. Cette plante est une hybride de l'*O. ustulata* et de l'*O. tridentata;* elle se rapproche du premier par son facies bicolore et ses divisions périgonales externes, du second par la dimension de ses fleurs, par son labelle, la couleur verdâtre de ses masses polliniques et surtout par son port.

Deux échantillons de cette plante ont été trouvés par M. Canut en juin 1866, l'un dans la vallée de la Vésubie, près du pont de Suchet et l'autre dans la vallée de Clans, localités où l'*O. ustulata* et l'*O. tridentata* sont abondants.

EXPLICATION DES FIGURES.

Pl. 33. Fig. 1-23.

1-2. Plantes entières de l'*O. ustulata.*
3-4. Epis.
5-6. Fleurs grossies, vues de face.
7. Fleur vue de côté.
8-9. Fleurs grossies, vues de face, avec les divisions périgonales supérieures détachées.
10. Fleur grossie vue de côté, sans les divisions périgonales; *a.* bractée détachée.
11-12. Gynostèmes grossis, vus de face; *b. b. c.* masses polliniques.
13. Capsule surmontée de la fleur flétrie; *d.* bractée détachée.
14. Section transversale de la capsule grossie.
15. Semence considérablement grossie.
16. Plante entière de l'*O. ustulato-tridentata.*
17. Epi et partie supérieure de la tige.
18-19. Fleurs grossies vues de face, avec les divisions périgonales supérieures détachées.
20-21. Fleurs grossies vues de côté, sans les divisions périgonales supérieures; *e. f.* bractées détachées.
22-23. Gynostèmes grossis vus de face; *g. g. h. h.* masses polliniques.

ORCHIS TRIDENTATA *Scop.*

Orchis panaché.

Orchis tridentata Scopol. *fl. carn. edit.* 3. tom. 2. p 190. (ann. 1772). *Reich. fil. orchid. p.* 23. *excl. var.* 3. *lacteu et pl. alt. Gren. et Godr. fl. de Franc.* 3. *part.* 1. p. 288. *Parl. fl. ital.* 3. p. 476. *Ardoino fl. anal. du dép. des Alpes-Marit. p.* 352.

Orchis variegata All. fl. ped. 2. p. 147. *Jacq. ic. rar.* 3. *t.* 16. *Hall. ic. pl. Helv. p.* 32. *Bert. pl. genuens. p.* 119. *Dec. fl. franç.* 3. p. 248. *Biv. sic. pl. cent.* 2. p. 44. *Nocc. et Balb. fl. ticin.* 2. p. 149. *Seb. et Maur. fl. rom. prodr. p.* 306. *Ten. fl. nap.* 2. p. 294. *Bert. amœn. ital. p.* 497. *et lucubr. p.* 13. *Pollin. fl. veron.* 3. p. 11. *Gaud. fl. helv.* 5. p. 437. *Reich. fl. germ. excurs.* 1. p. 124. *Ten. syll. p.* 454. *Koch syn. fl. germ. et helv. edit.* 2

p. 789. *De Not. rep. fl. lig. p.* 384. *Gries. spic. fl. rum. et bith.* 1. p. 337. *Puccin. syn. fl. luc. p.* 474. *Comoll. fl. comens.* 6. p. 344. *Bert. fl. ital.* 9. p. 534. *ex parte et exclus. plerisq. syn. Ambros. fl. Tir. austr.* 1. p. 682.

Orchis Simia Vill. pl. du dauph. 2. p. 33.

Orchis commutata Todar! orchid. sic. p. 24. *excl. syn. orchid. acuminatœ Ten. Guss. syn. fl. sic.* 2. p. 537.

Orchis conica Guss? syn. fl. sic. 2. p. 538 *non Willd.*

Orchis ætnensis Tin? in Guss. syn. fl. sic. 2. p. 876. *in add. et emend.*

Orchis Gussonii Todar. in litt. ad me missis. Parl. op. cit.

Orchis Parlatoris Tin! pl. rar. Sicil. fasc. 2. p. 29.

Orchis seu Cynosorchis galeata, purpurea, leucosticta, sponsam ornatam effigiens Cup. h. cath. suppl. alt. p. 68.

Orchis militaris, pratensis, elatior, floribus variegatis seg. pl. veron. 2. p. 123. *tab.* 15. *n.* 3.

Figures. — Jacq. ic. rar. tab. 399. *Bot. reg. tab.* 367. *Reich. fil. orchid. tab.* 374, *fig.* 4.

Orchis seu Cynosorchis galeata, purpurea, leucosticta, sponsam ornatam effigiens. Cup. panph. sic. 2. *tab.* 165. *Bonan. tab.* 35.

Orchis radicibus subrotundis, spica brevissima, labello breviter quadrifido circumserrato punctato Hall. hist. n. 1275. *tab.* 30 *et ic. pl. Helv. tab.* 34.

Epi d'abord court, globuleux, ensuite ovale, plus ou moins allongé. Fleurs de 15 à 20, assez rapprochées, d'un rose violacé pâle ou lilas, parfois blanchâtres. Divisions périgonales conniventes en casque; les externes ovales-lancéolées, atténuées-aiguës, soudées entre elles à la base, libres et divergentes au sommet, d'un violet plus ou moins clair et marquées de nervures purpurines; la médiane plus courte que les latérales; les internes latérales lilas, de moitié ou d'un tiers plus courtes que les externes, linéaires, étroites, acuminées au sommet, soudées en partie avec les divisions externes. Labelle tripartite, un peu plus court que les divisions supérieures, dirigé en avant, plane, d'un violet plus ou moins clair, blanc vers la base, marqué de points d'un violet plus foncé, isolés, épars sur tout le limbe ou réunis de manière à former çà et là quelques lignes et quelques petites taches; lobes latéraux assez larges, linéaires, subspathulés, obliquement denticulés et tronqués au sommet; lobe médian plus grand que les latéraux, obové, cunéiforme, émarginé ou divisé en deux lobules subarrondis, denticulés, séparés par une dent de longueur variable, presque linéaire et un peu réfléchie. Eperon dirigé en bas, presque aussi long que l'ovaire, élargi à la base, obtus et subbilobé au sommet, blanc ou violacé. Gynostème très-court, obtus. Stigmate subcordiforme. Anthère d'un pourpre violet, à loges parallèles, séparées par un petit bec. Masses polliniques verdâtres. Caudicules et glandes jaunâtres. Pollen sessile, linéaire-oblong, contourné, d'un vert pâle. Capsule ovale-oblongue. Bractées lancéolées-subulées, uninerviées, d'un vert

7

clair à la base, violacées au sommet et à peu près aussi longues que l'ovaire. Feuilles oblongues-lancéolées, d'un vert glaucescent, nerviées; les inférieures obtuses; les caulinaires aiguës. Tige de 2 à 4 décimètres environ, grêle, cylindrique, flexueuse, d'un vert clair, anguleuse et ordinairement nue au sommet. Tubercules radicaux subarrondis.

Obs. Cette espèce varie par la couleur des fleurs, qui sont plus ou moins pâles, rosées ou violacées, par la forme du labelle, dont les lobes latéraux et le lobe médian sont plus ou moins écartés, élargis ou crénelés et par la hauteur de la tige.

Bois du Var (Sarato). — Régions montagneuses: Environs de Drap, Berre, Braus, Roccatagliada, bois du Ferghet, l'Avellan, Ferrion, Mont-Chauve; vallées de Loude, de Clans, Menton, Caussols (Ardoino), etc. — Mai, juin.

Hybride **Orchis tridentato-militaris** *Canut.*

Epi ovale. Fleurs d'un rose violacé. Divisions périgonales supérieures comme dans l'*Orchis tridentata.* Labelle trilobé, dirigé en avant ou un peu en haut, parsemé de points purpurins; lobes latéraux courbés, subrhomboïdaux et tronqués au sommet; lobe médian ovale, subbilobé et muni d'un petit appendice dans l'échancrure. Bractées ordinairement aussi longues que l'ovaire. Feuilles ovales-lancéolées, aiguës. Tige élancée, assez épaisse.

Deux échantillons de cette hybride ont été trouvés en juin 1866 par M. Canut, dans la vallée de Loude, près des granges de Bonvillars, localité où l'*O. militaris* et l'*O. tridentata* sont très-abondants.

EXPLICATION DES FIGURES.

Pl. 34. Fig. 1-18.

1. Plante entière. de l'*O. tridentata.*
2-4. Epis à divers degrés de développement.
5-6. Fleurs détachées vues de face.
7. Fleur vue de face, avec les divisions périgonales supérieures détachées.
8. Fleur grossie vue de face, avec les divisions périgonales supérieures détachées. (Labelle à lobes latéraux profondément incisés.)
9. La même vue de côté.
10. Fleur vue de côté.
11. Fleur vue de côté, sans les divisions périgonales supérieures; a. bractée détachée.
12. Fleur vue de face considérablement grossie.
13. Gynostème grossi vu de face; b. b. masses polliniques.
14. Autre gynostème grossi.
15. Capsule surmontée de la fleur flétrie.
16. Capsule grossie.
17. Section transversale de la capsule grossie.
18. Semence considérablement grossie.

Fig. 19-26.
19. Plante entière de l'*O. tridentato-militaris.*
20. Fleur vue de face, avec les divisions périgonales supérieures détachées.
21. La même vue de côté; c. bractée détachée.
22. Gynostème grossi vu de face; d.d. masses polliniques.
23. Autre plante entière plus développée.
24. Fleur vue de face, avec les divisions périgonales supérieures détachées.
25. La même vue de côté ; e. bractée détachée.
26. Gynostème grossi vu de face; f. f. masses polliniques.

ORCHIS TEPHROSANTHOS *Vill.*

Orchis Singe.

Orchis tephrosanthos Vill. pl. du dauph. 2. p. 33. excl. syn. Seguieri. Re ad. fl. ped. app. p. 32. Seb. et Maur. fl. rom. prodr. p. 306. Ten. fl. nap. 2. p. 294. Reich. fl. germ. excurs. 1. p. 124. Lindl. orchid. p. 273. var. a. Ten. syll. p. 454. Puccin. syn. fl. luc. p. 473. Bert. fl. ital. 9. p. 538. Parlat. fl. ital. 3. p. 482.
Orchis militaris L. Ardoino fl. anal. du dép. des Alpes-Marit. p. 352.
Orchis militaris e Linn. sp. pl. p. 1334.
Orchis Simia Lamk. fl. franç. 3. p. 507. var. b. Dec. fl. franç. 3. p. 249. var. a. Koch. syn. fl. germ. et helv. edit. 2. p. 789. Gries. spic. fl. rum. et byth 2. p. 357. Comoll ! fl. comens. 6. p. 343. Reich. fil. orchid. p. 28. Gren. et Godr. fl. de Franc. 3. part. 1. p. 288. Ambros! fl. Tir. austr. 1. p. 681. var. a.
Orchis zoophora Thuill. fl. paris. edit. 2. p. 459.
Orchis macra Lindl orchid. p. 273.
Orchis zoophora Cercopithecum exprimens Oreades Column. ecphr. 1. p 319
Orchis flore Simiam referens flore purpureo cum variet. Vaill. bot. paris. p. 148. tab. 31. fig. 25 et 26.
Figures. — Reich. fil. orchid. tab. 373.
Orchis altera Oreades Cercopithecophora Column. 1. p. 320.

Epi ovale, assez dense, rarement allongé. Divisions périgonales conniventes en casque, d'un rose violacé, marquées de nervures purpurines interrompues çà et là et formant des lignes ponctuées; les externes presque égales entre elles, ovales-lancéolées, aiguës, soudées par leurs bords vers la base; les deux internes latérales plus étroites et plus courtes que les externes, linéaires, atténuées, aiguës, soudées dans leur moitié inférieure avec les externes. Labelle profondément tripartite, plus long que les autres divisions périgonales, plane, d'un rose lilas ou presque blanc; lanières latérales longues, étroitement linéaires, obtuses, infléchies au sommet; lobe médian linéaire, plus large du double que les lanières latérales, muni de petites houppes purpurines, subdivisé en deux lanières semblables aux latérales et séparées par une dent parfois linéaire allongée. Eperon légèrement comprimé, subbilobé au sommet, dirigé en bas et presque aussi long que la moitié de l'ovaire. Gynostème tronqué. Stigmate cordiforme. Anthère à loges parallèles contiguës, d'un pourpre violacé ou rougeâtre. Masses polliniques d'un vert foncé. Caudicules et glandes blanchâtres. Ovaire sessile, fusiforme, contourné et d'un vert clair. Capsule ovale-allongée. Bractées de 4 à 6 fois plus courtes que l'ovaire, parfois peu apparentes, d'un blanc verdâtre ou jaunâtre ; les supérieures très-obtuses, un peu tronquées ; les inférieures lancéolées-acuminées. Feuilles oblongues, d'un vert pâle glaucescent ; les inférieures parfois obovales ; les supérieures oblongues, lancéolées-aiguës. Tige de 3 à 6 décimètres, droite, cylindrique et d'un vert clair. Tubercules radicaux allongés, subarrondis.

Lisière des bois, endroits frais : Bois Noir près de Berre, vallée de Loude (Canut), vallon de Croves près de Drap, Bendejeun, Menton, etc. — Mai.

Obs. Dans les échantillons récoltés aux environs de Nice, j'ai remarqué que les bractées inférieures ne dépassent point l'ovaire et qu'elles sont généralement très-courtes.

EXPLICATION DES FIGURES.

Pl. 35. Fig. 1-13.

1-2. Plantes entières.
3. Fleur grossie vue de face.
4. Fleur grossie vue de côté.
5. Autre fleur vue de côté, moins développée.
6. Fleur grossie vue de face, avec les divisions périgonales supérieures détachées ; *a*. divisions périgonales supérieures soudées entre elles.
7. Fleur grossie vue de côté, sans les divisions périgonales supérieures ; *b*. bractée détachée.
8-10. Diverses formes du labelle.
11. Eperon grossi.
12-13. Gynostème grossi vu de face ; *c. c. d.* masses polliniques détachées.

ORCHIS MILITARIS Linn.

Orchis militaire.

Orchis militaris Linn. *fl. svec. edit.* 2. p. 310. *All. fl. ped.* 2. p. 148. *Hall. ic. pl. Helv.* p. 34. *excl. var. Balb. fl. taur.* p. 147. *Seb. et Maur. fl. rom. prodr.* p. 305. *Bert. amœn. ital.* p. 416. *Pollin. fl. veron.* 3. p. 12. *excl. syn. Seg. Ten. fl. nap.* 2. p. 293. *et syll.* p. 434. *Reich. fl. germ. excurs.* 1. p. 125. *Lindl. orchid.* p. 274. *Koch syn. fl. germ. et helv. edit.* 2. p. 789. *Gries. spic. fl. rum. et byth.* 2. p. 357. *Puccin? syn. fl. luc.* p. 474. *Comoll l fl. comens.* 6. p. 312. *Bert. fl. ital.* 9. p. 510. *Gren. et Godr. fl. de Franc.* 3. *part.* 1. p. 289 *Ambros ! fl. Tir. austr.* 1. p. 680. *var. a.*

Parlat. fl. ital. 3. p. 484. *Ardoino fl. anal. du dép. des Alpes-Marit.* p. 352.
Orchis militaris y Linn. *sp. pl.* p. 1334.
Orchis Rivini Gouan. *ill.* p. 74. (ann. 1773). *Reich. fil. orchid* p. 30.
Orchis simia Lamk. *fl. franç.* 3. p. 507. *var. a.* Orchis galeata Poir. *in Lamk. dict. encycl.* 4. p. 593. *Dec. fl. fr.* 3 p. 249. *Ten. fl. nap.* 2. p. 293.
Orchis mimusops Thuill. *fl. paris. edit.* 2. p. 158.
Orchis cinerea Schrank baier. *fl.* p. 241.
Orchis militaris minor. *Vaill. bot. par.* p. 149. *tab.* 31. *fig.* 22, 23, 24.
Orchis flore Simiam referens Seg. *pl. veron.* 2. p. 137 *excl. syn. ex descript. et icon. tab.* 15. *n.* 9.
Figures. — *Jacq. ic.* 3. *tab.* 598.
Orchis radicibus subrotundis, spica conica, labello quadrifido, brachiolis et pectore perangustis Hall. *ic. pl. Helv. tab* 27.

Epi d'abord ovale ou presque conique, ensuite subcylindrique, assez dense. Divisions périgonales conniventes en casque, d'un pourpre violet plus ou moins clair et marquées de nervures purpurines ; les externes presque égales entre elles, ovales-aiguës, soudées par leurs bords vers la base ; les deux internes latérales plus courtes et plus étroites que les externes, linéaires, aiguës. Labelle profondément trifide, plus long que les autres divisions périgonales, plane, d'un rose lilas, presque blanc au centre et muni de petites houppes purpurines ou d'un violet foncé ; lanières latérales linéaires, aiguës ou obtusiuscules et courbées en faulx ; lanière médiane plus courte que les latérales, étroitement linéaire de la base au milieu, subdivisée en deux lobes ovales, obtus, divergents et séparés par une petite dent linéaire très-étroite. Eperon de moitié plus court que l'ovaire, en forme de sac, obtus au sommet, dirigé en bas, d'un blanc rosé ou violacé. Gynostème obtus. Stigmate cordiforme. Anthère d'un pourpre violet foncé, à loges parallèles, contiguës. Masses polliniques verdâtres. Caudicules et glandes d'un blanc jaunâtre. Ovaire sessile, linéaire, contourné, vert lavé de violet. Capsule ovale-allongée, un peu courbée, atténuée aux extrémités et à côtes saillantes. Bractées de 4 à 6 fois plus courtes que l'ovaire, lancéolées-aiguës, obtusiuscules ou presque tronquées, violacées. Feuilles oblongues, aiguës, d'un beau vert, nerviées, non luisantes en dessus ; les supérieures largement engaînantes. Tige de 3 à 5 décimètres, droite, d'un violet clair, légèrement anguleuse, nue et lavée de violet au sommet. Tubercules radicaux subarrondis.

Lisière des bois, endroits frais : Environs de Drap, de l'Escarène, Utelle (A. Risso fils), Bois du Ferghet, vallée de Loude (Canut), le Villars, Tende. — Mai, juin.

52

EXPLICATION DES FIGURES.

Pl. 36. Fig. 1-22.

1-2. Plante entière.
3. Epi et partie supérieure de la tige.
4-6. Fleurs vues de face.
7. Fleur grossie vue de face, avec les divisions périgonales supérieures détachées du gynostème et soudées entre elles.
8-9. Fleurs vues de côté.
10. Fleur grossie vue de côté.
11. La même, sans les divisions périgonales supérieures; *a.* bractée détachée.
12. Eperon grossi, détaché du labelle.
13. Gynostème grossi vu de face; *b. b.* masses polliniques.
14. Gynostème considérablement grossi, vu de face; *c.* masse pollinique.
15. Le même vu de profil.
16. Capsule surmontée de la fleur flétrie.
17. Section transversale de la capsule.
18. Semence considérablement grossie.
19. Epi et partie supérieure de la tige de la variété *b. O. Rivini.*
20. Fleur grossie vue de face, avec les divisions périgonales supérieures détachées.
21. La même vue de côté, sans les divisions périgonales supérieures; *d.* bractée détachée.
22. Gynostème grossi vu de face; *e. e.* masses polliniques.

ORCHIS PURPUREA *Huds.*

Orchis pourpre. — Orchis superbe.

Orchis purpurea Huds. fl. angl. edit. 1. *p.* 334. (ann. 1762). *Reich. fil. orchid. p.* 31. *Gren. et Godr. fl. de Franc.* 3. *part.* 1. *p.* 289. *Parlat. fl. ital.* 3. *p.* 487. *Ardoino fl. anal. du dép. des Alpes-Marit. p.* 332.
Orchis militaris Linn. sp. pl. p. 1334. *var. b. et g. Lamk. fl. franç.* 3. *p.* 506. *Vill. fl. du dauph.* 2. *p.* 34. *Dec. fl. franç.* 3. *p.* 248.
Orchis fusca Jacq. austr. 4. *p.* 4. (ann. 1776). *All. fl. ped.* 2. *p.* 148. *Hall. ic. pl. Helv. p.* 33. *Suffr. pl. du Frioul. p.* 485. *Savi due cent. p.* 193 *et bot. etrusc.* 3. *p.* 464. *Nocc. et Balb. fl. ticin.* 2. *p.* 450. *Seb. et Maur. fl. rom. prodr. p.* 303. *Pollin. fl. veron.* 3. *p.* 13 *Ten. fl. nap.* 2. *p.* 293. *Gaud. fl. helv* 6. *p.* 435. *Reich. fl. germ. excurs.* 1. *p.* 423. *Ten. syll. p.* 455. *Lindl. orchid. p.* 272. *Boiss. voy. en Espagn. p.* 592. *Vis. fl. dalm.* 1. *p.* 169. *De Not. rep. fl. lig. p.* 384. *Gries. spic. fl. rum. et byth.* 2. *p.* 356. *Comoll. fl. comens.* 6. *p.* 340. *Bert. fl. ital.* 9. *p.* 544. *Ambros. fl. Tir. austr.* 1. *p.* 679.
Orchis magna latis foliis, galea fusca vel nigricante J. B. Ray. angl. 3. *p.* 378. *tab.* 49. *f.* 2.
Orchis militaris major Tourn. inst. p. 432. *Vaill. bot. paris. p.* 148 *tab.* 31. *fig.* 27, 28, 29. *Seg. pl. veron.* 2. *p.* 122. *tab.* 15. *f.* 3.
Figures. — Jacq. l. c. tab. 307. *Reich. fil. tab.* 378.
Orchis radicibus subrotundis, labello quadrifido, brachiolis angustis, cruscutis latis, serratis Hall. ic. pl. Helv. tab. 30. *b.* stenobola, *lobis laciniæ mediæ labelli laciniis lateralibus paulo latioribus. An planta hybrida?*

Orchis fusca b. stenoloba Coss. et Germ. fl. par. p. 550.
Orchis Jacquinii Godr. fl. de Lorr. 3. *p.* 33.
Orchis purpurea b. stenoloba Reich. fil. orchid. p. 31.
Orchis purpurea b. angustata Gren. et Godr. fl. de Franc. 3. *p.* 290.
Orchis militaris majoris varietas Vaill. bot. paris. tab. 31. *fig.* 21.

Epi d'abord court, aigu, ensuite ovale-allongé. Fleurs grandes, remarquables, serrées. Divisions périgonales conniventes en casque; les externes soudées par leurs bords vers la base, ovales, brièvement aiguës, d'un pourpre foncé en dehors, plus pâles et pointillées de violet foncé en dedans, trinerviées, parfois verdâtres à la base; les internes latérales un peu plus courtes et beaucoup plus étroites que les externes, en partie soudées avec celles-ci, linéaires-lancéolées, acuminées, parfois subspathulées, d'un violet clair, ou blanchâtres, marquées de petites taches ou de linéoles purpurines ou d'un violet foncé. Labelle trifide, plus long que les autres divisions périgonales, plane, d'un blanc rosé ou violacé, orné d'un grand nombre de petites houppes violettes ou d'un pourpre foncé contrastant d'une manière agréable avec la teinte très-claire et même blanche du limbe; lanières latérales linéaires, obliquement tronquées et crénelées au sommet; lobe médian élargi en cœur, divisé en deux lobules presque cunéiformes, denticulés sur les bords et séparés par une petite dent. Eperon subclaviforme, émarginé ou bilobé au sommet, dirigé en bas, à peu près de moitié plus court que l'ovaire et d'un blanc lavé de verdâtre ou de teintes violacées. Gynostème obtus, blanchâtre. Stigmate oblique. Anthère d'un pourpre plus ou moins clair, à loges parallèles et séparées par un petit bec. Masses polliniques verdâtres. Caudicules et glandes d'un blanc jaunâtre. Ovaire sessile, subcylindrique, contourné, d'un vert clair, parfois lavé de violet. Capsule subtriquètre, à côtes peu saillantes. Bractées très-courtes, ovales, aiguës, d'un violet plus ou moins clair, uninerviées. Feuilles de 3 à 7 centimètres, allongées, d'un beau vert, très luisantes en dessus, d'un vert plus pâle et glaucescent en dessous, marquées de veines longitudinales saillantes; les inférieures obtuses; les supérieures aiguës. Tige de 3 à 6 décimètres, souvent très-robuste, droite, d'un vert clair à la base, un peu anguleuse et d'un violet purpurin au sommet. Tubercules radicaux subarrondis. Fibres radicales nombreuses, assez grosses.

Colline de la Serena près le Temple, Gairaut, Drap, Saint-Michel d'Eze, environs de Menton, le Fontan, la Briga, etc. — Avril, mai.

Obs. Cette espèce présente une assez grande diversité dans la couleur des fleurs, ainsi que dans la forme du labelle; les lanières latérales sont plus ou moins étroites, crénelées ou entières et l'appendice du lobe médian est parfois nul.

EXPLICATION DES FIGURES.

Pl. 37. Fig. 1-18.

1-2. Plante entière.
3. Epi jeune.
4. Epi très-développé.

5. Autre épi.
6. Fleur vue de côté avant l'anthèse.
7-10. Fleurs vues de face.
11. Fleur vue de face, avec les divisions périgonales supérieures détachées.
12-14. Fleurs vues de côté.
15. Fleur vue par derrière.
16. Gynostème et éperon vus de profil.
17. Labelle détaché.
18. Gynostème considérablement grossi vu de face; *a. a.* masses polliniques.

SECOND SOUS-GENRE.

Divisions périgonales libres; les externes latérales étalées ou même réfléchies. Deux renflements tubéreux entiers ou divisés.

ANDRORCHIS. *Reich. fil. orchid. p.* 34.

** **Provinciales** — Labelle trilobé; lobes latéraux arrondis; lobe médian plus ou moins tronqué-émarginé ou émarginé-subbilobé. Deux renflements tubéreux non divisés. (*Parl. op. cit. p.* 491).
A. Bractées uni-trinerviées.

ORCHIS PROVINCIALIS *Balb.*

Orchis de Provence.

Orchis provincialis Balb! misc. bot. alt. p. 33. *Bert. rar. ital. pl. dec.* 3. *p.* 40 *et lucubr. p.* 13. *Dec. fl. franç.* 5. *p.* 329. *Seb. et Maur. fl. rom. prodr. p.* 303. *Savi bot. etrusc.* 3. *p.* 166. *Bert. amœn. ital. p.* 198. *Moris! stirp. sard. elench. fasc.* 1. *p.* 44. *Reich. fl. germ. excurs.* 1. *p.* 122. *Ten. syll. p.* 456. *Vis. fl. dalm.* 1. *p.* 167 *ex parte. Todar! orchid. sic. p.* 42. *Koch. syn. fl. germ. et helv. edit.* 2. *p.* 791. *an ex parte? Moris et De Not. fl. sard.* 2. *Guss. syn. fl. sic.* 2. *p.* 536. *De Not. rep. fl. lig. p.* 383. *Puccin! syn. fl. luc. p.* 476. *excl. var. a. Comoll? fl. comens.* 6. *p.* 351. *Reich. fil. orchid. p.* 44. *var. a. Bert! fl. ital.* 9. *p.* 546. *Gren. et Godr. fl. de Franc.* 3. *part.* 1. *p.* 293, *Guss. emun. pl. inarim. p.* 317. *Parlat. fl. ital.* 3. *p.* 491. *Ardoino fl. anal. du dép. des Alpes-Marit.*
Orchis pallens Savi! fl. pis. 2. *p.* 330. *Bert. pl. gen. p.* 420 *et rar. ital. pl. dec.* 2. *p.* 20.
Orchis Cyrilli Ten. fl. nap. 2. *p.* 287.
Orchis ornithophora, candido-lutescens, Palmœ Christi pratensis maculatœ foliis Cup. h. cath. p. 157. *et suppl. alt. p.* 67.
Figures. — Balb. l. c. tab. 2. *Ten. fl. nap. tab.* 87. *Reich. fil. tab.* 387.
Orchis ornithophora, candido-lutescens, maculatis foliis Cup. panph. 1. *tab.* 202 *et* 2. *tab.* 222. *Bonann. tab.* 31.

Epi ordinairement pauciflore, d'abord ovale, ensuite allongé, assez lâche. Fleurs d'un jaune pâle. Divisions périgonales libres, d'un blanc jaunâtre; les deux latérales externes ovales-allongées, obtuses, réfléchies au sommet, trinerviées; la mé-

diane dressée; les internes latérales élargies obliquement en dehors vers la base, un peu plus courtes que les externes, ovales, obtuses, entières ou subémarginées, subtrinerviées, conniventes ou se recouvrant en voûte au-dessus du gynostème. Labelle trilobé, presque aussi long que les divisions périgonales externes, convexe, légèrement pubescent ou pubérulent vers le centre, d'un jaune très-pâle ou blanchâtre, marqué de petits points purpurins; lobes latéraux arrondis en arrière et repliés en bas; lobe médian comme tronqué, émarginé-bilobé. Eperon d'un blanc jaunâtre, presque aussi long que l'ovaire, claviforme, recourbé, ascendant, un peu renflé et obtus au sommet, parfois subbilobé. Gynostème de moitié plus court que les divisions périgonales internes, d'un jaune pâle ainsi que l'anthère et les masses polliniques. Caudicules et glandes d'un blanc jaunâtre. Ovaire sessile, linéaire ou subfusiforme, contourné, légèrement recourbé en S, d'un vert pâle. Capsule ovale-allongée, subtriquètre, à côtes saillantes. Bractées lancéolées-aiguës, à peu près de la longueur de l'ovaire, d'un vert clair, blanchâtres vers les bords; les inférieures trinerviées; les supérieures uninerviées. Feuilles oblongues-lancéolées ou lancéolées-aiguës, mucronulées, d'un vert-glaucescent, souvent marquées de taches d'un violet noirâtre, parfois immaculées, d'un vert pâle en dessous, finement nerviées; les caulinaires lancéolées-aiguës; les supérieures bractéiformes. Tige de 2 à 3 déci-

54

mètres environ, droite ou un peu flexueuse, d'un vert jaunâtre, anguleuse et nue au sommet. Tubercules radicaux subarrondis.

Collines, vallons et montagnes: Environs de Drap, de Contes, de Berre, Menton, île Ste-Marguerite, l'Estérel. — Avril, mai.

EXPLICATION DES FIGURES.

Pl. 38. Fig. 1-15.

1-3. Plantes entières à divers degrés de développement.
4-5. Fleurs détachées, vues de face.
6. Fleur étalée vue de face, avec les divisions périgonales supérieures détachées.
7-8. Fleurs détachées vues de côté.
9. Fleur grossie vue de côté, sans les divisions périgonales supérieures.
10. Gynostème grossi vu de face; *a. a.* masses polliniques.
11. Semence grossie.
12. Plante entière de la var. à feuilles non maculées.
13. Fleur détachée vue de face.
14. Fleur un peu grossie vue de côté, sans les divisions périgonales supérieures.
15. Gynostème grossi vu de face; *b. b.* masses polliniques.

———

B. Bractées à sept nervures.

ORCHIS LAXIFLORA Lamk.

Orchis à fleurs lâches.

Orchis laxiflora Lamk. fl. franç. edit. 1 tom. 3 p 504. Dec. fl. franç. 3. p. 247. Biv. sic. pl. cent. 2. p. 43. Savi bot. etrusc. 3. p. 463. Seb. et Maur. fl. rom. prodr. p. 304. Pollin. fl. veron. 3. p. 44. Gaud. fl. helv. 5. p. 431. Reich. fl. germ. excurs. 1. p. 122 Lindl. orchid. p. 265 ex parte. Boiss. voy. en Espagn. p. 592. Vis. fl. dalm. 1. p. 167. var. a. Todar. orchid. sic. p. 44. Guss. syn. fl. sic. 2. p. 535. Koch syn. fl. germ. et helv. edit. 2. p. 792 var. a. De Not. rep. fl. lig. p. 386. Puccin! syn. fl. luc. p. 476. Comoll. fl. comens. 6 p 354. an ex parte? Reich. fil. orchid. p. 49. Bert. fl. ital 9. p. 549. Gren. et Godr. fl. de Franc. 3 part. 1. p. 293. Parlat. fl. ital. 3. p. 496 Ardoino fl. anal. du dép. des Alpes-Marit. p. 354.
Orchis ensifolia Vill pl. du dauph. 2. p. 29. All. auctar. p. 31. Balb. misc. bot. 1. p. 39. Nocc. et Balb. fl. tic. 2. p. 450. Bert. lucubr. p. 11. Ten! fl. nap. 2. p. 289 et syll. p. 455.
Orchis morio Ucria h. r. pan. p. 382 ex loco et nomine vernac non Linn.
Orchis Tabernæmontani Gmel. fl. badens. 3. p. 542.
Orchis latior, tota purpurans, majori flore hiante cucullo, longiorique spica ac folio Cup. h. cath. p. 157.
Orchis morio fœmina, procerior, majori flore ex albo et purpureo variegato Vaill. bot. paris p. 450. tab. 31. fig. 33 et 34.
Orchis morio fœmina, calcare extuberanti bifariamque diviso Seg pl. veron. 2 p. 126 tab. 15. f. 8.

Figures. — Reich. fil. orchid. tab. 393. fig. 1. Orchis palustris, lobato atropurpureo flore, angustiore folio Cup panph. sic. 2. tab. 224. Bonann. tab. 32. b. floribus albis.
Orchis laxiflora aa. albiflora Guss. l. c.
Orchis morio fœmina, procerior, majori flore albo Vaill. bot. paris. p. 450.
c. brevifolia, caule humiliore, foliis abbreviatis, spica breviore Tin. in Guss. l. c.
Figures. — Orchis purpurea, lobata Cup? panph. sic. 2. tab. 163. Bonann? tab. 29.

Epi allongé, subcylindrique, lâche. Fleurs assez nombreuses, d'un pourpre violet. Divisions périgonales libres; les externes allongées, obtuses, trinerviées; les latérales obliques et fortement réfléchies de manière à se toucher par leurs faces externes; les internes latérales d'un tiers plus courtes et un peu plus étroites que les externes, allongées, presque elliptiques, conniventes avec la médiane, recourbées en voûte au sommet, trinerviées. Labelle trilobé, large, en forme de cœur renversé, convexe, glabre, d'un pourpre violet assez foncé ou amarante, blanchâtre à la base et parfois marqué vers le centre de quelques points purpurins; lobes latéraux grands, dirigés en bas, rapprochés par leur sommet de manière à se toucher, arrondis, un peu crénelés en avant. Lobe médian très-court, tronqué, légèrement crénelé, souvent muni de petites dents au sommet et parfois nul. Eperon de moitié ou d'un tiers plus court que l'ovaire, un peu courbé ou presque droit, horizontal ou ascendant, obtus ou bilobé au sommet, d'un pourpre violacé. Gynostème court, obtusiuscule. Anthère violacée, à loges parallèles, contiguës. Masses polliniques verdâtres. Caudicules et glandes blanchâtres. Ovaire sessile, linéaire-allongé, contourné, d'un vert glauque nuancé de violet, principalement sur les côtes. Capsule subfusiforme. Bractées un peu plus longues que l'ovaire, lancéolées-aiguës, d'un vert lavé de pourpre, à sept nervures longitudinales. Feuilles allongées-linéaires ou linéaires-lancéolées, à nervures saillantes, luisantes et d'un vert foncé en dessus, d'un vert glauque en dessous, carénées et pliées en gouttière. Tige de 3 à 5 décimètres et plus, cylindrique, d'un vert pâle vers la base, anguleuse, purpurine, luisante et scabre sur les angles au sommet. Tubercules radicaux subarrondis.

Prairies de St-Étienne, près de Nice; du Var, de la Trinité; Drap, Contes, etc. — Avril, mai.

EXPLICATION DES FIGURES.

Pl. 39. Fig. 1-20.

1. Plante entière.
2. Autre plante entière.

3-4. Epis.
5. Portion supérieure de la tige fortement grossie.
6. Portion de tige avec la gaine d'une feuille.
7. Fleur vue de face.
8. Fleur vue de face, avec les divisions périgonales supérieures détachées.
9. La même vue de côté, sans les divisions périgonales supérieures.
10. Fleur grossie, vue de côté.
11. Autre fleur vue de côté, avec les divisions périgonales supérieures détachées.
12. Divisions périgonales latérales-internes détachées du gynostème et se recouvrant en voûte par leur sommet.
13. Labelle détaché, étalé.
14. Gynostème grossi vu de face ; *a. a.* masses polliniques.
15. Le même, vu de profil.
16. Autre gynostème grossi, vu de face.
17. Le même, vu de profil.
18. Capsule surmontée de la fleur flétrie; *b.* bractée détachée.
19. Section transversale de la capsule.
20. Semence vue à la loupe.

ORCHIS PALUSTRIS *Jacq.*

Orchis des marais.

Orchis palustris Jacq. collect. 1. *p.* 75 *ex parte. Ten! fl. nap.* 2. *p.* 288. *et syll. p.* 455. *Tod. orchid. sic. p.* 47. *Bert. fl. ital.* 9. *p.* 551. *Reich. fil. orchid. p.* 47. *Gren. et Godr. fl. de Franc.* 3. *p.* 1. *p.* 291. *Parlat. fl. ital.* 3. *p.* 498. *Ardoino fl. anal. du dép. des Alpes-Marit. p.* 354. *Orchis mascula Crantz stirp. oustr. p.* 500. *Orchis laxiflora Reich. fl. germ. excurs.* 1. *p.* 122. *var. d. Lindl. orchid. p.* 265 *ex parte. Vis. fl. dalm.* 1. *p.* 168 *var. b. Koch syn. fl. germ. et helv. edit.* 2. *p.* 792 *var. b.*
Orchis mediterranea Guss! pl. rar. p. 365. *et syn. fl. sic.* 2 *p.* 536.
Figures. — *Jacq. ic. rar.* 1. *tab. Reich. fil. orchid. tab.* 392.

Epi subcylindrique, allongé, lâche. Fleurs grandes, ordinairement d'un violet pourpre, parfois rosées ou même blanches. Divisions périgonales libres, trinerviées ; les externes oblongues, obtuses; les latérales d'abord étalées, ensuite réfléchies ; les deux internes presque aussi longues que les externes, oblongues, un peu élargies à la base et plus ou moins conniventes avec la médiane. Labelle trilobé, plus long que les autres divisions périgonales, dirigé en avant et en bas, largement obové ou en cœur renversé, d'un pourpre violet plus ou moins clair, blanchâtre vers la base et marqué de petites taches et de linéoles purpurines ou d'un violet foncé; lobes latéraux assez larges, arrondis en arrière, entiers ou un peu crénelés en avant, étalés, ensuite plus ou moins réfléchis ; lobe médian

presque aussi long que les latéraux, plus étroit, entier ou bilobé. Eperon plus long que la moitié de l'ovaire, cylindrique, obtus, horizontal ou dirigé en bas, d'un blanc lavé de teintes purpurines ou violettes. Gynostème court, apiculé. Stigmate oblong. Anthère d'un violet foncé, à loges parallèles. Masses polliniques verdâtres. Caudicules blanchâtres. Glandes arrondies. Ovaire sessile, subcylindrique, contourné, un peu courbé, d'un vert lavé de violet. Capsule subtriquètre, assez grande. Bractées égalant ou dépassant l'ovaire, lancéolées-acuminées, d'un vert lavé de teintes violettes ou rosées, marquées de sept nervures verdâtres peu apparentes. Feuilles linéaires, lancéolées-aiguës, allongées, arquées, profondément canaliculées, nerviées et d'un vert foncé ; les supérieures étroitement lancéolées et bractéiformes. Tige de 3 à 5 décimètres, cylindrique, droite, lisse, d'un vert clair, rougeâtre ou violacée au sommet. Tubercules radicaux subarrondis.

Obs. Cette espèce a été longtemps confondue avec l'*O. laxiflora* ; mais elle en diffère par son épi ordinairement plus court, par ses fleurs plus rapprochées et souvent plus pâles; par le labelle pointillé, à lobes latéraux presque étalés, à lobe médian bilobé et souvent aussi long que les latéraux ; par l'éperon obtus, dirigé en bas ou horizontal, et par les feuilles moins allongées.

Les figures des planches 40-41 offrent plusieurs variétés de cette espèce que l'on trouve assez abondamment dans les prairies, les marécages et le bois du Var. Elle fleurit en mai et juin.

EXPLICATION DES FIGURES.

Pl. 40. Fig. 1-14.

1-2. Plantes entières.
3. Epi.
4-6. Fleurs vues de face, avec les divisions périgonales supérieures détachées.
7. Fleur vue de côté.
8-9. Fleurs vues de côté, sans les divisions périgonales supérieures; *a. b.* bractées détachées.
10-11. Gynostèmes grossis, vus de face; *c. c. d. d. e.* masses polliniques.
12. Capsule surmontée de la fleur flétrie.
13. Section transversale de la capsule grossie.
14. Semence considérablement grossie.

Pl. 41. Fig. 1-10.

1. Plante entière de la variété à fleurs blanches.
2. Fleur vue de face, avec les divisions périgonales supérieures détachées.
3. Fleur vue de côté, sans les divisions périgonales supérieures ; *a.* bractée détachée.
4. Gynostème grossi, vu de face; *b. b.* masses polliniques.
5. Plante entière de la variété à fleurs petites, rosées.

6. Fleur vue de face.
7. La même, vue de côté.
8. Plante entière de la variété à labelle flabelliforme.
9. Fleur vue de face.
10. La même, vue de côté.

--- ⚫ ---

ORCHIS CORIOPHORO-PALUSTRI

Timbal-Lagr.

Orchis hybride.

Ed. Timbal-Lagrave. Note sur un Orchis hybride et sur une espèce critique du genre GALLIUM. Extrait du Bulletin de la Société Botanique de France (Tom. 9. 1862, pp. 587 et 612).

Epi cylindrique ou subcylindrique, étroit, allongé. Fleurs assez nombreuses, de 14 à 18, rapprochées entre elles ou assez distantes, subunilatérales, d'un pourpre violet plus ou moins foncé, exhalant l'odeur de l'*O. coriophora* var. *fragrans*. Divisions périgonales supérieures conniventes ; les externes ovales-lancéolées, soudées inférieurement, libres au sommet, relevées, plus ou moins étalées, obliquement élargies à la base, d'un violet pourpre en dehors, moins foncé en dedans ; les latérales carénées sur le dos ; la médiane un peu plus courte, obtuse ; les internes latérales plus courtes et plus étroites que les externes, plus ou moins conniventes avec la médiane, ovales-acuminées, obliquement élargies à la base, subtrinerviées. Labelle plus long que les divisions supérieures, dirigé en avant et en bas ; tantôt trilobé, comme dans l'*Orchis coriophora*, velouté en dessus, d'un pourpre violet foncé, jaunâtre, pointillé de pourpre au centre et vers la base, à lobes latéraux subrhomboïdaux, obliquement arrondis en arrière, légèrement crénelés sur les bords, à lobe médian cunéiforme, plus étroit que les latéraux ; tantôt entier ou subtrilobé, comme dans l'*Orchis palustris*, plus large que long, à bords crénelés, denticulés, d'un violet plus ou moins foncé, à nervures d'un pourpre violet disposées comme les plis d'un éventail, et parsemé au centre de petites taches veloutées, purpurines. Eperon plus court que l'ovaire, conico-cylindrique, un peu recourbé, dirigé en bas ou presque horizontal, blanc nuancé de violet. Gynostème court, brièvement apiculé, d'un blanc verdâtre ou violacé. Anthère purpurine. Masses polliniques d'un vert jaunâtre. Caudicules allongés, d'un jaune pâle. Glandes blanchâtres. Ovaire sessile, subcylindrique, contourné, recourbé, vert varié de violet. Bractées lancéolées-acuminées, atténuées-aiguës, arquées, nerviées, canaliculées, carénées, vertes ou lavées de teintes purpurines, parfois blanchâtres et comme scarieuses sur les bords ; les supérieures égalant l'ovaire ; les inférieures dépassant les fleurs. Feuilles étroitement lancéolées, pliées en gouttière, arquées, à bords scabres, nerviées et d'un beau vert ; les supérieures bractéiformes. Tige de 3 à 5 décimètres, subcylindrique, dressée, d'un vert jaunâtre à la base et d'un pourpre violet vers le sommet. Tubercules radicaux subarrondis.

Bois du Var, près de la Digue (Canut et Fossat), prairies de Caras (Sarato). — Mai, juin.

Obs. Cette plante est évidemment une hybride de l'*Orchis coriophora* (var. *fragrans*) et de l'*O. palustris*, soit que l'on considère l'une ou l'autre de ces deux espèces comme étant le porte-ovule. On trouve dans les fig. 1-13 de la pl. 41, ainsi que dans les fig. 1-18 de la pl. 42, plusieurs formes de cette hybride que j'ai eu l'occasion d'observer dans les prairies et dans le bois du Var, où elle n'est pas très-rare. J'ai pu constater que l'hybridation la rapproche davantage, tantôt de l'*O. palustris*, tantôt de l'*O. coriophora*. J'espère que M. Timbal Lagrave, qui le premier l'a signalée (*), reconnaîtra, dans quelques-unes des figures que j'ai données de cette plante, celle qu'il a décrite dans son Mémorie.

EXPLICATION DES FIGURES.

Pl. 41. Fig. 11-15.

11. Plante entière (*Orchis palustris-coriophora* Nob.)
12. Fleur vue de face.
13. La même, vue de côté.
14. Fleur vue de face, avec les divisions périgonales supérieures détachées.
15. La même vue de côté, sans les divisions périgonales supérieures.

Pl. 42. Fig. 1-18.

1. Plante entière de l'*Orchis coriophoro-palustri* Timb. Lagr.
2. Epi et partie supérieure de la tige.
3. Fleur vue de face.
4. La même vue par derrière, avec les divisions périgonales détachées ; *a.* divisions périgonales externes soudées entre elles ; *b.* divisions périgonales internes détachées.
5-6. Fleurs grossies vues de face, avec les divisions périgonales supérieures détachées.
7-8. Les mêmes vues de côté, sans les divisions périgonales supérieures ; *c.* bractée détachée.

(*) Voy. Note sur un Orchis hybride, etc., par M. Ed. Timbal Lagrave, extrait du Bulletin de la Société Botanique de France. (T. IX, 1862. p. 587 et 612).

9-10. Gynostèmes grossis vus de face; *d. d. c. e.* masses
polliniques.
11-12. Autre plante entière.
13. Fleur étalée vue de face, avec les divisions périgonales supérieures détachées.
14. La même vue de côté, sans les divisions périgonales supérieures; *f.* bractée détachée.

15. Gynostème grossi vu de face; *g. g.* masses polliniques.
16. Autre épi de l'*O. palustris-coriophora.*
17. Fleur vue de face.
18. Portion de feuille grossie pour faire voir les bords
finement denticulés.

*** **Masculæ.** — Labelle trilobé, à lobes latéraux arrondis; à lobe médian plus grand que les latéraux ou presque égal à ceux-ci, entier ou le plus souvent émarginé-bilobé. Bractées uninerviées. Deux renflements tubéreux non divisés. (*Parl. op. cit. p.* 500).

ORCHIS PALLENS L.

Orchis pâle.

Orchis pallens Linn. mant. alt. p. 292. *All. fl. ped.* 2.
p. 147. *Hall. ic. pl. Helv. p.* 37. *tab.* 33. *non bona.*
Dec. fl. franç. 3. *p.* 250. *Nocc. et Balb. fl. ticin.* 2.
p. 151. *Pollin. fl. veron.* 3. *p.* 15. *Ten. fl. nap.* 2. *p.* 280?
ex parte et excl. syn. Bonann. Guud. fl. helv. 5. *p.* 439.
Reich. fl. germ. excurs. 1. *p.* 122. *Ten. syll. p.* 456?
ex parte. Lindl. orchid. p. 256. *Koch. syn. fl. germ.
et helv. edit.* 2 *p.* 791. *Reich. fl. orchid. p.* 43. *Bert.
fl. ital.* 9. *p.* 545. *Gren. et Godr. fl. de Franc.* 3. *part.* 1.
p. 293. *Ambros. fl. Tir. austr.* 1. *p.* 689. *Parlat. fl.
ital.* 3. *p.* 500 *Ardoino fl. anal. du dép. des Alpes-Marit.
p.* 353.
Orchis bulbosa, floribus flavescentibus Seg. pl. veron. 3.
p. 247. *tab.* 8 *f.* 3.
Figures. — *Jacq. austr.* 1. *tab.* 45. *Reich. fl. orchid.
tab.* 386. *Ophrys sulphurea Bot. mag. tab.* 2569.

Epi subcylindrique. Fleurs assez grandes, rapprochées entre elles, d'un jaune pâle, exhalant une
odeur assez désagréable et analogue à celle des
fleurs de sureau. Divisions périgonales supérieures
libres, ovales-allongées, obtuses, trinerviées, d'un
jaune pâle ou d'un blanc jaunâtre; les latérales
plus ou moins étalées ou réfléchies; les internes
latérales un peu plus courtes que les externes,
ovales-lancéolées, obtusiuscules, obliquement élargies à la base et conniventes avec la médiane.
Labelle plus long que les divisions supérieures,
dirigé en avant et en bas, un peu convexe, d'un
jaune moins pâle que dans les autres divisions,
velouté, papilleux vers la base; trilobé, à lobes
latéraux arrondis; à lobe médian plus grand que
les latéraux, entier, émarginé ou subbilobé. Eperon
cylindrique, obtus, horizontal ou ascendant, d'un
blanc jaunâtre, presque aussi long que l'ovaire.
Gynostème court, très-obtus, d'un jaune pâle, ainsi
que l'anthère et les masses polliniques; caudicules
et glandes blanchâtres. Ovaire sessile, linéaire,
tordu, recourbé au sommet et d'un vert clair.
Capsule linéaire-allongée, subtriquètre, à côtes saillantes. Bractées aussi longues que l'ovaire ou le
dépassant, lancéolées-linéaires, acuminées, uninerviées, blanchâtres et membraneuses vers les bords.

Feuilles larges, oblongues, lancéolées, obtusiuscules, mucronées, assez épaisses, d'un beau vert,
luisantes et comme satinées en dessus, immaculées,
peu nerviées. Tige de 3 à 4 décimètres, cylindrique
ou légèrement anguleuse, d'un vert clair, nue au
sommet. Tubercules radicaux ovoïdes, assez gros.

Région alpine et montagnes; bois du Ferghet
(rare), Mangiabòou, au-dessus de Sospel; L'Authion,
col de Tende. M. Canut a aussi récolté cette
plante au col de Tanarel et à Lortighié, près de
la Baisse de St-Véran. — Mai, juin.

EXPLICATION DES FIGURES.

Pl. 43. Fig. 1-17.

1-2. Plantes entières.
3. Epi.
4-6. Fleurs vues de face.
7-8. Fleurs vues de côté.
9. Fleur grossie vue de face, avec les divisions périgonales supérieures détachées.
10. La même vue de côté, sans les divisions périgonales
supérieures; *a.* bractée détachée.
11-12. Eperons grossis.
13. Gynostème grossi vu de face; *b. b.* masses polliniques.
14. Autre gynostème grossi, vu de face.
15. Le même vu de profil.
16. Section transversale de la capsule grossie.
17. Semence considérablement grossie.

ORCHIS MASCULA Linn.

Orchis mâle.

Orchis mascula Linn.? sp. pl. p. 1333. *All. fl. ped.* 2.
p. 146. *Hall. ic. pl. Helv. p.* 38. *Savi fl. pis.* 2. *p.* 299.
Suffren. pl. du Frioul. p. 181. *Dec. fl. franç.* 3. *p.* 247.
Nocc. et Balb. fl. ticin. 2. *p.* 148. *Seb. et Maur. fl. rom.
prodr. p.* 303. *Bert. amœn. ital. p.* 413. *Moric. fl. venet.* 1.
p. 370. *Pollin. fl. veron.* 3. *p.* 9. *Ten. fl. nap.* 2. *p.* 285.
Nacc. fl. venet. 4. *p.* 140. *Gaud. fl. helv.* 5. *p.* 430.
Reich. fl. germ. excurs. 1. *p.* 123. *Ten. syll. p.* 453.
Boiss. voy. en Espagn. p. 592. *Koch. syn. fl. germ. et
helv. edit.* 2. *p.* 791. *De Not. rep. fl. lig. p.* 386. *Gries.
spic. fl. rum. et bith.* 2. *p.* 359. *Puccin. syn. fl. luc.
p.* 475. *Comoll. fl. comens.* 6. *p.* 352. *Reich. fil. orchid.
p.* 41. *Bert. fl. ital.* 9. *p.* 527. *Gren. et Godr. fl. de*

8

58

Franc. 3. part. 1. p. 292. Ambros! fl. Tir. austr. p. 690.
Parlat. fl. ital. 3. p. 502. Ardoino fl. anal. du dép. des
Alpes-Marit. p. 353.
Orchis speciosa Host. fl. austr. 2. p. 527. Lindl. orchid.
pl. p. 265.
Orchis stabiana Ten! syll. p. 453 et fl. nap. 5. p. 239.
Lindl. orchid. p. 265.
Orchis Morio mas, foliis maculatis Seg. pl. veron. 2.
p. 124. tab. 13. f. 5. Zannich. opusc. posth. p 71.
  b. floribus roseis.
Orchis Morio mas, foliis non maculatis flore roseo Seg.
pl. veron. 2. p. 123. tab. 13. f. 6.
  c. floribus albis.
Figures. — Fl. dan. tab. 457. Jacq. ic. rar. 1. tab. 180.
Reich. fil. orchid. tab. 390, 391.
Orchis radicibus subrotundis, petalis lateralibus reflexis,
labello trifido, segmento medio longiori bifido Hall. ic.
rar. pl. Helv. tab. 32.

Epi d'abord ovale, ensuite subcylindrique, allongé. Fleurs nombreuses, assez rapprochées entre elles, purpurines. Divisions périgonales supérieures libres, d'un violet pourpre rosé ou de couleur amarante; les externes ovales-allongées ou ovales-lancéolées, trinerviées, obtusiuscules ou aiguës-acuminées, retournées en dehors ou réfléchies au sommet; les internes latérales d'un tiers plus courtes que les externes, ovales-aiguës, élargies à la base, subtrinerviées, concaves en avant et plus ou moins conniventes avec la médiane. Labelle plus long que les divisions externes, dirigé en avant et en bas, convexe, d'un pourpre rosé, plus pâle vers le centre et marqué de petites taches ou de lignes purpurines, pubérulent ou comme velouté à la base; trilobé, à lobes latéraux crénelés sur les bords et arrondis en arrière; à lobe médian plus large et plus long que les latéraux, subdivisé en deux lobules entiers ou crénelés et séparés par un appendice en forme de dent. Eperon subcylindrique ou subclaviforme, horizontal ou ascendant, presque aussi long que l'ovaire, d'un pourpre violet. Gynostème court, brièvement apiculé. Anthère d'un violet rougeâtre. Masses polliniques d'un vert foncé; caudicules et glandes blanchâtres. Ovaire sessile, subcylindrique, contourné, recourbé au sommet et d'un pourpre violet. Capsule oblongue, à côtes saillantes. Bractées lancéolées-aiguës ou longuement acuminées, d'un violet purpurin, trinerviées; les inférieures égalant l'ovaire ou le dépassant; les supérieures plus courtes. Feuilles lancéolées-oblongues, nerviées, élargies vers le sommet, d'un beau vert, pointillées de pourpre foncé à la base et sur les gaînes; les inférieures allongées; les caulinaires aiguës; les supérieures bractéiformes, lavées de violet rougeâtre. Tige de 3 à 5 décimètres, cylindrique, d'un vert clair, marquée à la base de petits points et de taches d'un pourpre noirâtre, nue, un peu anguleuse et

d'un violet rougeâtre au sommet. Tubercules radicaux subarrondis.

Alpes et montagnes, col de Tende, de Raus' pâturages de la Bollène, Valdeblore, Lortighié, vallée de Loude, etc. — Mai, juin.

———

EXPLICATION DES FIGURES.

Pl. 44. Fig. 1-21.

1-2. Plantes entières.
3. Epi.
4-9. Fleurs vues de face.
10-11. Fleurs vues de côté.
12. Fleur grossie vue de côté.
13-14. Fleurs vues de face, avec les divisions périgonales supérieures détachées.
15. Fleur grossie vue de côté, sans les divisions périgonales supérieures; a. bractée détachée.
16-17. Gynostèmes grossis vus de face; b. b. c. c. masses polliniques; e. autre masse pollinique grossie, munie de sa glande.
18. Gynostème grossi, vu de profil.
19. Capsule un peu grossie, surmontée de la fleur flétrie.
20. Section transversale de la capsule grossie.
21. Semence considérablement grossie.

———

ORCHIS OLBIENSIS *Reut.*

Orchis d'Hyères.

Orchis olbiensis Reut. sp. nova O. mascula L. All. b.
olivetonem Gren. — Ardoino fl. anal du dép. des Alpes-
Marit. p. 353.

Epi presque ovale, court, assez lâche. Fleurs de 6 à 12 environ, subunilatérales, d'un rose lilas ou d'un pourpre clair, inodores. Divisions périgonales ovales-allongées, obtuses, uninerviées ou subtrinerviées; les externes légèrement soudées entre elles dans leur partie inférieure; les latérales canaliculées en avant, parfois réfléchies au sommet et élargies obliquement en dehors à la base; la médiane dressée, assez rapprochée du gynostème; les latérales internes plus courtes que les externes, ovales-lancéolées, obtuses, plus ou moins conniventes en voûte sur le gynostème. Labelle un peu plus long que les divisions périgonales externes, dirigé en avant, comme plié en deux dans le sens de sa longueur, d'un violet clair ou d'un lilas rosé, blanchâtre à la base, marqué de quelques petites taches et de lignes purpurines ou amarantes, contrastant d'une manière agréable avec le fond clair du limbe; trilobé, lobes latéraux arrondis en arrière et réfléchis; lobe médian plus long que les latéraux, divisé en deux lobules plus ou moins allongés, arrondis, tronqués, entiers ou denticulés, le plus souvent séparés par une petite dent. Eperon égalant ou dépassant l'ovaire, ascendant, plus ou moins recourbé, un peu renflé, aplati, parfois émarginé, bilobé au sommet, d'un violet rosé. Gynostème obtus, beaucoup plus court que les divisions périgonales. Anthère à loges parallèles, rougeâtres ou purpurines, séparées par un petit bec blanchâtre. Masses polliniques ovales-allongées, d'un vert terne; caudicules d'un jaune pâle, plus long que les masses polliniques; glandes blanchâtres. Ovaire subsessile, linéaire, contourné, recourbé au sommet, vert, lavé de violet. Capsule allongée-fusiforme. Bractées plus courtes que l'ovaire, lancéolées-aiguës, subtrinerviées, rosées ou violacées, à bords un peu transparents. Feuilles d'un beau vert clair, nerviées, non maculées; les inférieures allongées-lancéolées, obtuses ou obtusiuscules, plus ou moins atténuées à la base, étalées; les caulinaires plus petites, lancéolées-aiguës. Tige de 1 à 3 décimètres environ, dressée ou un peu flexueuse, lisse, cylindrique, luisante et lavée de violet dans sa partie supérieure. Tubercules radicaux subarrondis.

Collines : Vinaigrier, St-André, Pessicart, Drap, vallon de Contes. — Mars, avril.

Obs. Cette plante qui a été considérée comme une simple variété de l'*O. mascula*, présente cependant des caractères assez importants pour constituer une espèce bien distincte. M. le profes-

seur Reuter, qui l'a découverte dans les environs de Hyères et de Toulon, en 1858, a bien voulu me communiquer ses observations; elles concordent parfaitement avec celles que j'ai faites moi-même sur les échantillons récoltés ici, avec cette différence que l'*O. olbiensis* de Nice n'a pas, comme celui trouvé par M. Reuter, les feuilles marquées en dessus, surtout vers la base, de petits points bruns.

EXPLICATION DES FIGURES.

Pl. 45. Fig. 1-23.

1-3.	Plantes entières.
4.	Epi jeune.
5.	Fleur vue de côté.
6.	Fleur grossie avant l'anthèse.
7.	Fleur grossie vue de face, avec les divisions périgonales supérieures détachées.
8-12.	Diverses formes de labelles étalés.
13.	Fleur grossie, vue de côté.
14.	Autre fleur grossie vue de côté, sans les divisions périgonales supérieures; *a.* division médiane grossie vue de face; *b.* bractée détachée.
15-17.	Formes diverses du sommet de l'éperon grossi.
18.	Eperon grossi.
19-20.	Gynostèmes grossis vus de face; *c. c.* masses polliniques.
21.	Capsule grossie, surmontée de la fleur flétrie.
22.	Section transversale de la capsule grossie.
23	Semence considérablement grossie.

***** **Sambucinæ.** — Labelle trilobé, à lobes latéraux arrondis, à lobe médian subémarginé. Bractées réticulées-veinées. Deux renflements tubéreux divisés en partie. (*Parl. fl. ital. 3. p. 512*).

ORCHIS SAMBUCINA Linn.

Orchis sureau.

Orchis sambucina Linn. sp. pl. 1. p. 1334. All. fl. ped. 2. p. 149. Bert. pl. genuens. p. 121. Dec. fl. franç. 3. p. 251. Biv. sic. pl. cent. 2. p. 43. Nocc. et Balb. fl. ticin. 2. p. 152. Bert. amœn. ital. p. 155. Pollin. fl. veron. 3. p. 16. Ten. fl. nap. 2. p. 298. Gaud. fl. helv. 5. p. 441. Reich. fl. germ. excurs. 1. p. 126. Ten. syll. p. 457. Vis. fl. dalm. 1. p. 171. Todar! orchid. sic. p. 50. Koch. syn. fl. germ. et helv. edit. 2. p. 792. Guss. syn. fl. sic. 2. p. 528. De Not. rep. fl. lig. p. 386. Gries. spic. fl. rum. et bith. 2. p. 360 Puccin! syn. fl. luc. p. 477. Comoll! fl. comens. 6. p. 356. Reich. fl. orchid. p. 64. Bert. fl. ital. 9. p. 556. Gren. et Godr. fl. de Franc. 3. part. 1. p. 295. Ambros. fl. Tir. austr. 1. p. 694. Parlat. fl. ital. 3. p. 512. Ardoino fl. anal. du dép. des Alpes-Marit. p. 354.

Orchis latifolia Scop. fl. carn. edit. 2. tom. 2. p. 196.
Orchis pulmata, lutea, floris labio maculato Seg. pl. veron. 3. p. 249.
Orchis pallens Puccin! syn. fl. luc. p. 476. non Linn. ex specim.

b. floribus e rubro-violaceis.

Orchis sambucina auctor. citat. var. floribus purpureis. Figures. — Jacq. fl. austr. tab. 108. Reich. fl. orchid. tab. 112.

Epi ovale, obtus. Fleurs assez nombreuses, rapprochées entre elles, d'un jaune très-pâle ou d'un rouge purpurin dans la variété *b.* Divisions périgonales supérieures libres, d'un jaune pâle; les externes ovales-lancéolées, obtuses, trinerviées; les latérales élargies à la base, réfléchies au sommet, la médiane dressée; les internes latérales plus courtes que les externes, ovales-oblongues, obtuses, conniventes et subtrinerviées. Labelle presque aussi long que les divisions externes, dirigé en avant, d'un jaune moins pâle que dans les divisions supérieures, ponctué et panaché de linéoles ou de petites taches purpurines, un peu velouté à la base; trilobé, à lobes latéraux arrondis, irrégulièrement crénelés et plus ou moins réfléchis; à lobe médian plus étroit que les latéraux, court, obtus, entier ou légèrement émarginé. Eperon d'un blanc jaunâtre, égalant ou dépassant l'ovaire, conico-cylindrique, légèrement recourbé, obtus, dirigé en bas. Gynostème obtus. Anthère à loges parallèles d'un blanc rosé ou lilas. Masses polliniques verdâtres; caudicules et glandes blanchâtres. Ovaire sessile, subcylindrique, contourné, d'un vert clair. Capsule épaisse, subtriquètre, à côtes saillantes. Bractées dépassant les fleurs, légèrement lancéolées, assez aiguës, trinerviées, réticulées et d'un vert clair. Feuilles oblongues, lancéolées-aiguës ou obtuses, nerviées et d'un beau vert. Tige de 2 à 3 décimètres, cylindrique, un peu anguleuse, fistuleuse, d'un vert pâle. Tubercules radicaux plus ou moins aplatis, assez gros, digités-palmés.

Alpes: cols de Tende, de Raus, de Jallorgue, bois de la Fraccia, de la Maïris, de Clans, Thorenc près de Grasse. — Mai, juillet.

Var. b. incarnata Linn.

Fleurs purpurines, d'un rose carminé ou d'un violet rougeâtre. Labelle blanchâtre ou jaune vers la base, marqué de petites taches et de linéoles purpurines plus ou moins foncées. Eperon rosé ou violet clair. Ovaire et bractées d'un vert lavé de teintes violacées. Mêmes localités.

Var. c. Sambucino-Lingua Barla.

Fleurs d'un rouge violacé. Labelle allongé acu-

miné, comme dans les *Serapias*. J'ai trouvé cette forme en juillet 1843, dans le bois de la Maïris.

—

EXPLICATION DES FIGURES.
Pl. 46. Fig. 1-20.

1. Plante entière.
2. Fleur vue de face, avec les divisions périgonales supérieures détachées.
3. Fleur vue de profil, sans les divisions périgonales supérieures.
4. Fleur grossie vue de face; a. bractée détachée.
5. Gynostème grossi, vu de face; b. b. masses polliniques.
6. Autre gynostème, vu de face.
7. Le même, vu de profil.
8. Capsule surmontée de la fleur flétrie.
9. Coupe transversale de la capsule.
10. Semence considérablement grossie.
11. Plante entière de la variété b. incarnata.
12. Epi et partie supérieure de la tige.
13-14. Fleurs vues de face, avec les divisions périgonales supérieures détachées.
15. Labelle détaché, grossi.
16. Fleur vue de côté, sans les divisions périgonales supérieures; c. bractée détachée.
17. Fleur vue de côté; d. bractée détachée.
18. Gynostème grossi vu de face; e. e. masses polliniques.
19. Coupe transversale de la capsule grossie.
20. Plante entière de la variété c. à labelle entier, allongé-acuminé. (Sambucino-lingua. Nob.).

****** Maculatæ. — Labelle trilobé, à lobes latéraux plus grands que le médian; à lobe médian entier ou presque entier. Bractées subtrinerviées. Deux renflements tubéreux digités-palmés. (Parl. fl. ital. 3. p. 516).

ORCHIS MACULATA Linn.
Orchis taché.

Orchis maculata Linn. sp. pl. p. 1335. *All. fl. ped.* 2. *p.* 150. *Ucria h. r. pan. p.* 383 *Suff. pl. du Frioul p.* 184. *Savi duc cent. p.* 196. *Dec. fl. franç.* 3. *p.* 252. *Nocc. et Balb. fl. ticin.* 2. *p.* 1152. *Seb. et Maur. fl. rom. prodr. p.* 307. *Ten. fl. nap.* 2. *p.* 298. *Savi bot. etrusc.* 3. *p.* 168. *Bert. amœn. ital. p.* 416. *Pollin. fl. veron.* 3. *p.* 18. *Gaud. fl. helv.* 5. *p.* 443. *Reich. fl. germ. excurs.* 1. *p.* 126. *Lindl. orchid. p.* 266. *Todar! orchid. p* 53. *ex parte. Koch syn. fl. germ. et helv. edit.* 2. *p.* 792. *Guss. syn. fl. sic.* 2. *p.* 527. *et in add. et emend. p.* 875. *ex parte. De Not. rep. fl. lig. p.* 386. *Puccin! syn. fl. luc. p.* 477. *Comoll. fl. comens.* 6. *p.* 358. *Reich. fil. orchid. p.* 65. *var. a. Bert. fl. ital.* 5. *p.* 555. *Gren. et Godr. fl. de Franc.* 3. *part.* 1. *p.* 296. *Ambros! fl. Tir. austr.* 1. *p.* 692. *Parlat. fl. ital.* 3. *p.* 516. *Ardoino. fl. anal. du dép. des Alpes-Marit. p.* 354. *Orchis palmata pratensis maculata Cup. h. cath. p.* 137. *suppl. alt. p.* 68. *Orchis palmata montana maculata Seg. pl. veron.* 2. *p.* 132. *tab.* 15. *fig.* 16.

Figures. — Fl. dan. tab. 933. *Reich. fil. orchid. tab.* 107. *Orchis palmata, montana, purpureo flore, folio macu-*

lato, radice bifida Cup. panph. sic. 1. *tab.* 133. *et* 2. *tab.* 173. *Bonann. tab.* 30.

b. saccifera, calcare subinflato, conico-cylindraceo.
Orchis saccifera Brongn. in Bory et Chaub. fl. du Pelop. p. 60. *Vis? fl. dalm.* 1. *p.* 172. *Gries. spic. fl. rum. et bith. p.* 264.
Orchis maculata Todar. l. c. et Guss. l. c. ex parte. Orchis maculata var. saccigera Reich. fil. l. c.
Figures. — Brongn. l. c. tab. 30. *fig.* 1. *Reich. fil. l. c. tab.* 109.

Epi subcylindrique, ovale-allongé, obtus. Fleurs assez nombreuses et rapprochées entre elles, d'un violet plus ou moins clair. Divisions périgonales supérieures libres, d'un violet clair ou lilas et parfois marquées de petites taches ou de linéoles rougepurpurines; les externes allongées-lancéolées, subtrinerviées; les latérales aiguës au sommet, plus ou moins étalées, obliquement élargies vers la base; la médiane rapprochée du gynostème; les internes latérales un peu plus courtes que les externes, oblongues-lancéolées, obtusiuscules, uninerviées, conniventes et se recouvrant par leur sommet. Labelle plane, étalé, d'un violet pâle, lilas ou blanchâtre, marqué de taches ou de linéoles d'un violet purpurin, souvent symétriquement disposées ; trilobé, à lobes latéraux arrondis ou subrhomboïdaux, denticulés sur les bords ; à lobe médian de moitié plus étroit que les latéraux, ovale-oblong, plus ou moins allongé, entier ou subbilobé. Eperon presque aussi long que l'ovaire, dirigé en bas, droit, conicocylindrique et d'un violet clair. Gynostème obtus, apiculé, à bec sillonné en avant. Anthère rougeâtre. Masses polliniques d'un vert foncé ; caudicules et glandes blanchâtres. Ovaire sessile, allongé-linéaire, contourné, d'un vert clair varié de rougeâtre vers le sommet. Capsule subtriquètre à côtes saillantes. Bractées dépassant l'ovaire, lancéolées-acuminées, subtrinerviées, d'un vert clair et lavées de teintes purpurines ou violettes. Feuilles étalées ou dressées, de largeur très-variable, finement denticulées (à la loupe), nerviées, d'un vert glaucescent, ordinairement marquées de nombreuses taches d'un pourpre brun ou noirâtre ; les inférieures oblongues, élargies au sommet ou lancéolées ; les caulinaires étroites et longuement acuminées ; les supérieures bractéiformes. Tige de 3 à 5 décimètres et plus, lisse, cylindrique, plane, dressée ou un peu flexueuse, d'un vert clair à la base, légèrement striée et souvent variée de violet au sommet. Tubercules radicaux aplatis, digités-palmés. Fibres radicales grosses, cylindriques.

Bois et prairies du Var (assez rare), le Ferghet, montagnes et bois des Alpes (commun). Forêt de Clans, Berre, Mont-Ferrion, etc. — Mai, juin.

—

EXPLICATION DES FIGURES.

Pl. 47. Fig. 1-19.

1-2. Plantes entières.
3. Epi.
4. Autre épi et partie supérieure de la tige.
5-9. Fleurs détachées grossies, formes diverses de labelles.
10. Fleur grossie vue de face, avec les divisions périgonales supérieures détachées.
11. La même vue de côté, sans les divisions périgonales supérieures ; a. bractée détachée.
12. Autre fleur grossie, vue de face, avec les divisions périgonales supérieures détachées.
13. Autre fleur grossie vue de côté, sans les divisions périgonales supérieures ; b. bractée détachée.
14-15. Gynostèmes grossis, vus de face ; c. c. d. d. masses polliniques.
16. Capsule surmontée de la fleur flétrie.
17. Coupe transversale de la capsule.
18. Autre coupe de la capsule grossie.
19. Semence considérablement grossie.

ORCHIS LATIFOLIA Linn.

Orchis à larges feuilles.

Orchis latifolia Linn. sp. pl. p. 1331. All. fl. ped. 2. p. 149. Hall. ic. pl. Helv. p. 35. Ten. fl. nap. 2 p. 297. Pollin. fl. veron. 3. p. 17. Gaud. fl. helv. 5 p. 443 Ten. syll. p. 457. Lindl. orchid. p. 260. var. a. Koch syn. fl. germ. et helv. edit. 2. p 792. De Not. rep. fl. lig. p. 386. Gries. spic. fl. rum. et byth. 2. p. 362. Comoll. fl. comens. 6. p. 359. Reich. fil. orchid. p. 57. var. a. Bert. fl. ital. 9. p. 551 var. a. Gren. et Godr. fl. de Franc. 3. part. 1. p. 295. Parlat. fl. ital. 3. p 519. Ardoino fl. anal. du dép. des Alpes-Marit. p. 354. Orchis comosa Scop. fl. carn. edit. 2. tom. 2. p. 198. Ambros! fl. Tir. austr. 1. p. 693 var. a. Orchis majalis Reich. pl. crit. 6. p. 7. Figures. — Reich. fil. orchid. tab. 403. Orchis radicibus palmatis, caule fistuloso, bracteis maximis, labello trifido serrato, medio segmento obtuso Hall. ic. pl. Helv. tab. 31.

Epi oblong, obtus, souvent très-allongé, assez dense. Fleurs nombreuses, purpurines ou d'un violet pourpre plus ou moins foncé. Divisions périgonales supérieures libres, trinerviées ; les externes ovales-lancéolées, assez aiguës ; les latérales plus ou moins étalées ; la médiane dressée et rapprochée du gynostème ; les latérales internes un peu plus courtes et plus étroites que les externes, oblongues-lancéolées, conniventes, se recouvrant par le sommet, subtrinerviées. Labelle plane, plus ou moins étalé, d'un violet pourpre ou rosé, blanchâtre vers la base, marqué de taches et de linéoles purpurines ou amarantes, disposées symétriquement ; trilobé, lobes latéraux arrondis ou subrhomboïdaux, à bords entiers ou crénelés, étalés ou réfléchis ; lobe médian plus ou moins allongé, aigu ou obtus, ordinairement entier. Eperon un peu plus court que l'ovaire, conico-cylindrique, droit, dirigé en bas, d'un pourpre violacé. Gynostème obtus ou apiculé. Anthère rougeâtre ou purpurine. Masses polliniques d'un vert foncé ; caudicules jaunâtres ; glandes violacées. Ovaire sessile, subcylindrique, légèrement courbé au sommet, contourné et d'un vert lavé de violet. Capsule oblongue, à côtes saillantes. Bractées lancéolées-acuminées, subtrinerviées, vertes, lavées de teintes purpurines ; les inférieures ordinairement beaucoup plus longues que les fleurs. Feuilles étalées ou dressées, larges, finement denticulées sur les bords (à la loupe), d'un beau vert, nerviées et marquées de taches d'un pourpre brun ou noirâtre ; les inférieures ovales-oblongues, obtuses ; les caulinaires longuement lancéolées ; les supérieures bractéiformes et souvent d'un violet rougeâtre. Tige de 2 à 5 décimètres et plus, dressée, robuste, fistuleuse, d'un vert clair, anguleuse et lavée de violet au sommet. Tubercules radicaux aplatis, digités-palmés.

Bois et prairies du Var, Cagnes, Antibes, région montagneuse, vallon de Loude, Entraune, etc. — Mai, juin.

Obs. La longueur de la tige de cette plante, la couleur des fleurs, ainsi que la forme du labelle, varient beaucoup selon les localités. Dans les Alpes la tige est ordinairement de 2 à 3 décimètres et l'épi est assez court; dans les prairies et le bois du Var, elle atteint 6 décimètres et plus, tandis que l'épi est cylindrique et souvent très-allongé.

EXPLICATION DES FIGURES.
Pl. 48. Fig. 1-23.

1. Plante entière.
2. Epi et partie supérieure de la tige.
3-9. Fleurs vues de face.
10-14. Fleurs vues de côté; a. bractée détachée.
15. Fleur vue de côté, sans les divisions périgonales supérieures.
16. La même, vue de face.
17. Fleur grossie, vue de côté, sans les divisions périgonales supérieures; b. bractée détachée.
18. Fleur grossie vue de face, avec les divisions périgonales supérieures détachées.
19. Labelle et gynostème grossis, vus de face, avec les masses polliniques hors des loges de l'anthère.
20. Gynostème grossi vu de face; c. c. masses polliniques.
21. Capsule surmontée de la fleur flétrie.
22. Coupe transversale de la capsule grossie.
23. Semence considérablement grossie.

Pl. 49. Fig. 1-11.

1-2. Plantes entières de la variété de montagne.
3. Fleur grossie, vue de face.
4. Fleur grossie vue de face, avec les divisions périgonales supérieures détachées.
5. La même vue de côté, sans les divisions périgonales supérieures; a. bractée détachée.
6. Gynostème grossi, vu de face; b. b. masses polliniques.
7. Epi et partie supérieure de la tige de la variété à fleurs d'un pourpre foncé.
8. Fleur vue de face, avec les divisions périgonales supérieures détachées.
9. La même vue de côté, sans les divisions périgonales supérieures; c. bractée détachée.
10. Labelle détaché, étalé.
11. Gynostème grossi vu de face; d.d. masses polliniques.

ORCHIS INCARNATA *Linn.*
Orchis à fleurs carnées.

Orchis incarnata Linn. sp. pl. p. 1335. *et fl. svec. edit.* 2. *p.* 312. *excl. syn. Seg. Fries nov. fl. svec. p.* 127. *Koch. syn. fl. germ. et helv. edit.* 2. *p.* 793. *Reich. fil. orchid. p.* 51. *var. a. Gren. et Godr. fl. de Franc.* 3. *p.* 296. *Parlat. fl. ital.* 3. *p.* 520.

Orchis angustifolia Wimm. et Grab. fl. sil. 2. *p.* 252. *Orchis latifolia angustifolia Lindl. orchid. p.* 260. *var. c. Bab. man. of. brit. bot. p.* 291. *var. b. Berl. fl. ital.* 9. *p.* 552. *var. b. Orchis militaris Puccin. pl. exsicc. an. et syn? Orchis comosa b. Ambros. fl. Tir. austr.* 1. *p.* 694 *ex parte.*

Figures. — *Reich. fil. orchid. tab.* 397.

b. Traunsteineri, spica pauciflora, bracteis flore subæqualibus, foliis lineari-lanceolatis.
Orchis Traunsteineri Saut. in littl. in Koch. syn. fl. germ. et helv. edit. 2. *p.* 793.
Orchis angustifolia Reich. cent. 9. *p.* 17. *Fries. nov. fl. svec. p.* 127.
Orchis incarnata b. angustifolia Reich. fil. orchid. p. 52. *Gren. et Godr. fl. de Franc.* 3. *part.* 1. *p.* 296.
Orchis latifolia ꝏ. Berl. fl. ital. 9. *p.* 552.
Orchis comosa b. angustifolia ex parte Ambros. fl. Tir. austr. 1. *p.* 794 *ex parte.*

Figures. — *Reich. fil. orchid. tab.* 39.

Epi oblong, cylindrique. Fleurs assez nombreuses, d'un rouge purpurin. Divisions périgonales supérieures libres; les externes ovales-lancéolées, obtuses, trinerviées; les latérales plus ou moins étalées; la médiane dressée et rapprochée du gynostème; les latérales internes un peu plus courtes que les externes, oblongues-lancéolées, aiguës ou obtusiuscules, subtrinerviées, conniventes et se recouvrant par leur sommet. Labelle plane, d'un pourpre cramoisi, velouté en dessus, marqué de petites taches et de linéoles purpurines; trilobé, lobes latéraux subrhomboïdaux ou arrondis, entiers ou crénelés, plus ou moins réfléchis; lobe médian plus étroit que les latéraux, plus ou moins allongé, aigu ou obtus, ordinairement entier. Eperon un peu plus court que l'ovaire, conico-cylindrique, dirigé en bas, droit ou légèrement recourbé et d'un blanc violacé. Gynostème court, apiculé. Anthère d'un rouge ochracé. Masses polliniques d'un vert foncé; caudicules jaune clair; glandes violâtres. Ovaire sessile, subcylindrique, contourné, vert lavé de violet. Capsule oblongue, à côtes saillantes. Bractées dépassant les fleurs, lancéolées-acuminées, subtrinerviées, vertes ou violacées. Feuilles dressées, allongées-lancéolées, atténuées, aiguës au sommet, vertes, non maculées, à nervures saillantes; les caulinaires rapprochées de la tige; les supérieures bractéiformes. Tige de 3 à 5 décimètres, dressée, assez robuste, fistuleuse, d'un vert clair, un peu anguleuse et lavée de teintes purpurines au sommet. Tubercules radicaux aplatis, digités-palmés.

Prairies et bois du Var (assez rare). — Mai, Juin.

Obs. Cette plante est considérée par plusieurs botanistes comme une simple variété de l'espèce précédente.

NIGRITELLA *C. L. Rich.* (NIGRITELLE).

C. L. Rich. in mem. du Museum 4. 42. 48. *Parlat. fl. ital.* 3. *p.* 526. *Satyrii spec.* L. *sp.* 944.
Codex. 6885. *Orchidis species. Crantz. Stirp.* 488. *Scop. Carn. edit.* 2. 220. *Habenaria R. Br. H. Kew* 5. 192.

Divisions périgonales supérieures libres, étalées; les externes glanduleuses et épaisses à la partie inférieure; les internes latérales un peu plus courtes et plus étroites que les externes. Labelle dirigé en haut et vers l'axe, ovale-acuminé, entier, scrotiforme et concave à la base, muni d'un éperon. Gynostème court, rapproché du labelle. Anthère dressée, à loges parallèles contiguës, assez éloignées l'une de l'autre. Masses polliniques lobulées; caudicules allongés; glandes distinctes, presque nues. Ovaire sessile, ovale, subglobuleux, triquètre. Capsule subglobuleuse à six côtes. Semences très-petites, courtes. Téguments formés de cellules simples. Embryon oblong.

NIGRITELLA ANGUSTIFOLIA *C. L. Rich.*

Nigritelle à feuilles étroites. — Orchis noir. D. C.

C. L. Rich. in mem. du Museum 4. *p.* 56. *Reich. fl. germ. excurs.* 1. *p.* 121. *Lindl. orchid. p.* 281. *Koch. syn. fl. germ. et helv. edit.* 2. *p.* 796. *De Not. rep. fl. lig. p.* 387. *Comoll! fl. comens.* 6. *p.* 370. *Bert. fl. ital.* 9. *p.* 573. *Gren. et Godr. fl. de Franc.* 3. *part.* 1. *p.* 300. *Ambros. fl. Tir. austr.* 1. *p.* 708. *Parlat. fl. ital.* 3. *p.* 527. *Ardoino fl. anal. du dép. des Alpes-Marit. p.* 355. *Satyrium nigrum Linn. sp. pl. p.* 1338. *Hall. ic. pl. Helv. p.* 30. *Suffren pl. du Frioul p.* 185.
Orchis miniata Crantz. stirp. austr. p. 488.
Orchis nigra scop. fl. carn. edit. 2. *tom.* 2. *p.* 200. *All. fl. ped.* 2. *p.* 150. *Dec. fl. franç.* 3. *p.* 253. *Nocc. et Balb. fl. ticin.* 2. *p.* 154. *Pollin fl. veron.* 3. *p.* 20. *Habenaria nigra R. Brown. in Ait. h. kew. edit.* 2. *tom.* 5. *p.* 192.
Nigritella nigra Reich. fil. orchid. p. 102.
Orchis palmata angustifolia, alpina, nigro flore Seg. pl. veron. 2. *p.* 133.
b. flore roseo.
Orchis nigra B. Ten. syll. p. 457.
Figures. — *Jacq. austr. tab.* 368. *Fl. dan. tab.* 998. *Ann. du Museum* 4. *tab.* 5. *n.* 4. *Reich. fil. orchid. tab.* 467.
Orchis radicibus palmatis, spica densissima, flore resupinato, calcare brevissimo Hall. l. c. tab. 26.

Épi d'abord très-court, aigu, ensuite ovale. Fleurs assez petites, paraissant renversées, d'un pourpre foncé, parfois cramoisi ou d'un rose carminé, exhalant une odeur agréable, analogue à celle de la vanille. Divisions périgonales supérieures dirigées en bas, libres, très-étalées, d'un pourpre plus ou moins foncé, uninerviées; les externes sublinéaires, aiguës, munies vers la base d'un petit renflement glanduleux blanchâtre; les latérales internes un peu plus courtes et plus étroites que les externes. Labelle aussi long que les autres divisions périgonales, dirigé en haut vers l'axe, ovale-acuminé, subrhomboïdal, entier, un peu concave, canaliculé à la base, d'un pourpre plus ou moins foncé, marqué de petites nervures divergentes vers les bords. Éperon beaucoup plus court que l'ovaire, obtus, renflé au sommet, d'un pourpre clair ou blanchâtre. Gynostème court. Anthère dressée, purpurine, à loges contiguës. Masses polliniques d'un jaune verdâtre; caudicules et glandes blanchâtres, d'un vert pâle. Ovaire sessile, ovale-oblong, subtriquètre, d'un vert pâle à côtes souvent lavées de violet. Capsule ovale-oblongue, à côtes assez saillantes. Bractées égalant les fleurs, lancéolées-acuminées, vertes, variées de teintes violacées ou rosées au sommet, marquées vers les bords de deux nervures purpurines. Feuilles nombreuses, linéaires-aiguës, canaliculées, carénées, d'un vert foncé en dessus, d'un vert pâle en dessous, nervées et très-finement denticulées sur les bords (à la loupe); les supérieures bractéiformes. Tige de 1 à 3 décimètres, dressée, cylindrique, d'un vert clair, striée. Tubercules radicaux digités-palmés.

Pâturages des Alpes, col de Tende, la Maïris, Lortighié, col de Raus, vallée de la Gordolasque, col de Jallorgue, etc. — Juin, août.

Obs. Les fleurs de cette espèce sont d'un pourpre très-foncé et quelquefois rosées ou même blanches; elles sont ordinairement plus grandes et moins odorantes dans les variétés à fleurs pâles. Cette plante noircit beaucoup par la dessication.

—

EXPLICATION DES FIGURES.

Pl. 27. Fig. 17-30 (*).

17. Plante entière.
18. Fleur grossie vue de face, avec les divisions périgonales supérieures détachées.

(*) Pour faciliter la disposition iconographique, j'ai dû figurer la *Nigritella angustifolia* sur la même planche que la *Tinea cylindracea*, au lieu de la placer à la suite du genre *Orchis*, comme cela devrait être d'après la classification suivie dans le texte.

19. Gynostème, labelle, éperon et ovaire grossis, vus de côté; *b.* bractée détachée.
20-21. Fleurs détachées, de grandeur naturelle.
22. Gynostème grossi, vu de face; *c. c.* masses polliniques détachées.
23. Gynostème vu de face, considérablement grossi.
24. Capsule grossie, surmontée de la fleur flétrie.
25. Section de la capsule, considérablement grossie.
26. Semence considérablement grossie.
27. Plante entière, à fleurs d'un pourpre clair.
28. Fleur grossie vue de face, avec les divisions périgonales supérieures détachées.
29. Gynostème, labelle, éperon et ovaire, vus de côté; *d.* bractée détachée.
30. Gynostème grossi, vu de face; *e. e.* masses polliniques détachées.

OPHRYS *Swartz* (OPHRYS).

Swartz in act. holm. ann. 1800. p. 222. *f. D. R. Brown. in Ait. h. kew. edit.* 2. *pl.* 5. *p.* 195. *C. L. Rich. in mém. du Museum* 10. *p.* 48. *Lindl. orchid. p.* 372. *Endl. gen. pl. p.* 212. *Reich. fil. orchid. p.* 69. *Parlat. fl. ital.* 3. *p.* 529. — *Orchidis species Tourn. inst.* 2. *tab.* 247. *fig. C. D. All. fl. ped.* 2. *p.* 145. — *Ophrydis species Linn. gen. pl. p.* 462. *Juss. gen. pl. p.* 63. *Arachnites schimdt. fl. bohem. Todar. orchid. sic. p.* 70.

Divisions périgonales libres; les externes presque égales entre elles; les latérales plus ou moins étalées ou réfléchies; la médiane rapprochée du gynostème; les deux internes latérales plus courtes que les externes, plus ou moins étalées. Labelle dépourvu d'éperon, dirigé en avant, d'une texture cartilagineuse, convexe ou planiuscule, trilobé ou trifide; lobes latéraux plus ou moins apparents; lobe médian plus grand que les latéraux, souvent émarginé ou bilobé, avec ou sans appendice dans l'angle de la bifidité. Gynostème souvent terminé au sommet par une pointe en forme de bec. Stigmate assez grand, oblique. Anthère dressée, soudée, à loges parallèles non contiguës. Masses polliniques lobulées. Caudicules allongés. Glandes distinctes, renfermées dans deux bursicules séparées. Ovaire sessile, légèrement contourné. Capsule oblongue, triquètre, à six côtes. Semences très-petites, linéaires, légèrement striées. Téguments formés de cellules simples. Embryon ovale.

* **Araniferæ.** — Divisions périgonales ouvertes, les deux latérales externes très-étalées, les deux internes un peu plus courtes que les externes, sublinéaires, souvent ligulées. Labelle convexe, à bords latéraux repliés, souvent muni vers la base de deux gibbosités coniques, subtrilobé; lobes latéraux pendants, plus ou moins apparents; lobe médian plus grand que les latéraux, mutique ou muni d'un appendice recourbé en dessus. (*Parlat. op. cit. p.* 529).

OPHRYS ARANIFERA *Huds.*

Ophrys araignée.

Ophrys aranifera Huds. fl. angl. edit. 2. *p.* 392. *Bert. pl. genuens. p.* 123. *Biv. sic. pl. cent.* 2. *p.* 40. *Dec. fl. franç.* 5. *p.* 332. *Nocc. et Balb. fl. ticin.* 2. *p.* 156. *Seb. et Maur. fl. rom. prodr. p.* 310. *Bert. amœn. ital. p.* 214 *et lucubr. p.* 43. *Pollin. fl. veron.* 3. *p.* 26. *excl. Ophr. speculum. Bert. Ten. fl. nap.* 2. *p.* 305. *Gaud. fl. helv.* 5. *p.* 462. *Reich. fl. germ excurs.* 1. *p.* 129. *Lindl. orchid. p.* 374. *Ten. syll. p.* 459. *Puccin. syn. pl. luc. p.* 481. *Vis. fl. dalm.* 1. *p.* 476. *Koch.*

syn. fl. germ. et helv. edit. 2. *p.* 796. *Guss. syn. fl. sic.* 2. *p.* 544. *excl. var. b. et c. De Not. rep. fl. lig. p.* 393. *Comoll. fl. comens.* 6. *p.* 374. *Reich. fil. Orchid. p.* 88. *var. a. Bert. fl. ital.* 9. *p.* 586. *var. a. Gren. et Godr. fl. de Franc.* 3. *part.* 1. *p.* 304. *var. a. Ambros. fl. Tir. austr.* 1. *p.* 314. *Guss. enum. pl. inarim. p.* 321. *Parlat. fl. ital.* 3. *p.* 530. *Ardoino fl. anal. du dép. des Alpes-Marit. p.* 356

Ophrys insectifera d. Linn. sp. pl. p. 1343.
Ophrys arachnites b. Savi. fl. pis. 2. *p.* 303.
Arachnites fuciflora Tod! orchid. sic. p. 72. *excl. var. b. g. d.*
Orchis fucum referens, flore subvirente Cup. h. cath.

p. 156. *Seg. pl. veron.* 2. *p.* 131. *tab.* 15. *f.* 11 *mala.*
Zannich. istor. delle piant. venet. p. 198. *tab.* 61.
Orchis fucum referens, flore rubiginoso Vaill. bot. paris.
p. 146. *tab.* 31. *fig.* 15. 16.
Figures. — *Reich. fil. orchid. tab.* 449.

Epi lâche. Fleurs de 3 à 8. Divisions périgonales libres; les externes étalées, ovales-oblongues,
obtuses, concaves et roulées sur les bords, d'un
vert jaunâtre, trinerviées, la nervure médiane plus
apparente en dehors; les internes latérales vertes,
jaunâtres ou rougeâtres, d'un tiers ou de moitié
plus courtes que les externes, très-étalées, plus ou
moins dirigées en arrière, linéaires, élargies à la
base, obtuses, souvent émarginées au sommet, à
bords crépus et un peu réfléchis. Labelle presque
aussi long que les divisions externes, dirigé en
avant, ovale-arrondi, convexe, d'un brun foncé, un
peu plus clair ou verdâtre sur les bords, velouté,
orné de deux lignes longitudinales presque parallèles, un peu divergentes en avant, bleuâtres, lisses,
luisantes, et souvent réunies par une autre ligne
transversale, ordinairement muni vers la base, près
du stigmate, de deux petites glandes luisantes séparées entre elles par une surface glabre d'un vert
jaunâtre; subtrilobé ou parfois entier; lobes latéraux plus ou moins apparents, réfléchis, finement
denticulés sur les bords, veloutés et formant de
chaque côté du labelle comme deux gibbosités
coniques plus ou moins apparentes; lobe médian
plus grand que les latéraux, émarginé, bilobé, finement denticulé, ordinairement muni d'un petit
appendice dans l'angle de la bifidité. Gynostème
à bec court plus ou moins obtus ou aigu. Anthère
à loges d'un jaune rougeâtre. Masses polliniques
jaunes; caudicules et glandes blanchâtres. Ovaire
sessile, cylindrique, légèrement contourné, d'un
vert clair. Capsule oblongue, à côtes saillantes.
Bractées du double plus longues que l'ovaire, lancéolées-linéaires, obtusiuscules, concaves, sub-
canaliculées, d'un vert pâle, nerviées. Feuilles
oblongues, souvent mucronulées, nerviées; les inférieures allongées, obtusiuscules, très-étalées, d'un
vert glauque; les caulinaires jaunâtres, longuement
engaînantes; les supérieures bractéiformes. Tige
de 2 à 3 décimètres et plus, flexueuse, cylindrique,
lisse, d'un vert jaunâtre. Tubercules radicaux assez
gros, subarrondis.
Collines et vallons. — Février, avril.

Obs. En observant l'*Ophrys aranifera* qui croît
aux environs de Nice, on peut remarquer que cette
espèce est très-variable par la couleur des divisions périgonales, par les dimensions et la forme
du labelle, par celle de la tache glabre, par le lobe
médian muni ou dépourvu d'un appendice. Les
divisions périgonales supérieures sont vertes, blanchâtres ou rosées; les internes latérales sont plus
ou moins élargies à la base, plus ou moins allongées, glabres ou pubérulentes. Le labelle est entier
ou trilobé, ovale ou obové; les deux raies glabres
sont tantôt complètement séparées et presque parallèles, tantôt réunies entre elles en forme d'écusson presque quadrangulaire; les gibbosités latérales
sont plus ou moins apparentes, quelquefois nulles,
veloutées ou lisses à la face latérale interne. Ces
différences constituent pour quelques botanistes
des espèces distinctes; d'autres n'y voient que de
simples variétés d'une même espèce.

Var. a. **viridiflora** *Nob.*

Divisions périgonales externes d'un vert clair,
ainsi que les internes. Labelle d'un vert jaunâtre
sur toute la surface, velouté, à poils soyeux verdâtres. Tige de 2 décimètres, plutôt grêle.
J'ai trouvé cette variété à Montgros, en mars 1845.

Var. b. **pseudo speculum** *D. C.*

Fleurs plus petites que dans les autres variétés.
Divisions périgonales externes jaunâtres; les internes ligulées, obtuses, jaunes, à bords ondulés.
Labelle à gibbosités latérales plus ou moins apparentes, velouté brun, à bords jaunes, à tache
luisante.

Var. c. **subfucifera** *Reich. tab.* 112. *fig.* 11. 8. 11.

Divisions latérales internes ligulées, obtuses.
Labelle à gibbosités grandes, souvent trilobé jusque
vers son milieu, brun, velouté, à bords jaunes
ou d'un jaune verdâtre, plus ou moins glabres.
Cette variété, que j'ai trouvée à Gairaut, en
avril 1845, est figurée dans l'ouvrage cité de
M. Reichenbach.

Var. d. **quadriloba** *Reich. fil. Orchid. p.* 89.
tab. 102. *fig.* 2.

Divisions périgonales externes, ovales, oblongues, d'un jaune verdâtre; les internes linéaires,
obtuses, d'un jaune orangé ou rougeâtre. Labelle
profondément trilobé, velouté brun, largement
bordé de jaune, marqué d'une tache glabre un
peu luisante d'un jaune plus ou moins clair, variée
de bleuâtre, ayant la forme d'un H ou de deux
croissants unis dos à dos; lobe médian bilobé, à
lobules planiuscules, séparés par une dent courte.
St-André, sur la colline, près la Grotte. — Avril.
Le bout de l'épi de cette plante est figuré dans
l'ouvrage des Orchidées d'Europe, de M. Reichenbach.

Var. e. **atrata** Reich.

Ophrys atrata Lindl. bot. reg. tab. 1087. *Reich. fl. germ. excurs.* 1. p. 129. *Lindl. orchid. p.* 376. *Guss. syn. fl. sic.* 2. p. 546.

Arachnites fuciflora g. panormitana et d. ambigua Todar! orchid. sic. p. 75. *Parlat. fl. ital.* 3. p. 533.

Ophrys incubacea Bianc.! in Tod. l. c.

Ophrys aranifera c. atrata Reich. fil. orchid. p. 91.

Ophrys aranifera b. Bert. fl. ital. 9. p. 586. *Gren. et Godr. fl. de Franc.* 3. part. 1. p. 301.

Figures. — *Lindl. bot. reg. tab.* 1087. *Reich. fil. orchid. tab.* 452.

Epi de 2 à 6 fleurs. Divisions périgonales externes étalées, oblongues, obtuses, à bords réfléchis, d'un vert clair; les deux internes latérales plus courtes, étroitement linéaires, obtuses ou un peu émarginées, à bords ondulés et parfois pubérulents, d'un vert lavé de rougeâtre ou de teintes purpurines. Labelle presque égal aux divisions périgonales externes, obové, subarrondi, convexe, velu, d'un brun souvent très-foncé, orné de deux raies glabres miroitantes d'un gris noirâtre, longitudinales parallèles, muni vers la base, au-dessous du stigmate, de deux petites glandes noires et luisantes; subtrilobé, lobes latéraux dirigés en bas et formant chacun une gibbosité conique dressée; lobe médian plus grand que les latéraux, émarginé bilobé, muni d'un appendice parfois très-petit. Gynostème à bec obtusiuscule. Anthère à loges rougeâtres. Bractées canaliculées, concaves, un peu aigües, égalant ou dépassant l'ovaire. Feuilles oblongues, obtusiuscules, glaucescentes.

Collines et vallons; château de Nice, au nord; Montgros, Vinaigrier, Cimiez, Gairaut, etc. — Février, avril.

Var. f. **nicæensis** *Nob. var. specularia Reich. fil. Orchid. p.* 90. *pl.* 112. *fig.* 3. 4. 6. 7.

Epi de 2 à 4 fleurs. Divisions périgonales externes oblongues, obtuses, à bords plus ou moins réfléchis, roses ou violacés, parfois verdâtres, à nervures vertes; les internes latérales plus courtes que les externes, étroitement linéaires, obtuses ou un peu émarginées, d'un violet rougeâtre ou d'un pourpre plus ou moins foncé, à bords ondulés et pubérulents. Labelle presque égal aux divisions externes, obové, subarrondi ou parfois subquadrangulaire, entier ou trilobé, convexe, velouté, d'un pourpre brun ou rougeâtre, marqué de deux raies glabres assez larges, souvent dilatées à la base, d'un violet luisant ou marqué de taches arrondies, veloutées; lobes latéraux formant deux gibbosités plus ou moins apparentes; lobe médian plus grand, émarginé, bilobé, apiculé. Gynostème à bec obtusiuscule.

Vinaigrier, col de Villefranche, Mantega, Ferrik, Magnan, Bellet, etc.

Obs. Cette variété présente plusieurs formes, surtout dans la tache glabre du labelle, qui a parfois une très-grande analogie avec l'écusson de l'*Ophrys scolopax* et de l'*O. arachnites.*

—

EXPLICATION DES FIGURES.

Pl. 51. Fig. 1-13.

1-2. Plante entière; a. *genuina* Reich.
3. Epi et partie supérieure de la tige.
4. Fleur vue de face, avec les divisions périgonales supérieures détachées.
5. Fleur vue de profil, sans les divisions périgonales supérieures.
6. Gynostème grossi vu de face; a. a. masses polliniques.
7. Autre plante entière.
8. Fleur étalée vue de face.
9. Fleur vue par derrière.
10. Plante entière, var. *viridiflora* Nob.
11. Fleur vue de face.
12. La même avec bractée, vue de côté.
13. La même, vue par derrière.

Pl. 52. Fig. 1-10.

1-2. Plante entière, O. *pseudo speculum* D. C.
3. Fleur vue de face, avec les divisions périgonales supérieures détachées.
4. Fleur vue de profil, sans les divisions périgonales supérieures.
5. Gynostème grossi vu de face; a. a. masses polliniques.
6-8. Epis, var. *subfucifera* Reich.
9. Plante entière, var. *quadriloba* Reich.
10. Labelle étalé, grossi.

Pl. 53. Fig. 1-20.

1-2. Plante entière, var. c. *atrata. Reich.*
3. Fleur vue de face, avec les divisions périgonales supérieures détachées.
4. Fleur vue par derrière.
5. Autre fleur vue par derrière, sans les divisions périgonales supérieures.
6. La même, vue de profil.
7. Gynostème grossi vu de face; a. a. masses polliniques.
8. Autre plante entière.
9. Epi et partie supérieure de la tige.
10-11. Fleurs vues de face, avec les divisions périgonales supérieures détachées.
12. Fleur vue de profil, sans les divisions périgonales supérieures.
13. Autre épi.
14. Fleur vue de face, avec bractée.
15. La même vue de côté, sans bractée.
16. Autre fleur vue de côté, sans les divisions périgonales supérieures.
17. Fleur vue de face, avec les divisions périgonales supérieures détachées.
18. Gynostème grossi vu de face; b. b. masses polliniques.
19. Capsule surmontée de la fleur flétrie.
20. Semence considérablement grossie.

Pl. 54. Fig. 1-23.

1. Plante entière, var. *atrata* Reich.
2-4. Epis.
5-6. Fleurs vues de face, avec bractées.
7. Autre fleur vue de face.
8. La même, vue de côté.
9. Autre fleur vue de face.
10. La même, vue de côté.
11. La même, vue par derrière.
12. Plante entière de la variété, à divisions périgonales supérieures rosées; (*O. nicœensis* Nob. *O. specularia* Reich.)
13-16. Epis (formes et couleurs diverses des fleurs).
17. Fleur détachée avec bractée.
18. Autre fleur avec bractée, vue de côté.
19-20. Fleurs vues de face, avec les divisions périgonales supérieures détachées.
21. Fleur grossie vue de face, avec les divisions périgonales supérieures détachées.
22. La même vue de côté, sans les divisions périgonales supérieures.
23. Gynostème grossi vu de face; *a. a.* masses polliniques.

Pl. 55. Fig. 1-23.

1-3. Plantes entières de la var. *nicœnsis* Nob. (var. *specularia* Reich.)
4-6. Epis.
7-8. Fleurs vues de face.
9. Fleur vue de côté, avec bractée.
10-17. Fleurs détachées vues de face et de côté, à sépales roses présentant diverses formes du labelle et de la tache glabre de l'écusson.
18. Fleur vue de face, avec les divisions périgonales supérieures détachées.
19. La même vue de côté, sans les divisions périgonales supérieures.
20. Autre fleur vue de face, avec les divisions périgonales supérieures détachées.
21. La même, vue de côté.
22. Fleur grossie vue de face, avec les divisions périgonales supérieures détachées.
23. Gynostème grossi vu de face; *a. a.* masses polliniques.

** **Apiferæ.** — Divisions périgonales externes réfléchies, les deux internes latérales très-courtes, en cœur et subonguiculées. Labelle convexe, à bords repliés, muni à la base de deux gibbosités coniques; trifide, à lobes latéraux pendants; à lobe médian trilobé, muni d'un appendice recourbé en dessous. (*Parl. op. cit.* p. 538).

OPHRYS APIFERA *Huds.*

Ophrys abeille.

Ophrys apifera Huds. fl. angl. edit. 1. *p.* 340. *Bert. pl. gen. p.* 123. *Biv. sic. pl. cent.* 1. *p.* 62. *Dec. fl. franç.* 5. *p.* 333. *Nocc. et Balb. fl. ticin.* 2. *p.* 155. *Seb. et Maur. fl. rom. prodr. p.* 311. *Bert. amœn. ital. p.* 200. *Pollin. fl. veron.* 3. *p.* 25. *Gaud. fl. helv.* 5. *p.* 459. *Puccin. syn. pl. luc.* 480. *Ten. fl. nap.* 5. *p.* 241. *Boiss. voy. en Espagn. p.* 596. *Vis fl. dalm.* 1. *p.* 177. *Koch. syn. fl. germ. et helv. edit.* 2. *p.* 797. *Guss. syn. fl. sic.* 2. *p.* 548. *De Not. rep. fl. lig. p.* 391. *Reich. fil. orchid. p.* 95. *var. a. Bert. fl. ital.* 9. *p.* 582. *Gren. et Godr. fl. de Franc.* 3. *part* 1. *p.* 303. *Ambros. fl. Tir. austr.* 1. *p.* 716. *Parlat. fl. ital.* 3. *p.* 538. *Ardoino fl. anal. du dép. des Alpes-Marit. p.* 336.

Ophrys insectifera Linn. sp. pl. p. 1343.

Ophrys insectifera arachnites b. Hall. ic. pl. Helv. p. 26. *tab.* 24. *f.* 45.

Ophrys arachnites var. a. Savi fl. pis. 2. *p.* 303.

Ophrys apifera subterrostrata Brot. phyt. lusit. p. 32.

Ophrys rostrata Ten. ind. sem. h. r. n. 1830. *p.* 15. *et syll. p.* 458. *et fl. nap.* 5. *p.* 242.

Arachnites apifera Tod. orchid. sic. p. 88. *tab.* 2. *fig.* 1. 2.

Orchis fucum referens, major, foliolibus superioribus candidis et purpurascentibus Cup. h. cath. p. 157. *Vaill. bot. paris.* 146. *tab.* 30. *fig.* 9.

Orchis araneam referens, rostro recurvo Seg. pl. veron. 3. *p.* 246. *tab.* 8. *f.* 2.

Figures. — *Brot. l. c. tab.* 90. *fig.* 2. *Ten. fl. nap.* 5. *tab.* 245. *Reich. fil. orchid. tab.* 457. *fig.* 1.

Epi lâche de 5 à 8 fleurs assez grandes. Divisions périgonales externes d'abord étalées, ensuite réfléchies, ovales-allongées, obtuses, un peu concaves, roulées sur les bords, d'un rose violacé, ou blanchâtres, trinervées, à nervure médiane verte; les deux latérales externes obliquement dirigées en bas; les internes latérales très-courtes, presque en fer de lance, avec un court onglet à la base, verdâtres ou lavées de teintes purpurines, à bords réfléchis, ciliés, rarement glabres. Labelle trilobé, un peu plus court que les divisions périgonales externes, subarrondi, convexe, velouté, d'un pourpre brun plus ou moins foncé, verdâtre ou jaunâtre vers les bords, marqué vers la base d'une tache large glabre, presque quadrangulaire, arrondie en avant, d'un brun fauve ou couleur cannelle entouré antérieurement d'une autre tache brune, bordée d'une ligne régulière jaune rentrant en demi cercle; muni à la base, près du stigmate, de deux petites proéminences obscures et luisantes, assez distantes entre elles; lobes latéraux disposés verticalement, presque ovales, obtus, un peu crénelés, veloutés ou hérissés de poils d'un jaune doré, terminés en une gibbosité conique assez longue et glabre en dedans; lobe médian presque arrondi, marqué le plus souvent de deux petites taches rondes, jaunâtres, terminé par un appendice plus ou moins obtus, dirigé en bas, ou recourbé en dedans. Gynostème un peu plus court que les divisions externes, à bec allongé-acuminé un peu recourbé sur lui-même, flexueux, d'un vert clair. Anthère et masses polliniques jaunes;

caudicules jaunâtres; glandes elliptiques blanchâtres. Ovaire sessile allongé-linéaire, subtriquètre, d'un vert clair. Capsule grosse, oblongue, allongée, à côtes saillantes. Bractées plus longues que l'ovaire; les inférieures dépassant les fleurs, assez larges, ovales-lancéolées, obtusiuscules, canaliculées, nerviées et d'un vert clair. Feuilles allongées, lancéolées-aiguës, nerviées, d'un beau vert; les inférieures obtuses; les supérieures un peu acuminées. Tige de 3 à 5 décimètres environ, assez robuste, flexueuse au sommet, lisse, cylindrique, d'un vert jaunâtre. Tubercules radicaux subarrondis.

Prairies et bois du Var; vallons et pelouses des collines; Menton, Grasse, etc. — Mai, juin.

Obs. Les fleurs de cette espèce sont ordinairement assez grandes; mais on trouve parfois des échantillons à fleurs plus petites. Les divisions périgonales externes sont le plus souvent d'un beau rose ou d'un rose violacé; on en trouve aussi de couleur plus pâle, lilas, et rarement tout à fait blanches. Les divisions latérales internes qui sont toujours de beaucoup plus courtes que les externes, sont tellement petites dans quelques variétés, qu'elles sont à peine rudimentaires et qu'elles paraissent faire défaut à la fleur; les deux taches rondes et jaunes du sommet du labelle manquent aussi quelquefois, ainsi que les deux gibbosités des lobes latéraux.

———

EXPLICATION DES FIGURES.

Pl. 56. Fig. 1-15.

1-2. Plante entière.
3. Autre plante entière.
4-6. Epis.
7. Fleur détachée, vue de face.
8. La même, vue par derrière.
9. Fleur vue de côté, sans les divisions périgonales supérieures.
10. Fleur grossie vue de face, avec les divisions périgonales supérieures détachées.
11. Bractée.
12. Gynostème grossi vu de face; *a. a.* masses polliniques.
13. Capsule surmontée de la fleur flétrie.
14. Section transversale de la capsule.
15. Semence considérablement grossie.

———

OPHRYS BOMBILIFERA *Link.*

Ophrys bombilifère.

Ophrys bombilifera Link. in Schrad. Journ. fur die botan. ann. 1799. 2. *p.* 325. *Guss. syn. fl. sic.* 2. *p.* 549. *Parlat. fl. ital.* 3. 540. *Oph. bombyliflora Reich fil. orchid. p.* 95. *Bert. fl. ital.* 9. *p.* 597. *Gren. et Godr.*

fl. de Franc. 3. *part.* 1. *p.* 303. *Ardoino. fl. anal. du dép. des Alpes-Marit. p.* 337. *Ophrys insectifera b. biflora Desf. fl. atl.* 2. *p.* 320. *Ophrys tabanifera Wild. sp. pl.* 4. *p.* 68. *Moris stirp. sard. elench. fasc.* 1. *p.* 44. *Lindl. orchid. p.* 375. *Boiss. voy. en Espagn. p.* 597. *Vis. fl. dalm.* 4. *p.* 178. *Ophrys umbilicata Desf. choix de plant. du coroll. des inst. de Tourn. p.* 10. *Ophrys labrofossa Brot. phyt. lus.* 2. *p.* 29. *Ophrys disthoma Biv. sic. pl. cent.* 1. *p.* 59. *Bert. lucubr. p.* 12. *Ten. syll. p.* 460. *Ophrys pulla Cyr. in Ten. fl. nap.* 2. *p.* 311. *Ophrys hiulca Maur. cent.* XIII. *p.* 43. *Puccin. syn. pl luc. p.* 481. *Ophrys canaliculata Viv. app. ad fl. cors. prodr. p.* 7. *Arachnites bombylifera Todar! orchid. sic. p.* 91. *Figures.* — *Brot. l. c. tab.* 88. *f.* 2. *Reich. fil. orchid. tab.* 456. *f.* 2. *Ten. fl. nap. tab.* 97. *Reich. fil. orchid. tab.* 456. *Orchis aranea, moschata Cup. panph.* 3. *tab.* 135.

Epi pauciflore. Fleurs de 2 à 3, rarement 4. Divisions périgonales externes très-étalées et même dirigées en arrière, ovales-elliptiques, obtuses, d'un vert pâle, trinerviées et à bords un peu réfléchis; les latérales internes très-petites, de la moitié ou du tiers plus courtes que les externes, ovales, en cœur ou en fer de lance, concaves et pubescentes en avant, d'un vert lavé de rougeâtre et d'un pourpre foncé à la base, brièvement onguiculées. Labelle trilobé, un peu plus court que les divisions périgonales externes, obové, arrondi, velouté brun, marqué de deux petites lignes glabres brunâtres, convergentes en avant, et muni, vers la base, près de l'ouverture du stigmate, de deux petites protubérances lamelliformes, glanduleuses et luisantes; lobes latéraux disposés verticalement, avec leurs sommets rapprochés de l'ovaire, formant deux gibbosités courtes, veloutées, glabres au sommet; lobe médian convexe, subtrilobé, à lobules latéraux arrondis, réfléchis ou recourbés en dessous, à lobule médian comme tronqué, parfois nul, muni au sommet d'un appendice charnu triangulaire, glabre poileux, recourbé en dessous, présentant une petite ouverture transversale. Gynostème à bec très-court et très-obtus ou presque nul. Anthère rougeâtre; masses polliniques et caudicules d'un jaune clair; glandes blanchâtres. Ovaire sessile, linéaire-allongé, d'un vert jaunâtre. Bractées plus courtes que l'ovaire, ovales-lancéolées, concaves, aiguës, nerviées, d'un vert clair. Feuilles allongées-lancéolées, obtusiuscules, nerviées, glaucescentes Tige de 1 à 2 décimètres, droite, cylindrique, assez grêle, flexueuse et nue au sommet. Tubercules radicaux subarrondis.

Obs. Cette plante, indiquée dans la *Flore des Alpes-Maritimes* de M. Ardoino, a été récoltée à

Castel d'Appio, près de Vintimille, et dans la vallée de Gorbio près de Menton, par MM. Moggridge et Hawker. Elle a été trouvée aussi sur les bords de la Brague, dans les environs d'Antibes, par M. Thuret et M. le Dr Bornet, qui ont eu l'obligeance de m'en communiquer plusieurs échantillons au mois de mars 1867.

EXPLICATION DES FIGURES.

Pl. 57. Fig. 1-17.

1-3. Plantes entières.
4. Fleur vue de face (grand. nat.)
5. La même, vue par derrière.
6. La même, vue de côté.
7. La même, vue par derrière, sans les divisions périgonales supérieures.

8. Fleur grossie vue de face, avec les divisions périgonales supérieures détachées.
9. Autre fleur grossie vue de côté, sans les trois divisions périgonales externes; *a.* bractée détachée.
10. Fleur vue par derrière, sans les trois divisions périgonales externes et laissant voir les lobes du labelle repliés sur eux-mêmes.
11. Coupe verticale d'une fleur grossie, vue de profil, pour faire voir le reploiement du lobe médian du labelle.
12. Gynostème grossi, vu de face; *b. b.* masses polliniques.
13. Une masse pollinique fortement grossie.
14. Capsule avec bractée.
15. Coupe transversale de la capsule.
16. Semence vue à la loupe.
17. La même, considérablement grossie.

*** **Speculiferæ.** — Divisions périgonales étalées; les deux internes plus courtes que les externes, sublinéaires. Labelle convexe, à bords latéraux repliés, dépourvu à la base de gibbosités coniques; trilobé; à lobes latéraux obtus; à lobes médian plus grand que les latéraux, et muni d'un appendice recourbé en dessus. (*Parl. op. cit. p.* 543.)

OPHRYS BERTOLONI *Morett.*

Ophrys de Bertoloni.

Ophrys Bertoloni Morett. dec. 6. *p.* 9. *Reich. fl. germ. excurs.* 1. *p.* 128. *Lindl. orchid. p.* 374. *Ten. syll. p.* 460. *Koch. syn. fl. germ. et helv. edit.* 2. *p.* 797. *Guss. syn. fl. sic.* 2. *p.* 545. *De Not. rep. fl. lig. p.* 391. *Comoll. fl. comens.* 6. *p.* 374. *Reich. fil. orchid. p.* 94. *Bert. fl. it.* 9. *p.* 593. *Gren. et Godr. fl. de Franc.* 3. *part.* 1. *p.* 302. *Parlat. fl. ital.* 3. *p.* 543 *Ardoino fl. anal. du dép. des Alpes-Marit. p.* 356.

Ophrys speculum Bert. pl. gen. p. 124. *et rar. pl. dec.* 3. *p.* 41. *non Link. Biv. sic. pl. cent.* 1. *p.* 64. *Bert. amœn. ital. p.* 201. *Maur. rom. pl. cent.* 13e *p.* 42. *Ten. fl. nap.* 2. *p.* 310.

Arachnites Bertolonii Todar! orchid. sic. p. 79.

Orchis ornifuciflora, fuliginea, clunicula depilata Cup. h. cath. p. 158. *et suppl. alt. p.* 68.

Figures. — *Biv. l. c. tab.* 3. *Todar. l. c. tab.* 1. *fig.* 5. 6. *Reich. fil. orchid. tab.* 455.

Orchis ornifuciflora, fuliginea, clunicula depilata Cup. pamph. 1. *tab.* 175 *et* 2. *tab.* 146. *Bonann. tab.* 28.

Épi lâche, pauciflore, de 3 à 5 fleurs, belles, grandes. Divisions périgonales étalées; les externes ovales-lancéolées, obtuses, d'un rose violacé plus ou moins clair, parfois presque blanches, à bords réfléchis, à nervure médiane verte; la division médiane concave, souvent rapprochée du gynostème; les internes latérales un peu plus courtes et plus étroites que les externes, sublinéaires, rétrécies à la base, obtusiuscules ou aiguës au sommet, à bords légèrement réfléchis et ciliés, d'un violet purpurin, avec une nervure verte plus ou moins apparente. Labelle trilobé, dirigé en avant, un peu plus long que les divisions périgonales externes, ovale-arrondi ou elliptique-allongé, d'un pourpre très-foncé, presque noirâtre, velouté en dessus, verdâtre et à nervures disposées en éventail en dessous; muni à la base, près du stigmate, de deux petites proéminences noires, luisantes, assez distantes entre elles; marqué vers le sommet d'une tache large, glabre, bleuâtre, miroitante, concave, en forme d'écusson, subquadrangulaire, ordinairement échancrée en avant, et tridentée en arrière, unie ou ornée au centre, d'un point arrondi velouté; lobes latéraux, arrondis, à bords réfléchis; lobe médian plus large et plus long que les latéraux, émarginé, muni d'un appendice court, un peu charnu, glabre, d'un vert jaunâtre, recourbé en dessus. Gynostème dressé, à bec assez court, aigu, verdâtre. Anthère d'un jaune rougeâtre; masses polliniques jaunes; caudicules et glandes blanchâtres. Ovaire sessile, subtriquètre, un peu plus épais au sommet, assez long, d'un vert clair. Capsule à côtes saillantes. Bractées plus longues que l'ovaire, ovales-lancéolées, obtusiuscules, nerviées et d'un vert clair. Feuilles assez petites, oblongues-lancéolées, obtuses, nerviées, glaucescentes; les caulinaires presque lancéolées. Tige de 1 à 3 décimètres et plus, légèrement anguleuse, nue au sommet d'un vert jaunâtre. Tubercules radicaux subarrondis.

Collines, Vinaigrier, Contes, Rimiez, etc. — Mars, avril.

Obs. Les divisions périgonales externes sont souvent d'un beau rose violacé, trinerviées, à nervure médiane verte et apparente des deux côtés, à nervures latérales purpurines. L'écusson est parfois lisse et d'un blanc mat; il est aussi quelquefois double, paraissant formé de deux écussons réunis par les côtés, présentant au centre une ou deux petites taches rondes veloutées.

Hybride b. aranifero-Bertoloni (Barla et Sarato).

Divisions périgonales externes étalées ou réfléchies, étroitement linéaires ou ovales allongées, blanches ou à peine rosées; les latérales internes planes, linéaires, d'un rose pâle. Labelle presque égal aux divisions périgonales externes, velouté, d'un grenat foncé, présentant au centre et non dans sa partie supérieure un écusson blanchâtre assez terne, presque plane et marqué d'un point rond, velouté, grenat. Gynostème à bec émoussé. Tige déliée. Epi lâche, de 3 à 5 fleurs.

Cet ophrys, variété ou hybride, a été trouvé par M. C. Sarato, au col de Villefranche, au mois d'avril 1866.

Hybride c. bilineata Barla.

Epi pauciflore, de 3 à 4 fleurs moins grandes que dans le type. Divisions périgonales externes allongées-lancéolées, obtuses, un peu concaves en avant, à bords légèrement repliés en dehors, d'un rose violacé plus ou moins vif; la médiane relevée et dirigée en arrière; les latérales étalées; les internes latérales linéaires, obtusiuscules, d'un rose violacé, verdâtres au sommet. Labelle trilobé, un peu plus long que les divisions périgonales externes, ovales, à bords plus ou moins réfléchis,. convexe en dessus, d'un pourpre foncé, velouté, présentant une tache luisante, bleuâtre, anguleuse, émarginée

en avant et prolongée en deux lignes glabres, luisantes, blanchâtres, un peu divergentes en arrière jusqu'à la base; lobes latéraux formant de chaque côté une petite gibbosité conique; lobe médian beaucoup plus long que les latéraux, à bords crénelés, verdâtres et légèrement veloutés, émarginé au sommet, muni d'un petit appendice, entier, obtus et relevé.

Cette plante très-remarquable par l'écusson, m'a été communiquée par M. C. Sarato qui l'a récoltée à Montgros, au mois d'avril 1866. Elle est probablement une hybride de l'O. aranifera et de l'O. Bertoloni.

———

EXPLICATION DES FIGURES.

Pl. 58. Fig. 1-23.

1-2	Plantes entières de l'O. Bertoloni.
3-5.	Epis.
6-9.	Fleurs vues de face.
10-11.	Fleurs vues de côté.
12.	Fleur vue par derrière.
13.	Fleur vue de face, avec les divisions périgonales supérieures détachées.
14.	Fleur vue de côté, sans les divisions périgonales supérieures.
15.	Gynostème grossi vu de face; a. a. masses polliniques.
16.	Epi de la var. O. aranifero-Bertoloni.
17.	Fleur vue par derrière.
18.	La même, vue de côté.
19.	Plante entière de la var. O. bilineata.
20.	Epi.
21.	Fleur vue de face.
22.	Fleur grossie vue de face, avec les divisions périgonales supérieures détachées.
23.	Labelle détaché grossi, vu par derrière.

**** **Tenthrediniferæ.** — Divisions périgonales étalées, les deux internes très-courtes, en cœur à la base, subonguiculées. Labelle convexe, plane sur les bords, muni à la base de deux gibbosités coniques; trilobé, à lobes latéraux peu apparents, à lobe médian beaucoup plus grand que les latéraux, émarginé-bilobé, muni d'un appendice recourbé en dessus. (*Parl. op. cit.* 3. p. 545.

OPHRYS SCOLOPAX *Cav.*

Ophrys bécasse. — Oph. acuminé.

Ophrys scolopax Cav. Ic. II. 461. *Mutel. fl. Franc.* 3. p. 252. *Reich. fil. orchid.* p. 98. tab. 106. 107. 108. 165. *Ardoino. fl. anal. du dép. des Alpes-Marit.* p. 356.
Ophrys insectifera apiformis Desf. Atl. II. 321 ! huc fide cl. *Mutel. in Ann. sc. nat.* III. 1835 p. 244 !
Ophrys sphegifera W. Sp. pl. IV. 651 ex. cit. *ophryde insectifera apiformi.*
Ophrys corniculata Brot. Phyt. 93. fide Boiss. voyage 596 !
Ophrys picta Lk. Schrad. Diar. 1799. II. 325 !
Ophrys bombyliflora Lk. Schrad. Pl. Crit. IX. p. 24 ! excl. synonymo. *Ophrys apiculatæ.*
?? *Ophrys discors Bianca in Guss.* Syn. sic. et *Tod.* orchid. sic ! cf. supra annot. ad ophrydem oxyrrhychos.

?? *Ophrys Biancæ Tod* Orch. sic. 83 ! eadem! Breyn. Ex. Pl. Cent. 1. 431 Morison IV. Sect. 12. Tb. 13. 9. Cav. Ic. II. 611 Rehb. Pl. Crit.

Epi lâche pauciflore, de 3 à 7 fleurs. Divisions périgonales externes oblongues, atténuées au sommet, d'un rose plus ou moins violacé, trinerviées, à nervure médiane verte; les internes latérales linéaires-allongées, un peu aiguës, parfois courtes et triangulaires, pubérulentes à la face interne, d'un rose plus ou moins clair, violâtres ou purpurines, et marquées d'une nervure verte souvent très-peu apparente. Labelle trilobé, oblong, obové, à bords réfléchis ou contournés, veloutés, soyeux, d'un pourpre brun, jaunâtre vers la base, marqué de cinq taches arrondies et angulcuses, disposées symétriquement, bordées d'une ligne jaune et dont l'ensemble figure une tête de mort; lobes latéraux subtriangulaires, obtus, roulés en dessous, relevés en cornes; lobe médian oblong, à bords roulés en dessous, rétrécis au sommet et muni d'un appendice lancéolé-aigu, rarement obtus, recourbé en dessus ou étalé, glabre et d'un vert jaunâtre. Gynostème à peu près de la longueur des divisions périgonales internes, à bec court verdâtre. Authère et masses polliniques jaunes; caudicules et glandes blanchâtres. Ovaire sessile, subtriquètre, d'un vert clair. Capsule oblongue assez grosse, à côtes saillantes. Bractées plus longues que l'ovaire, lancéolées-aiguës, nerviées et d'un vert pâle. Feuilles glaucescentes, lancéolées-oblongues; les inférieures obtusiuscules; les caulinaires aiguës. Tige de 2 à 4 décimètres, grêle, subcylindrique. Tubercules radicaux subarrondis, dont un parfois longuement pédicellé.

Collines et montagnes; St-André, Berre, vallon de Contes, Valdeblore; Cannes, à la Croisette, île Ste-Marguerite, Menton. — Mai, juin.

Obs. Le port de cette plante varie beaucoup, elle est ordinairement grêle sur les collines, à peu de distance de la mer, et plus robuste dans la région montagneuse. On pourrait la considérer, d'après M. Ardoino, comme une forme méridionale remarquable de l'*O. Arachnites.*

Var. *b.* **atropos** Nob.

Tige grêle, haute, un peu flexueuse. Fleurs de 4 à 6, subunilatérales. Labelle trilobé, large, d'un brun marron, velouté, marqué de trois taches brunes veloutées, entourées d'une ligne jaune, et figurant à peu près une tête de mort; lobes latéraux formant deux gibbosités très-longues et arquées; lobe médian émarginé, muni d'un appendice allongé, bitrifide, à divisions filiformes, aiguës, recourbées en avant, et d'un jaune verdâtre.

Cette belle variété est assez rare, je l'ai trouvée sous les pins, derrière le château de St-André et sur les collines, aux environs de Levens, dans le mois de juin 1840.

Le professeur Risso, à qui je l'avais communiquée, l'a décrite dans sa flore de Nice, sous le nom de *Ophrys vetula.*

Var. *c.* **cornuta**.

Épi pauciflore. Divisions périgonales externes étalées, longues, étroites, obtuses, d'un rose violacé clair; les latérales internes de moitié plus courtes que les externes, étroites, linéaires, obtuses, ciliées,

et d'un violet rougeâtre. Labelle trilobé, très-allongé, ovale, convexe, à bords roulés en dessous, rétréci vers la base, arrondi au sommet, d'un brun rougeâtre clair, velouté, marqué de trois taches d'un brun violâtre, bordées d'une ligne très-fine d'un jaune clair; lobes latéraux formant deux gibbosités coniques, longues, arquées, ciliées; lobe médian muni d'un appendice long, glabre, d'un jaune verdâtre et retourné en dehors. Ovaire grêle. Bractées plus longues que l'ovaire, lancéolées, assez aiguës. Feuilles petites, lancéolées-aiguës, d'un vert glaucescent. Tige deliée, d'un vert jaunâtre.

J'ai observé plusieurs échantillons de cette variété à forme grêle, en avril, dans le bois de pins de l'île Ste-Marguerite.

—

EXPLICATION DES FIGURES.

Pl. 59. Fig. 1-19.

1-2. Plantes entières de l'*O. scolopax.*
3-6. Épis.
7-8. Fleurs vues de face.
9. Fleur vue de côté.
10. Fleur grossie vue de face, avec les divisions périgonales supérieures détachées.
11. Fleur vue par derrière, sans les divisions périgonales supérieures.
12. La même, vue de côté.
13. Gynostème grossi, vu de face; a. a., masses polliniques.
14. Capsule surmontée de la fleur flétrie.
15. Autre capsule.
16 Section transversale de la capsule.
17. Semence vue à la loupe.
18-19. Plante entière de la var. *atropos* (O. *vetula* Risso).

—

OPHRYS ARACHNITES *Host.*

Ophrys frelon

Ophrys Arachnites Host. syn. p. 492. *Willd.* sp. pl. p. 67. *Suffren* pl. du Frioul p. 185. *Balb.* fl. taur. p. 149. *Dec.* fl. franç. 5. p. 332. *Seb. et Maur.* fl. rom. prodr. p. 310. *Moric.* fl. venet. 4. p. 372. *Pollin.* fl. veron. 3. p. 27. *Ten.* fl. nap. 2. p. 304 et syll. p. 459. *Nacc.* fl. venet. 4. p. 143. *Gaud.* fl. helv. 5. p. 460. *Reich.* fl. germ. excurs. 1. p. 129. *Lindl.* orchid. p 376. *Puccin.* syn. pl. luc. p. 481. *Vis.* fl. dalm. 1. p. 175. *Koch.* syn. fl. germ. et helv. edit. 2. p. 797. *De Not.* rep. fl. lig. p. 391. *Bert.* fl. ital. 9. p. 584. *Gren. et Godr.* fl. de Franc. 3. part. 1. p. 302. *Ambros.* fl. tir. austr. 1. p. 715. *Parlat.* fl. ital. 3. p. 546. *Ardoino* fl. anal. du dép. des Alpes-Marit. p. 545.
Ophrys insectifera adrachnites Linn. sp. pl. p. 1343. *Orchis Arachnites Scop.* fl. carn. edit. 2. tom. 2. p. 194. var. 2. *All.* fl. ped. 2. p. 147.
Ophrys insectifera arachnites a. Hall. ic. pl. Helv. p. 26. *Ophrys adrachnites Bert.* pl. gen. p. 423 et amœn. ital. p. 210.

Ophrys fuciflora Schmidt. *boh. p.* 76. *Reich. cent.* 9.
p. 25. *fig.* 1163. *Reich. fil. orchid. p.* 85. *excl. nonn.*
syn. Guss. enum. pl. inarim. p. 321.
Ophrys discors Bianca! *in Tod. orchid. sic. p.* 84 *et*
pl. nov. p. 5 *et pl. exsicc. Arachnites. Biancae Todar!*
. *Orchid. sic. p.* 83.
    Orchis araneam referens Waill. bot. paris. tab. 30.
.*fig.* 10. 11. 12. 13. *Seg. pl. veron.* 3. *p.* 244. *tab.* 8. *f.* 1.
Figures. — *Reich. fil. orchid. tab.* 461.
Orchis fuciflora Hall. ic. pl. Helv. tab. 24. *fig.* 1, 2. 3.
b. oxyrhynchos, gibbis labelli obsoletis.
Ophrys oxyrhynchos Todar! nell' Imparziale, *giorn. di*
sciens. per la Sicilia, ann. 1840. *p.* 74. *Guss. syn. fl.*
sic. 2. *p.* 545. *Reich. fil. orchid. p.* 83.
    Arachnites oxyrhynchos Todar! pl. sic. 84. *tab.* 1.
fig. 7, 8.
    Ophrys Tenoreana Bert. fl. ital. 9. *p.* 591. *non Lindl.*
et exclus. syn. Tenor.
    Reich. fil. orchid. tab. 462. *fig.* 3. 4. *non bona.*

Epi lâche pauciflore. Divisions périgonales externes étalées, ovales-elliptiques, obtuses, à bords repliés en arrière, d'un rose lilas, avec une nervure verte; les internes latérales de moitié ou d'un tiers plus courtes que les externes, en fer de lance ou en cœur, légèrement onguiculées à la base, obtuses, pubérulentes en avant, d'un rose pâle, purpurines ou verdâtres. Labelle trilobé, un peu plus long que les divisions périgonales externes, subquadrangulaire, légèrement convexe au centre, d'un brun foncé, velouté, offrant une tache glabre entourée de lignes jaunes, symétriques, anastomosées et arquées; lobes latéraux formant deux gibbosités coniques, obtuses; lobe médian émarginé-bilobé au sommet, à bords planes, parfois verdâtres et un peu denticulés, muni d'un appendice glabre d'un vert jaunâtre, presque carré, assez large, denticulé, recourbé en dessus. Gynostème plus long que les divisions internes latérales, à bec court d'un vert clair. Anthère et masses polliniques jaunes; caudicules assez longs, jaunâtres; glandes aplaties, blanchâtres. Ovaire sessile, allongé-linéaire, subtriquètre. Bractées plus longues que l'ovaire, oblongues, obtuses, concaves, nerviées et d'un vert clair. Feuilles ovales-oblongues, d'un vert glaucescent, nerviées. Tige de 2 à 3 décimètres et plus, cylindrique, lisse, d'un vert pâle. Tubercules radicaux subarrondis.

Bois du Var, vallon de Contes, Montgros, etc.
— Mai, juin.

EXPLICATION DES FIGURES.

Pl. 60. Fig. 1-11.

1-2. Plantes entières.
3-4. Epis.
5-7. Fleur vue de face.

8-9. Fleur vue de côté.
10. Fleur vue par derrière.
11. Fleur grossie vue de face, avec les divisions périgonales détachées.

OPHRYS TENTHREDINIFERA Willd.

Ophrys tenthrédinifère.

Ophrys tenthredinifera Willd! sp. 4. *p.* 67. *Biv.! sic.*
pl. cent. 2. *p.* 39. *Brot. phyt. lusit.* 2. *p. 27. Lindl.*
orchid. p. 376. *Boiss. voy. en Espagn. p.* 597. *Guss. fl.*
sic. syn. 2. *p.* 546. *Reich. fil. orchid. p.* 81. *excl. nonn.*
syn. Bert. fl. ital. 9 *p.* 589. *excl. nonnull. syn. Gren.*
et Godr. fl. de Franc. 3. *part.* 1. *p.* 302. *Parlat. fl.*
ital. 3. *p.* 550.
    Ophrys insectifera A. rosea Desf. fl. atl. 2. *p.* 321.
Ophrys villosa Desf. in ann. du Museum d'hist. nat. 10.
p. 225.
    Ophrys grandiflora Ten! fl. nap. 2. *p.* 309 *non tab.* 94.
et syll. p. 459. *et Ophrys tenthredinifera Ten! tab.* 93.
non fl. nap. 2. *p.* 308.
    Ophrys tenoreana Lindl. in bot. reg. 1093.
    Arachnites tenthredinifera Tod! orchid. sic. p. 85.
    Orchis orniflora, amplo labello, gemmato. rubigineo,
ambitu. viridi, larvulam fictitante et Eadem torqueta
gemmosa Cup. h. cath. p. 158.
    Figures. — *Bot. reg. tab.* 205. *Biv. l. c. tab.* 4. *Brot.*
l. c. tab. 87. *Ten. fl. nap. tab.* 93. *Reich. fil. tab.* 463.
Orchis ornifuciflora, genata, rubiginea, ambitu viridi
Cup. panph. sic. 1. *tab.* 175. *et* 2. *tab.* 146. *Bon. tab.* 28.

Epi lâche. Fleurs assez grandes, de 3 à 9. Divisions périgonales externes très-étalées, arrondies, elliptiques, concaves, à bords un peu réfléchis, d'un rose violacé et marquées de trois nervures vertes; les internes latérales, trois ou quatre fois plus courtes que les externes, ovales obtuses, pubescentes en avant, ciliées sur les bords, et d'un rouge purpurin. Labelle subtrilobé, plus long que les divisions externes, grand, subquadrangulaire, convexe, élargi en avant, d'un brun foncé, velouté, marqué d'une tache glabre, subtriangulaire, brune ou violâtre, bordée d'une ligne jaune, muni vers la base, un peu au-dessous du stigmate, de deux petites glandes noirâtres; lobes latéraux arrondis, un peu réfléchis, d'un vert jaunâtre, peu veloutés et formant une gibbosité de chaque côté du labelle; lobe médian émarginé, très-fortement velouté de poils longs verdâtres, terminé par un appendice presque ovale, obtus, glabre, recourbé en dessus et d'un jaune verdâtre. Gynostème à bec obtus. Anthère et masses polliniques d'un jaune pâle. Ovaire sessile, linéaire, légèrement contourné. Capsule oblongue, à côtes saillantes. Bractées plus longues que l'ovaire, ovales-allongées, obtusiuscules, concaves, nerviées, d'un vert clair, parfois légèrement rosées ou violacées au sommet. Feuilles

allongées-lancéolées, aiguës ou obtusiuscules, nerviées, d'un vert glaucescent. Tige de 2 à 3 décimètres, subcylindrique, d'un vert clair. Tubercules
radicaux subarrondis.

Cette plante, très-rare dans les environs de Nice,
est indiquée près de St-Laurent-d'Eze, et de la
Turbie, par le professeur Risso. Je l'ai trouvée
une seule fois sur le littoral, entre la Bordighiera
et Vintimille. — Avril.

EXPLICATION DES FIGURES.

Pl. 60. Fig. 12-13.

12. Plante entière
13. Fleur grossie vue de face, avec les divisions périgonales détachées.

—

***** **Musciferæ**. — Divisions périgonales étalées; la médiane rapprochée du gynostème; les deux latérales
internes sublinéaires ou linéaires filiformes, plus courtes que les externes. Labelle plane, dépourvu à la
base de gibbosités coniques; trilobé, à lobes latéraux subarrondis ou sublinéaires, à lobe médian plus grand
que les latéraux, bilobé ou émarginé, sans appendice (*Parl. op. cit. 3. p. 552*).

OPHRYS MUSCIFERA *Huds.*

Ophrys mouche.

*Ophrys muscifera Huds. fl. angl. edit. 1. p. 340. Koch.
syn. fl. germ. et helv. edit. 2. p. 796. Comoll. fl. comens. 6.
p. 372. Reich. fil. orchid. p. 78. Gren. et Godr. fl. de
Franc. 3. part. 1. p. 304. Ambros! fl. Tir. austr. 1.
p. 743. Parlat. fl. ital. 3. p. 552. Ardoino fl. anal. du
dép. des Alpes-Marit. p. 357.
Ophrys insectifera a. myodes Linn. sp. pl. p. 1343. Hall.
ic. pl. Helv. p. 26.
Ophrys myodes Jacq. ic. rar. 1. tab. 184. Willd. sp.
pl. p. 64. Dec. fl. franç. 8. p. 255. var. a. Balb. fl.
taur. p. 149. Nocc. et Balb. fl. ticin. 2. p. 155. Pollin.
fl. veron. 3. p. 25. Gaud. fl. helv. 5. p. 457. Reich.
fl. germ. excurs. 1. p. 128. Ten. syll. p. 458 et fl. nap. 5.
p. 241. Lindl. orchid. p. 373. Bertl fl. ital. 9. p. 581.
Orchis Muscaria Scop. fl. carn. edit. 2. Tom. 2. p. 193.
All. fl. ped. 2. p. 147.
Ophrys Muscaria Suffren. pl. du Frioul. p. 185.
Ophrys Muscæ corpus referens minor et galea et alis
herbidis Vaill. bot. paris. p. 147. tab. 31. fig. 17. 18.
Figures. — Jacq. l. c. Reich. fil. orchid. tab. 447. f. 1. 2.
Orchis muscifera Hall. ic. pl. Helv. tab. 24.*

Epi court, assez lâche. Fleurs petites, de 4 à 5.
Divisions périgonales externes étalées, ovales-allongées, obtuses, à bords réfléchis, d'un vert clair,
marquées de trois nervures, celle du milieu plus
apparente; les latérales internes plus courtes que
les externes, très-étroites, linéaires, presque filiformes, à bords réfléchis, et comme révolutés,
vertes ou rougeâtres, pubescentes en dessus. Labelle trilobé, plus long que les divisions périgonales
externes, dirigé en avant, oblong, d'un pourpre
brun foncé, velouté, marqué d'une tache glabre,
subquadrangulaire et d'un gris bleuâtre, muni vers
la base de deux petites protubérances noirâtres,
luisantes; lobes latéraux étroits, sublinéaires, obtus,
rétrécis vers le sommet; lobe médian elliptique,
arrondi, plane, divisé en deux lobules, obtus, légèrement crénelés, sans appendice. Gynostème court,
à bec très-obtus. Loges de l'anthère rougeâtres;

masses polliniques et caudicules jaunâtres; glandes
et bursicules blanchâtres. Ovaire sessile, linéaire,
allongé, subtriquètre, d'un vert pâle. Bractées plus
longues que l'ovaire, allongées-lancéolées, obtusiuscules, nerviées. Feuilles glaucescentes, oblongues-lancéolées, obtusiuscules, légèrement nerviées.
Tige de 2 à 3 décimètres, assez grêle, subcylindrique, vert jaunâtre, nue au sommet. Tubercules
radicaux petits, subarrondis.

Pâturages des montagnes, Alpes; St-Martin,
Fenestre (Risso); Breil, à la Giandola, Tende (Verany). — Juin (très-rare).

EXPLICATION DES FIGURES.

Pl. 60. Fig. 14-20.

14. Plante entière.
15. Divisions périgonales et labelle étalés.
16. Gynostème vu de face, avec les deux divisions
périgonales internes et section du labelle.
17. Une des deux divisions périgonales internes, considérablement grossie.
18. Gynostème grossi, vu de face.
19. Le même, vu de profil.
20. Une masse polliniques grossie.

———

OPHRYS SPECULUM *Link.*

Ophrys miroir.

*Ophrys speculum Link. in Schrad. Journ. fur die. bot.
ann. 1799. vol. 2. p. 324. Moretti decad. 6. p. 8. Lindl.
orchid. p. 373. Boiss. voy. en Espagn. p. 598. Guss.
syn. fl. sic. 2. p. 549. Gries. spic. fl. rum. et byth. 2.
p. 366. Bert. fl. ital. 9. p. 592. Reich. fil. orchid. p. 80.
Parlat. fl. ital. 3. p. 555. Ardoino fl. anal. du dép. des
Alpes-Marit. p. 357.
Ophrys insectifera d. Linn. sp. pl. p. 1343.
Ophrys scolopax Willd. sp. pl. 4. p. 69 non Cav. Brot.
phyt. lusit. 1. p. 8.
Ophrys vernixia Brot. fl. lusit. 1. p. 27.
Ophrys ciliata Biv. sic. pl. cent. 1. p. 60. Bert. lucubr.
p. 11. Ten. fl. nap. 2. p. 309 et syll. p. 460.*

Arachnites speculum tod! orchid. sic. p. 93.
Orchis ricinum vilosum referens Cup. h. cuth. p. 158
et suppl. alt. p. 68.
Orchis muscam cæruleam majorem representans Breyn.
cent. 1. p. 100. tab. 44.
Figures. — Brot. phyt. lusit. 1. tab. 3. Bot. reg.
tab. 370. Tod. l. c. tab. 2. fig. 5, 6. Reich. fil. orchid.
tab. 448.
Orchis ricinum villosum referens Bonann. tab. 28.

Epi pauciflore de 2 à 6 fleurs, peu distantes
entre elles. Divisions périgonales externes ovales-
oblongues, obtuses, à bords réfléchis, d'un jaune
verdâtre; les deux latérales étalées, un peu concaves en avant, ordinairement marquées de deux
nervures d'un pourpre foncé, dont une au milieu,
et l'autre près du bord inférieur; la division
médiane rapprochée du gynostème, spathulée,
concave, d'un jaune verdâtre en dedans, rougeâtre
en dehors; les internes latérales de moitié plus
courtes et beaucoup plus étroites que les externes,
ovales-lancéolées, subulées, recourbées au sommet,
rétrécies à la base, d'un pourpre violâtre, et pubescentes à la face antérieure. Labelle trilobé, plus
long que les divisions périgonales externes, convexe, marqué d'une tache large, lisse, luisante,
d'un bleu violâtre, à reflets miroitants gris d'acier,
lisérée de jaunâtre en avant; muni vers la base
de deux petites protubérences noirâtres, luisantes,
assez distantes entre elles; lobes latéraux oblongs,
allongés, dirigés en dehors, et un peu en avant,
obtus, jaunâtres, marqués de deux ou trois raies
parallèles, d'un pourpre foncé, à bords ciliés; lobe
médian obové en cœur, à bords d'un brun foncé,
légèrement veloutés, réfléchis et sans appendice.
Gynostème à bec court, obtus. Anthère d'un vert
jaunâtre; masses polliniques jaunes; caudicules et
glandes d'un jaune pâle. Ovaire sessile, linéaire,
d'un vert clair. Bractées égalant ou dépassant
l'ovaire, allongées-lancéolées, obtuses, concaves,
nerviées, d'un vert jaunâtre. Feuilles glaucescentes,
oblongues, les inférieures obtusiuscules, les supérieures lancéolées-aiguës. Tige de 1 à 3 décimètres,
un peu anguleuse au sommet, d'un vert clair.
Tubercules radicaux subarrondis.

Environs de Menton, *Ardoino* (très-rare).

La plante que m'a communiquée M. Ardoino,
a été trouvée par M. Moggridge fils, à Menton,
près de Garavan; elle est conforme à celle que
j'ai recoltée, en mars 1841, dans l'île de Sardaigne,
aux environs de Cagliari.

EXPLICATION DES FIGURES.

Pl. 61. Fig. 1-6.

1. Plante entière.

2. Fleur vue de face, avec les divisions périgonales
détachées.
3. Gynostème grossi, vu de face.
4. Le même, vu de profil.
5. Bractée.
6. Semence considérablement grossie.

OPHRYS LUTEA *Cav.*

Ophrys jaune.

Ophrys lutea Cav. ic. et descript. p. 46. tab. 160. Viv.
ann. di bot. 1. part. 2. p. 185. Biv. sic. pl. cent. 2.
p. 40. excl. icon. Dec. fl. franç. 5. p. 331. Brot. phyt.
lusit. 1. p. 6. Ten. fl. nap. 2. p. 311. Reich. fl. germ.
excurs. 1. p. 128. Lindl. orchid. p. 372. Ten. syll. p. 460.
Boiss. voy. en Espagn. p. 598. Vis. fl. dalm. 1. p. 179.
Guss. syn. fl. sic. 2. p. 550. De Not. rep. fl. lig. p. 393.
Gries. spic. fl. rum. et byth. 2. p. 366. Risso, Flore de
Nice, p. 462. pl. 15. Reich. fil. orchid. p. 75. Bert. fl.
ital. 9. p. 595. Gren. et Godr. fl. de Franc. 3. part. 1.
p. 305. Parlat. fl. ital. 3. p. 557. Ardoino fl. anal. du
dép. des Alpes-Marit. p. 357.
Ophrys insectifera e. Linn. sp. pl. p. 1343.
Ophrys insectifera d. glaberrima Desf. fl. alt. 2. p. 321.
Ophrys vespifera Brot. phyt. lusit. 1. p. 24.
Arachnites lutea Todar! orchid. sic. p. 95.
Orchis muscam referens Cup. h. cuth. p. 158.
Orchis myodes lutea, lusitanica Breyn. cent. 1. p. 75.
Figures. — Cav. l. c. tab. 160. Brot. phyt. lusit. 1.
tab. 3. Tod. l. c. tab. 2. f. 9, 10. Reich. fil. orchid.
tab. 446. b. minor, floribus minoribus.
Arachnites lutea b. minor Tod! orchid. sic. p. 97.
Ophrys lutea b. minor Guss! fl. sic. syn. 2. p. 550
et 877.
Ophrys sicula Tin! pl. rar. sic. fasc. 1. p. 13.

Epi lâche. Fleurs de 2 à 5, faiblement odorantes.
Divisions périgonales externes assez larges, elliptiques, obtuses, concaves, d'un jaune verdâtre,
subtrinerviées, à bords réfléchis; les latérales un
peu étalées; la médiane concave et recourbée en
voûte sur le gynostème; les internes latérales un
peu plus courtes que les externes, largement linéaires, tronquées, d'un jaune verdâtre, à bords
souvent ondulés. Labelle trilobé, plus long que
les divisions externes, dirigé en avant, convexe,
velouté, d'un rouge grenat foncé, avec deux taches
glabres allongées, d'un gris bleuâtre, se touchant
en grande partie et prolongées jusque vers son
milieu; à lobes presque planes et d'une belle couleur jaune; les latéraux courts, obtus, arrondis
en arrière et parfois légèrement crénelés sur les
bords; le médian un peu plus long et plus large
que les latéraux, émarginé ou bilobé, sans appendice. Gynostème à bec très-court, obtus, subémarginé, d'un vert jaunâtre. Anthère et masses
polliniques d'un jaune pâle; glandes elliptiques,
jaunâtres. Ovaire sessile, linéaire, d'un vert clair.

Bractées égalant ou dépassant l'ovaire, allongées-lancéolées, obtuses, nerviées, d'un vert jaunâtre. Feuilles glaucescentes, ovales-oblongues, mucronulées et souvent à bords légèrement ondulés; les inférieures obovées, les supérieures lancéolées. Tige de 1 à 3 décimètres, cylindrique, lisse, d'un vert jaunâtre, nue au sommet. Tubercules radicaux subarrondis.

St-Hospice (assez rare), Environs de Menton (Ardoino). — Avril, mai.

—

EXPLICATION DES FIGURES.

Pl. 61. Fig. 7-23.

7-11. Plantes entières.
12. Fleur vue de côté.
13. La même, vue par derrière.
14. Fleur vue de face, avec les divisions périgonales détachées.
15. Fleur vue de côté, sans les divisions périgonales supérieures.
16. Gynostème grossi, vu de face.
17. Le même, vu de profil.
18. Autre gynostème grossi vu de face; *a. a.* masses polliniques.
19. Une masse pollinique considérablement grossie.
20. Capsule surmontée de la fleur flétrie.
21. Section transversale de la capsule.
22. Bractée.
23. Semence considérablement grossie.

—

OPHRYS FUSCA *Link.*

Ophrys brun.

Ophrys fusca Link. in Schrad. Journ. für die botan. ann. 1799. 1. p. 324. *Ten. fl. nap.* 2. p. 303. *Brot. fl. lusit.* 2. p. 39. *Lindl. orchid.* p. 373. *Ten. syll.* p. 460. *Sibth. et Smith fl. græc.* 10. p. 22. *Boiss. voy. en Espagn.* p. 597. *Guss. syn. fl. sic.* 2. p. 550. *De Not. rep. fl. lig.* p. 392. *Reich. fil. orchid.* p. 79. 1. *fusca et excl. nonn. syn. Bert. fl. ital.* 9. p. 598. *Gren. et Godr. fl. de Franc.* 3. part. 1. p. 305. *Parlat. fl. ital.* 3. p. 559. *Ardoino fl. anal. du dép. des Alpes-Marit.* p. 357. *Ophrys insectifera* z. *Linn. sp. pl.* p. 1343. *Arachnites fusca Todar! Orchid. sic.* p. 98. *Ophrys Syrphum Savi fl. Ophrys myodes fusca lusitanica Breyn. cent.* p. 101. *Figures.* — *Ten. fl. nap. tab.* 92. *Brot. fl. lusit.* 2. *tab.* 93. *Sibth. et Smith fl. græc. tab.* 930. *Reich. fil. orchid. tab.* 444. *fig.* 1. 2. *Ophrys lutea Biv. sic. pl. cent.* 2. *tab.* 5. *non descript.*

Epi lâche de 2 à 6 fleurs. Divisions périgonales externes d'un vert jaunâtre, trinerviées, à bords réfléchis; les latérales ovales-elliptiques, obtuses, étalées; la médiane allongée-oblongue, très-obtuse,

concave et recouvrant presque le gynostème; les internes latérales, un peu plus courtes que les externes, sublinéaires, obtuses, d'un vert jaunâtre plus ou moins foncé, à bords légèrement ondulés. Labelle trilobé, plus long que les divisions externes, dirigé en avant, obové, rétréci à la base, un peu convexe, d'un brun pourpre ou jaunâtre, velouté, marqué, depuis la base jusque vers son milieu, de deux taches oblongues, contiguës, bilobées en avant, lisses, un peu luisantes, d'un gris de plomb; lobes latéraux courts, obtus, arrondis en arrière, légèrement réfléchis; lobe médian plus large et plus long que les latéraux, émarginé ou subbilobé, sans appendice. Gynostème court, assez gros, courbé en avant, verdâtre, à bec obtus, subémarginé. Anthère d'un jaune verdâtre, à loges non contiguës; masses polliniques jaunes; caudicules d'un jaune clair; glandes blanchâtres. Ovaire sessile, allongé-linéaire, d'un vert clair. Bractées plus longues que l'ovaire, ovales-allongées, obtuses, nerviées, concaves, d'un vert pâle. Feuilles glaucescentes, oblongues, nerviées, souvent mucronulées, à mucron recourbé; les inférieures allongées, obtuses; les caulinaires lancéolées-aiguës, renflées à la gaîne. Tige de 1 à 3 décimètres, d'un vert jaunâtre, légèrement anguleuse, nue au sommet. Tubercules radicaux subarrondis. Fibres radicales assez grêles.

Pelouses des collines et vallons, Montgros, Vinaigrier, Gairaut, etc. — Mars, avril.

Var. **funerea.**

Ophrys funerea Viv. fl. corsic. diagn. p. 15. *Lindl. orchid.* p. 372. *De Not. rep. fl. lig.* p. 392. *Bert. fl. ital.* 9. p. 599. *Parlat. fl. ital.* 3. p. 561. *Ophrys fusca Reich. fil. orchid.* p. 73 *ex parte.*

Epi lâche, pauciflore, de 3 à 6 fleurs. Divisions périgonales externes elliptiques, obtuses, d'un vert clair, subtrinerviées, à bords réfléchis; les latérales étalées; la médiane concave, recouvrant en partie le gynostème; les internes latérales, un peu plus courtes que les externes, sublinéaires, obtuses, ou comme tronquées, glabres, jaunâtres, orangées ou rougeâtres, à bords légèrement ondulés. Labelle trilobé, un peu plus long que les divisions externes, dirigé en avant et en bas, ovale-allongé, un peu convexe, rétréci à la base, d'un brun noirâtre, velouté, parfois bordé de jaune, marqué depuis la base jusque vers son milieu, de deux taches oblongues, contiguës, lisses, faiblement luisantes, d'un violet noirâtre, ou d'un gris de plomb; lobes latéraux subarrondis, légèrement réfléchis; lobe médian plus grand et plus long que les latéraux, obtus, entier ou émarginé, parfois muni d'un petit

76

appendice. Gynostème court, dressé, verdâtre, à
bec obtus. Anthère d'un vert jaunâtre, à loges parallèles et contiguës; masses polliniques jaunes;
caudicules d'un jaune pâle; glandes arrondies,
aplaties, assez grandes, blanchâtres. Ovaire sessile,
linéaire, allongé, subtriquètre. Bractées aussi longues ou plus longues que l'ovaire, concaves, ovales-
allongées, obtusiuscules, à 5-7 nervures d'un vert
clair. Feuilles glaucescentes, allongées, nerviées;
les caulinaires lancéolées-aiguës. Tige de 1 à 3
décimètres, lisse, cylindrique, d'un vert jaunâtre,
nue au sommet. Tubercules radicaux subarrondis.
Drap, vallon de Contes, Bendejeun. — Mai.

Obs. Dans cette variété, les fleurs sont ordinairement plus petites; les divisions périgonales externes, elliptiques; le labelle, moins large, plus
allongé et d'un brun plus foncé; le lobe médian,
presque entier ou à peine bilobé; le gynostème,
plus étroit, plus dressé, et les loges de l'anthère,
parallèles.

SIXIÈME TRIBU.

CYPRIPEDIÉES.

Cypripedeæ. *Lindl. orchid. p.* 525. *Endl. gen. pl. p.* 220. *Reich. fil. orchid. p.* 166. *Parlat. fl. ital.* 3. *p.* 564.

Plantes diandres. Trois étamines, les deux latérales fertiles, l'intermédiaire stérile, pétaloïde. Pollen formé de granules ovales, réunis en une masse glutineuse.

CYPRIPEDIUM *Linn.* (CYPRIPÈDE).

Linn. gen. pl. p. 464. *Juss. gen. p.* 65. *R. Brown in Ait. h. kew.* 5. *p.* 220. *C. L. Rich. in mem. du Museum* 4. *p.* 52. *Lindl. orchid. p.* 525 *an exclus. nonn. specieb? Endl. gen. pl. p.* 220. *Reich. fil. orchid. p.* 166. *Parlat. fl. ital.* 3. *p.* 564. *Calceolus Tourn. inst.* 2. *tab.* 249.

Divisions périgonales supérieures disposées en croix; les latérales externes soudées par les bords internes et dirigées en bas; la médiane dressée; les deux internes latérales un peu pendantes. Labelle très-grand, renflé, ventru, subovoïde, en forme de sac ou de poche, sans éperon. Gynostème court, assez épais, trilobé au sommet, à lobes latéraux portant chacun une anthère; à lobe médian un peu plus long que les latéraux, stérile, oblong, dilaté et pétaloïde. Anthères univalves, à loges confluentes. Pollen formé de granules ovales disposés longitudinalement et agglomérés en une masse glutineuse. Stigmate grand, deltoïde, situé au-dessous des anthères. Ovaire pédicellé, linéaire-oblong. Capsule à six côtes.

CYPRIPEDIUM CALCEOLUS *L.*

Cypripède Sabot. — Sabot des Alpes. — S. de Vénus.

Cypripedium Calceolus Linn. sp. pl. p. 1346. var. a.
All. fl. ped. 2. p. 151. Hall. ic. pl. Helv. p. 53. Dec.
fl. franç. 3. p. 264. Pollin. fl. veron. 3. p. 39. Gaud.
fl. helv. 5. p. 490. Reich. fl. germ. excurs. 1. p. 134,
Lindl. orchid. p. 527. Koch syn. fl. germ. et helv. edit. 2.
p. 804, Reich. fil. orchid. p. 167. Bert. fl. ital. 9. p. 639.
Gren. et Godr. fl. de Franc. 3. part. 1. p. 266. Ambros!
fl. tyr. austr. 1. p. 743. Parlat. fl. ital. 3. p. 565.
Ardoino fl. anal. du dép. des Alpes-Marit. p. 350.
Elleborine recentiorum prima clus. hist. pl. p. 272.
Damasonio bastardo dei moderni, dal Lusitano con nome
di Lonchite dipinto e da altri detto Cosmo Sandalo di
Pausonia Pona Monte Baldo p. 238.
Calceolus Rivin. 1. seg. pl. veron. 3. p. 253.
Figures. — Reich. fil. orchid. tab. 496.
Calceolus, radicibus fibrosis, foliis ovato-lanceolatis Hall.
ic. pl. Helv. tab. 47.

Fleur belle, grande, unique; rarement deux
fleurs. Divisions périgonales disposées en croix,
longuement lancéolées-aiguës, d'un pourpre brun,
multinerviées, pubescentes à la face externe, poilues
à la base; les deux latérales externes lancéolées-
linéaires, dirigées en bas et soudées par leurs bords
internes jusque vers le sommet, plus ou moins
bilobé; la médiane oblongue-lancéolée, aiguë, acu-
minée; les internes latérales, un peu plus longues
que les externes, lancéolées-linéaires, acuminées,
ondulées sur les bords, à nervure médiane pubescente. Labelle plus court que les autres divisions
périgonales, subovoïde, renflé, vessiculeux, obtus,
en forme de sabot, d'un jaune doré, muni de poils
vers la base et marqué à la face interne de points
purpurins imitant des veines, à bords repliés en

dedans et formant un orifice arrondi. Gynostème
court, d'un vert jaunâtre, à trois lobes; les latéraux
lancéolés-aigus, divergents et portant chacun une
anthère à la face inférieure, à loges confluentes;
lobe médian, stérile, pétaloïde, allongé, obtus, rétréci
en onglet vers la base, sillonné longitudinalement, et
marqué au sommet de quelques taches purpurines.
Stigmate grand, concave. Ovaire pédicellé, linéaire-
allongé, pubescent et d'un vert pâle. Capsule à
six côtes saillantes. Bractées ovales-lancéolées,
nerviées, vertes. Feuilles amplexicaules, larges,
ovales-lancéolées, aiguës, nerviées, carénées, vertes,
courtement ciliées sur les bords, d'un vert pâle, et
pubescentes à la face inférieure. Tige de 3 à 4 décimètres, cylindrique, flexueuse, pubescente, munie
à la base de gaines obtuses, brunes ou blanchâtres.
Rizhome presque horizontal, rampant, plutôt grêle,
à fibres radicales assez grosses.

Plante très-rare, trouvée une seule fois dans la
forêt de Clans, au mois de juin 1843.

—

EXPLICATION DES FIGURES.

Pl. 63. Fig. 1-14.

1-2. Plantes entières.
3. Fleur avant l'épanouissement.
4. Labelle vu de face.
5. Gynostème vu de face.
6. Le même, vu par derrière.
7. Anthère.
8. Anthère vu en dessus.
9. La même, vu en dessous.
10. Ovaire surmonté du gynostème.
11. Coupe transversale de l'ovaire.
12. Capsule fermée.
13. Autre capsule ouverte.
14. Semence considérablement grossie.

78

AUTEURS CITÉS DANS CET OUVRAGE

Allioni, *Flora pedemontana.* — Ambrosi, *Fl. tir. austr.*
— Ardoino, *Flore analytique du département des Alpes-
Maritimes,* 1867. — Bab, *Man. of brit bot.* — Balbis,
*Enumeratio plantarum officinalium horti botanici tauri-
nensis et fl. taur.* — Bauhinus, *Theatri botanici universalis.*
— Bauhinus et Cherlerus (J. H.), *Historia plantarum.* —
Boissier, *Voyage botanique dans le midi de l'Espagne.* —
Breynii, *Exoticarum aliarumque minus cognitarum plantarum centuria.* — Brotero, *Flora lusitanica et phytogra-
phia lusit.* — Bertoloni, *Flora italica. amœn. ital. et
lucubr.* — Bivona (Bernard), *Sicularum plantarum centuria.* — Bluff et Fingerhuth, *Compendium floræ germanicæ.* — Brown (Robert), *In Aiton Kewensis.* — Cavanilles,
Icones et descriptiones, etc. — Clusius, *Historia plantarum.*
— Comolli, *Flora comens.* — Crantz (J. N.), *Stirpium
austriacarum.* — Cupani, *Hortus catalogus supplementum
alterum et panphyton siculum.* — De Candolle *Flore fran-
çaise.* — De Notaris, *Repertorium floræ ligusticæ.* —
Desfontaines, *Flora atlantica.* — Endlicher, *Genera plantarum.* — Fries, *Mantissa.* — Gaudin, *Flora helvetica.*
— Gmelin (J. G.), *Flora sibirica.* — Grenier et Godron,
Flore de France. — Griesebach, *Spicilegium floræ Rumelicæ
et Bithyniæ.* — Gussone, *Synopsis floræ siculæ et enum.
pl. inarim.* — Haller, *Icones plantarum helveticæ et enum.
stirp. helv.* — Hartman, *Flore scandinave.* — Hoffmann,
OEster. fl. et deutsch. fl. — Host, *Flora austriaca,* —
Huds. *Fl. angl.* —Jacquin, *Icones rariorum.* — Jussieu,
Genera plantarum. — Koch, *Synopsis floræ germanicæ et
helveticæ.* — Lamarck (J.-B. de), *Encyclopédie botanique.*
— Lindley, *Orchidacons plants.* — Link, *in schrader
journal de botanique.* — Linné (C.) *Systema genera et
species plantarum et syst. nat.* — Loiseleur-Deslongchamps,
Flora gallica. — Meyer, *Preuss pflanz. gattung.* —

Michelius, *Nova plantarum genera.* — Moretti, *Decad.* —
Moricand, *Flora veneta.* — Moris et De Notaris, *Florula
caprariæ.* — Moris (Joseph. Hyacth.), *Stirpium sardoarum
elenchus.* — Murr, *Syst. veg.* — Mutel (A.), *Flore fran-
çaise.* — Naccari, *Flora veneta.* — Nocca et Balbis, *Flora
ticin.* — Parlatore Filippo, *Flora italiana.* — Persoon,
Synopsis plantarum. — Pollini, *Flora veronensis.* — Puc-
cinelli, *Synopsis floræ lucæ.* — Rafinesque, *Journal de
botanique.* — Reichenbach (Ludovic), *Flora germanica
excursoria.* — Reichenbach (H. G.), *Filiu orchideæ in floræ
germanicæ recensitæ.* — Richard (C. L.), *Mémoires du
Museum.* — Risso, *Flore de Nice,* 1844. — Rivini, *Seg.
pl. veron.* — Saint Amand (de), *Flore Agenoise.* — Sa-
lisbury, *in trans. of the hortic.* — Sanguinetti, *Cent. tres.
prodr. fl. rom. add.* — Savi (Gaëtan), *Botanicum etrus-
cum et fl. pis.* — Sebastiani (A.) et Mauri, *Floræ romanæ
prodromus.* — Schrank, *Baiern fl.* — Seguier, (J. F.),
Plantæ veronenses. — Sibthorp et Smith, *Flora græca.*
— Schmidt *fl. boem.* — Scopoli, *flora carniolica.* —
Sprengel (K.), *Systema vegetabilium.* — Suffren, *Pl. du
Frioul.* — Swartz, *in Nova acta Holmiæ.* — Tenore, *Flora
napolitana et syllabus.* — Thuillier (J. L.), *La flore des
environs de Paris.* — Timbal Lagrave, *Sur quelques hybrides de la famille des Orchidées.* — Tineo, *Plantarum
rariorum siculæ.* — Todaro, *Orchideæ siculeæ.* — Tour-
nefort, *Institutiones rei herbariæ.* — Ucria, *hortus regii
panormitani.* — Vaillant, *Botanicæ parisiense.* — Villars,
Histoire des plantes du Dauphiné. — Visiani, *Flora dal-
mata.* — Viviani, *Annali di botanica et appendix ad floræ
prodromus.* — Wahlenberg (G.), *Flora suecica.* — Weber,
Phyt. canar. — Wildnhow, *Species plantarum.* — Wimmer
(F.) et Grabowski (H.), *Floræ silesiæ.* — Zannichelli, *Istoria
delle piante venete.*

TABLE DES MATIÈRES

TABLE ALPHABÉTIQUE.

ICONOGRAPHIE

DES ORCHIDÉES

PLANCHES

Limodorum abortivum, Swartz.

V. Fossat pinx! et lithog

Lith. Ed. Carlin, Nice.

Cephalanthera ensifolia C.L. Rich.

J.B. Barla pinxt V. Pasat pinxt et Lithog.

Lithographie Ed. Carlin, Nice.

Cephalanthera pallens C.L. Rich.

J.B. Barla pinx.t V. Possal pinx.t et lithog.

Lithographie Ed. Carlin, Nice.

Cephalanthera rubra C. L. Rich.

1-17. Epipactis palustris Crantz. *18-24. var. b ochroleuca Barla.*

M. Barla pinx! V. Fossat pinx! et lith.
Lithographie Ed. Cartin, Nice.

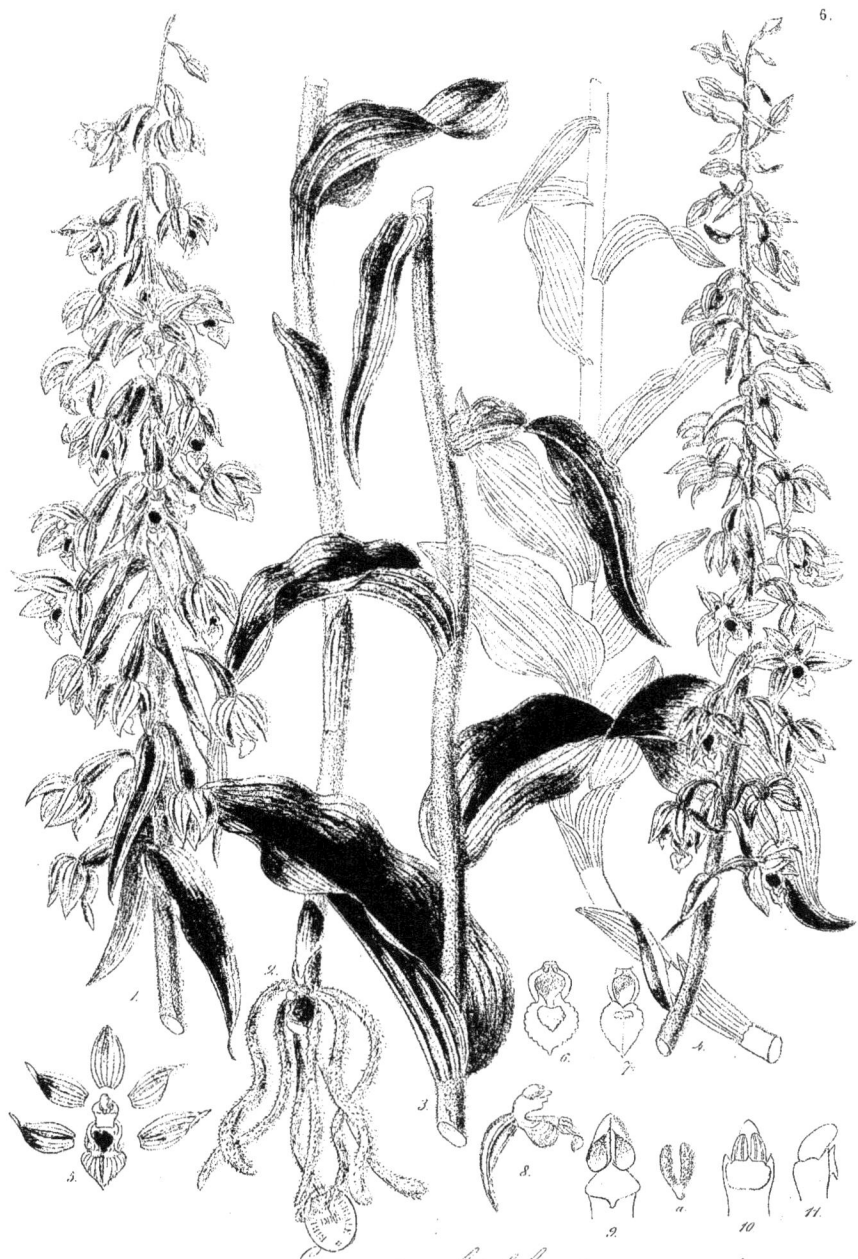

Epipactis latifolia Sw.

J.K. Bartl pinx¹ et V. Passi pinx¹ et lithog.   Lithographie Ed. Carlin. Nree

1-4 Epipactis viridiflora Rchb. 5-12 E. atrorubens Schult.

V. Besat pinx.t et lithog.

Lithographie Ed. Caritis, Nice.

Epipactis microphylla Swartz

R. Barla pins.! V. Fossat pinx.! et Lith.   Lith. Lubaïs, sur le Cours

9.

1-12. *Neottia Nidus-avis* Rich. 13-16. *Listera ovata* R.Br. 17-26. *L. cordata* R.Br.

J. B. Barla pinx.ᵗ V.Fossat pinx.ᵗ et lith.   Lithographie A.Gilletta Ica.Fᵉⁱ Imp. à Nice.

10.

+6 *Spiranthes æstivalis* C.L.Rich. 7-12 *S. autumnalis* C.L.Rich. 13-18 *Goodyera repens* R.Br.

19-23 *Corallorhiza innata* R.Br.

J.B. Barla pinxt Y. Fossat pinx! et lith.   Lithographie A. Gillette. Lex Pre Imp a Nice.

1-16. Bicchia albida Parl. *17-27 Herminium Monorchis* R.Br.
28-33. Epipogon Gmelini C.L.Rich.

B.Barla princ: V.Foxat pincit et Lithog.   Lithographie A.Gillette. Lea Fres Imp à Nice.

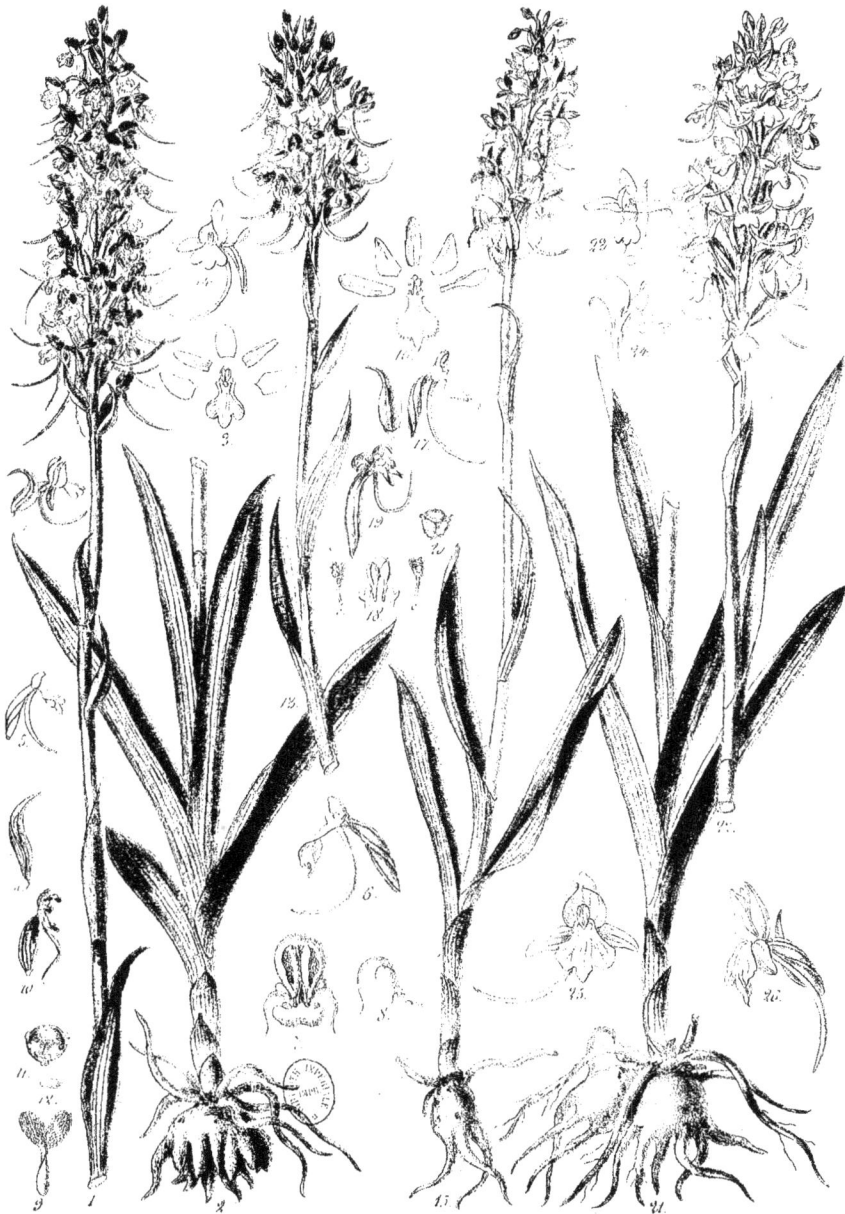

Gymnadenia conopsea R.Br.

Barla Prov.ᵗ N.ᵉᵉ nat. pinx.ᵗ et del...

Lithographie A. Gillette. Les F.ᵉˢ Juan à Nice.

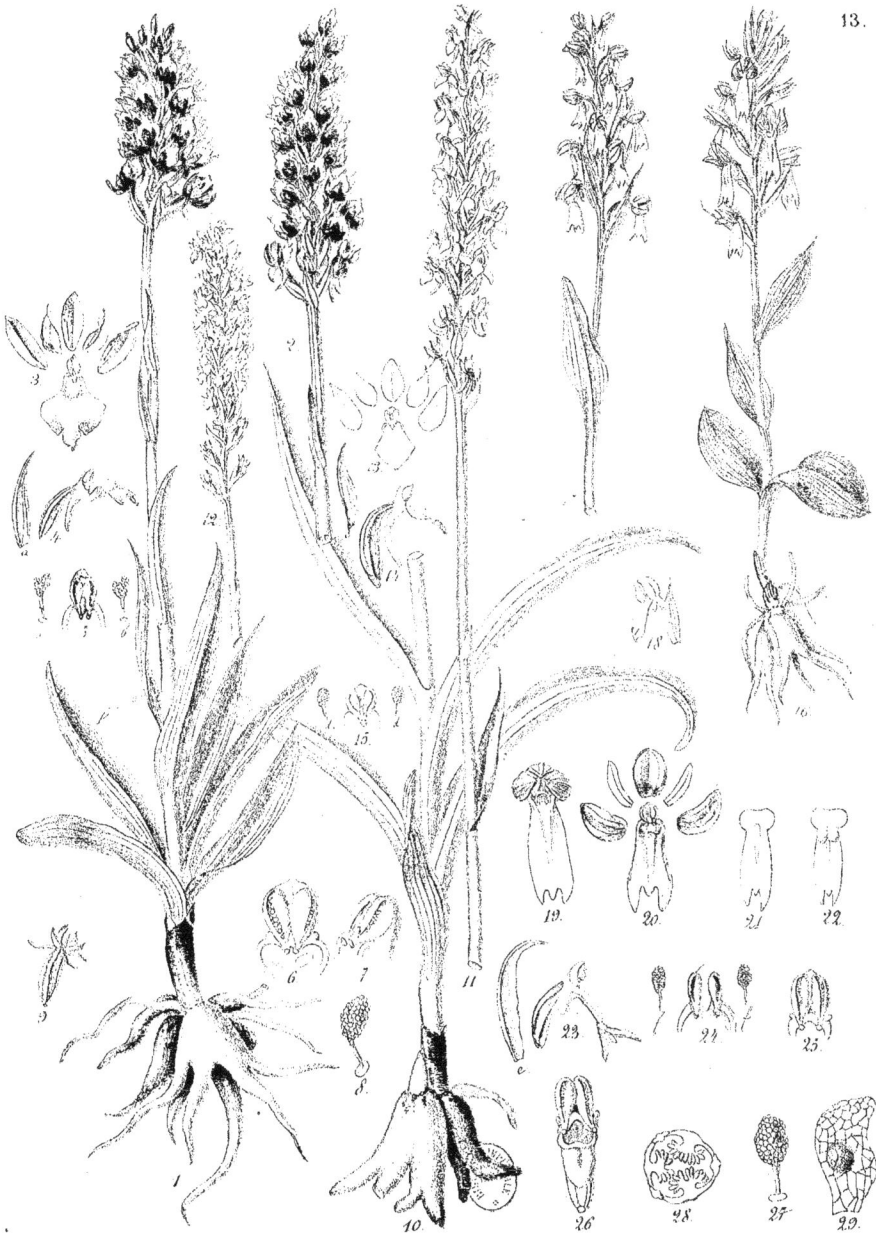

13.

1-15 Gymnadenia odoratissima C.I.Rich. 16-19 Coeloglossum viride Hartm.

14.

Platanthera bifolia C.L.Rich.

J.E. Borde pinx V.Fost sculp Lithog.

Lithographie de Salleee, Rue S^t A

1-3 Platanthera bifolia C.L.Rich. var. b. laxiflora. 4-17 P. chlorantha Custor.

Caïto pins. V. Flout pinx' et lith. Lith. par... Chatel... in Paris, p.

Traunsteinera globosa Rchb.

J.B. Berta pinx.' V.Fossat. pinx.' et Lith.   Lithographie. J.Collette. Aci-T.° Imp.a Nice

Serapias Lingua L.

Lithographie A. Gillette Imp. à Paris

Serapias longipetala. Pollin.

Riocreux pinx't et lithog.   Lithographie d'Edouard Léva. Paris.

Serapias longipetala Pollin.

Lithographie L.Vilain, Imp. rue de...

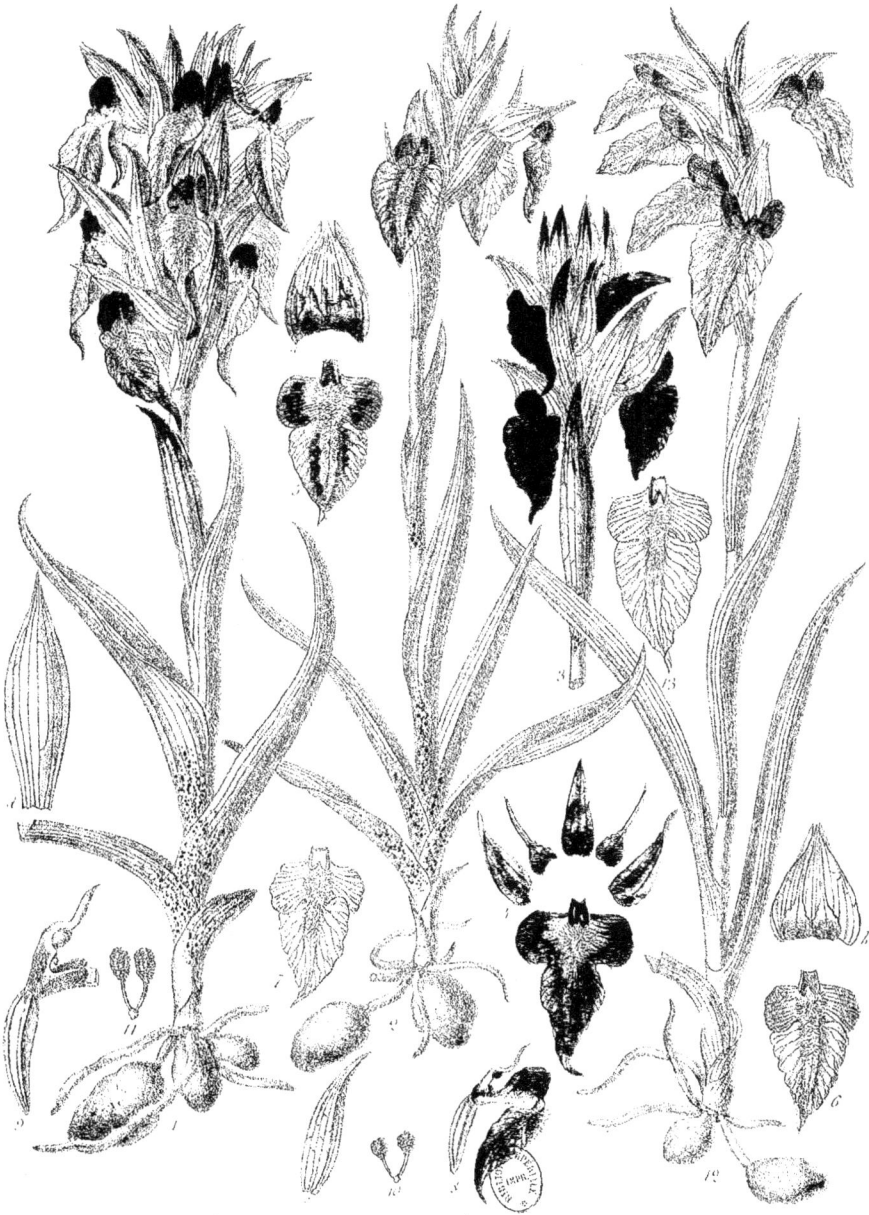

1-11 Serapias cordigera L. 12-13 S. neglata De Not.

Serapias neglecta De Not.

V. Fossat pinx! et Lithog.   Lithographie A. Gilletta, Ins. F.ci Ins. à Nice

1-3 Serapias parviflora Parlat. 4-8 S. papilionacee-Lingua Bartl.

9-11 S. laxiflore-longipetala Bartl.

Ad. Parla pinx.¹ V. Bassat pinx. et lithr. Lithographie A. Collette Lac 1ᵗⁱ imp. éd.

1-13. *Aceras anthropophora* R.Br.   14-20 *Chamæorchis alpina* Cl.Rich.

24.

Himantoglossum hircinum Spreng.

J. B. Barla pinx.ᵗ V. Fossat pinx.ᵗ et lith.   Lithographie A.Silbli Lee Imp a Nce

Barlia longibracteata Parlat.

J. B. Barla pinx. Dessiné par J. St. Lhuillier.   Lithographie A. Baudet, Nice.

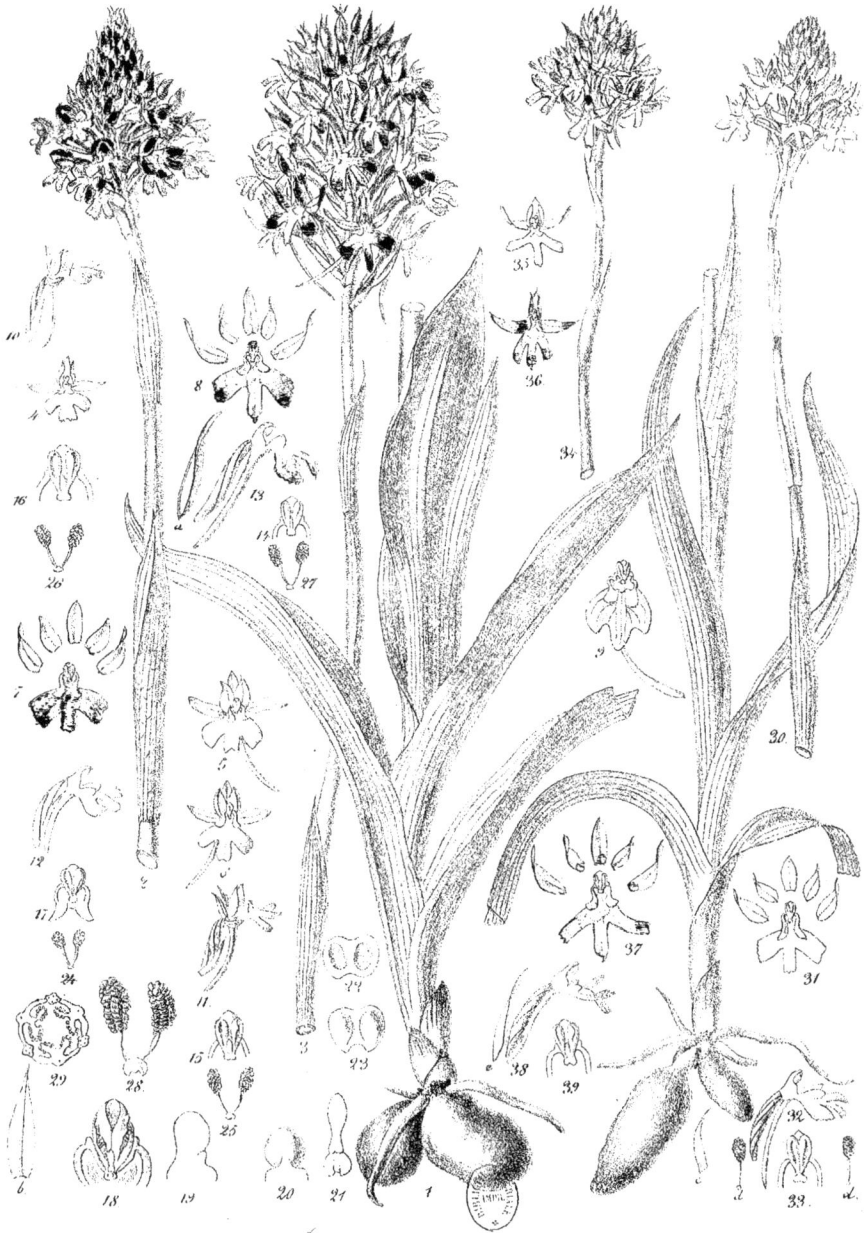

26.

Anacamptis pyramidalis C.L.Rich.

J.P. Karle pinx' V. Fossat pinx' et Lithog.   Lithographie A. Gillette. Lae Fo. Imp : Aix.

27.

1-16 Tinea cylindracea Biv.   17-30 Nigritella angustifolia C.L.Rich.

Orchis papilionacea Linn.

Orchis Morio-papilionacea Timbal.

Orchis Morio L.

E. Darla pinx et lithog.   Lithographie A. Sald. rue P.

Orchis Morio L. (var. picta).

1-7 var. a picta-violacea. 8-19 var. b picta-rosea. 20-23 var. c picta-alba.

1-16 Orchis coriophora L.   17-28 O. fragrans Poll.

J.E. Barla pinx', V. Fossat pinx' et Lithog.   Lithographer A. Gillette, Jar V^m Imp à Nice.

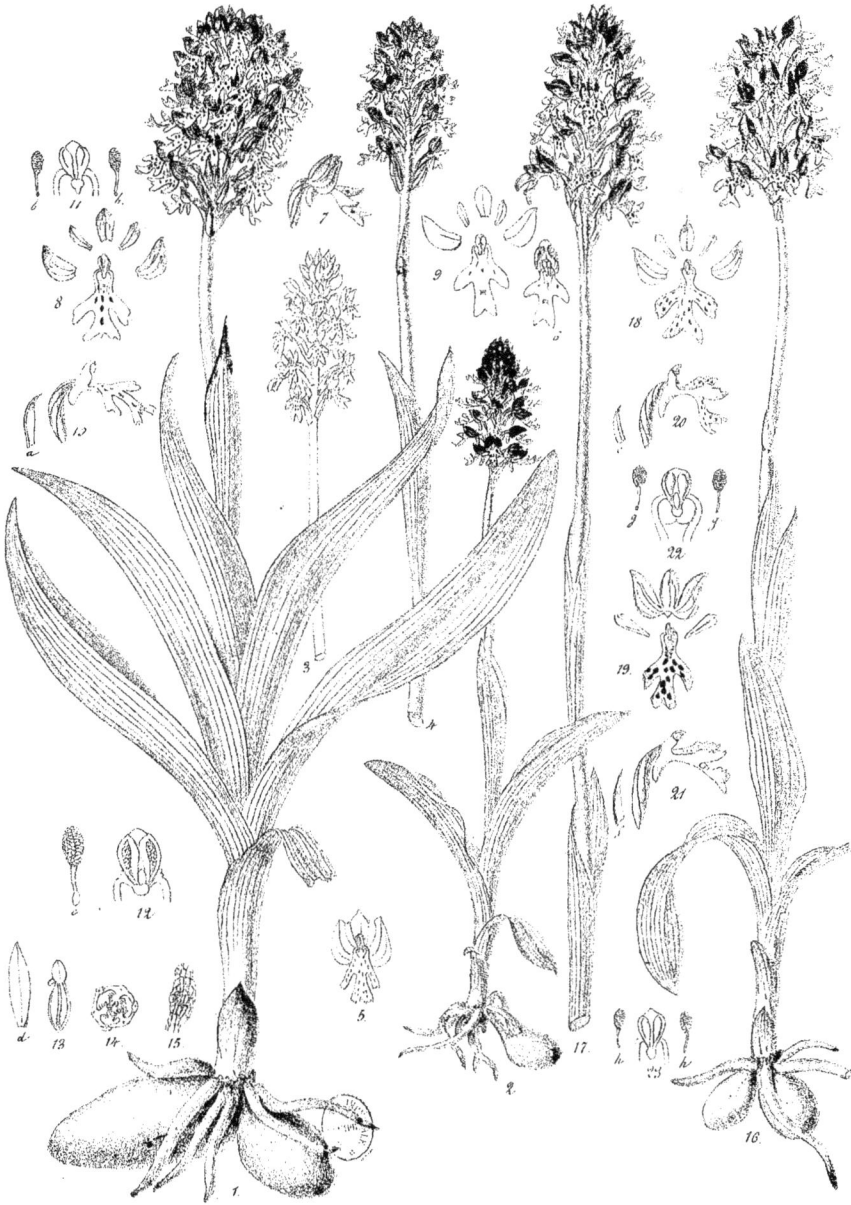

1-15 *Orchis ustulata* L. *O. ustulato-tridentata* Barla et Canut.

1-18 Orchis tridentata Scop. 19-26 O. tridentato-militaris Barla et Canut.

J.B.Barla pinx.ᵗ V.Fossat pinx.ᵗ et Lithog.

Lithographie A.Gilletta, Lᵗˢ Fⁱˢ Imp à Nce.

Orchis tephrosanthos Vill.

le pinx' V. fossal pinx! et Lithog — Lithographie A. Gillette, Lea F^{es} Imp à Bar.

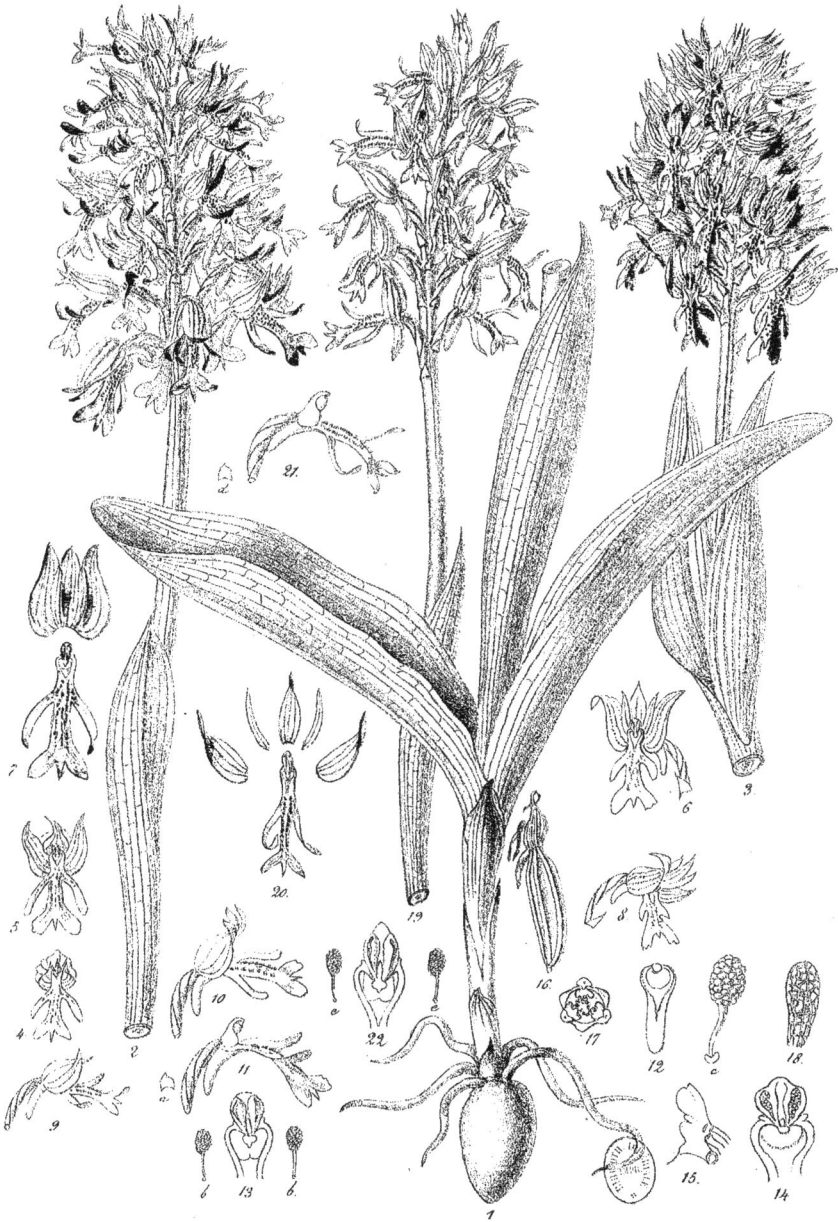

Orchis militaris. L.

36.

Orchis purpurea Huds.

Orchis provincialis Balb.

Orchis laxiflora Lamk.

Orchis palustris Jacq.

J. L. Reeve pinx. J. Loisel pour. et Licoy.   Lithographie A. Gélis à Metz.

41.

1-10 *O. palustris* Jacq.(Variet) 11-15 *O. palustri-coriophora* Barla

J.B.Barla pinx.¹ V.Fossat pinx.¹ et Lith.g   Lithographie A. Gilletta Les Fⁿ Imp. à Nice

Orchis coriophoro-palustris Timb-Lagr.

Orchis pallens L.

G. Barla, rue V. Pérez grav et Alexis   Lithographie A. Gilletta des Pl. imp a Nice

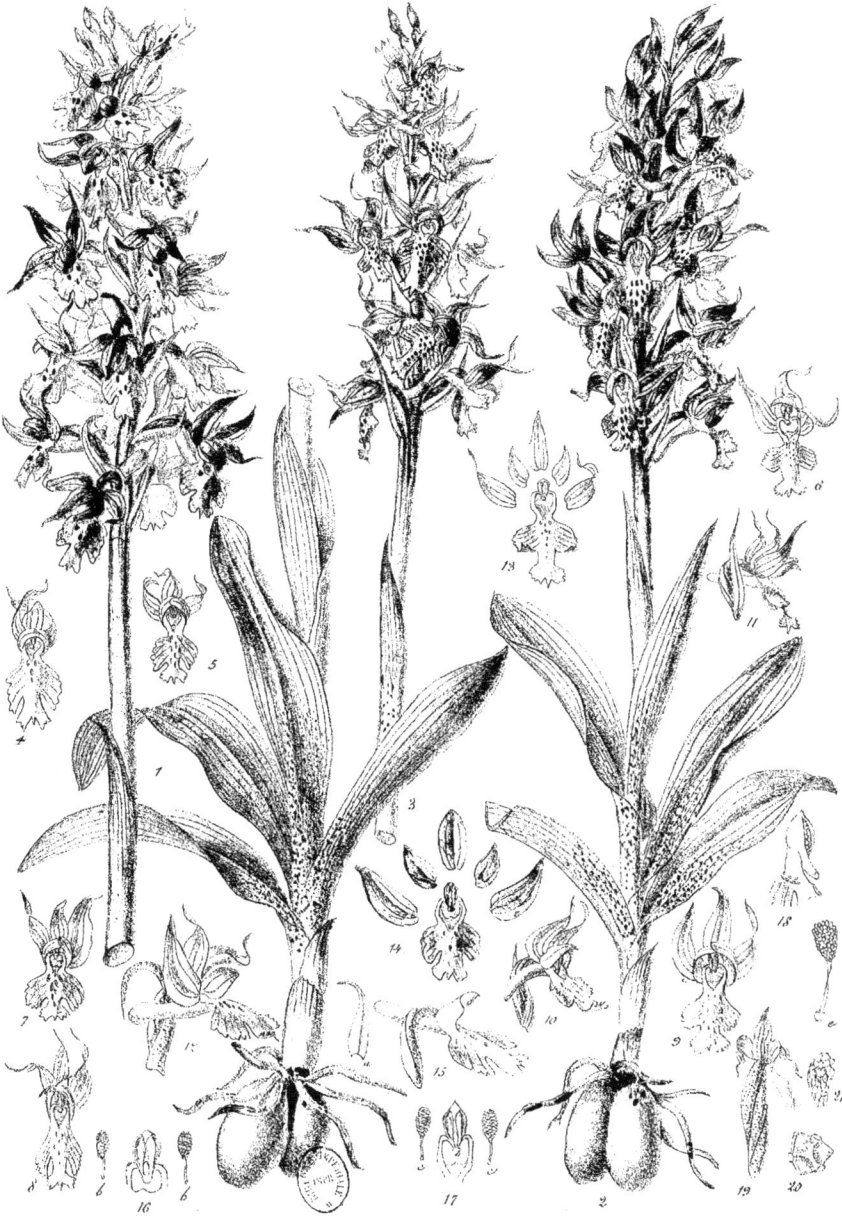

Orchis mascula L.

Orchis olbiensis Reut.

J.B.Barla pinx¹ V.Fossa¹ pinx¹ et Lithog.   Lithographie A. Salvolini Ass F¹¹ Ims a Nice

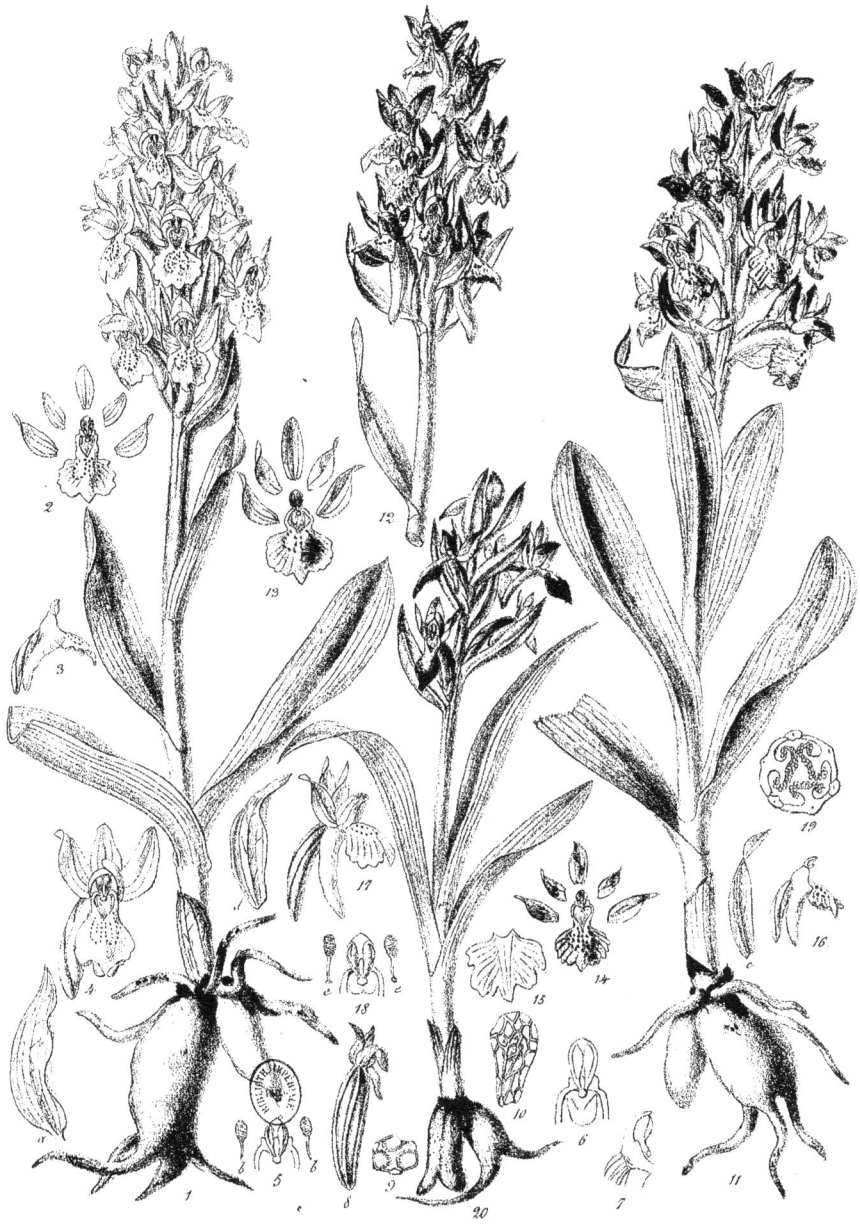

Orchis sambucina. L.

J.B. Barla pinx' V. Fossat pinx' et _lithog   Lithographie A. Gilletta Les F^{ll} Imp a Nice

Orchis maculata L.

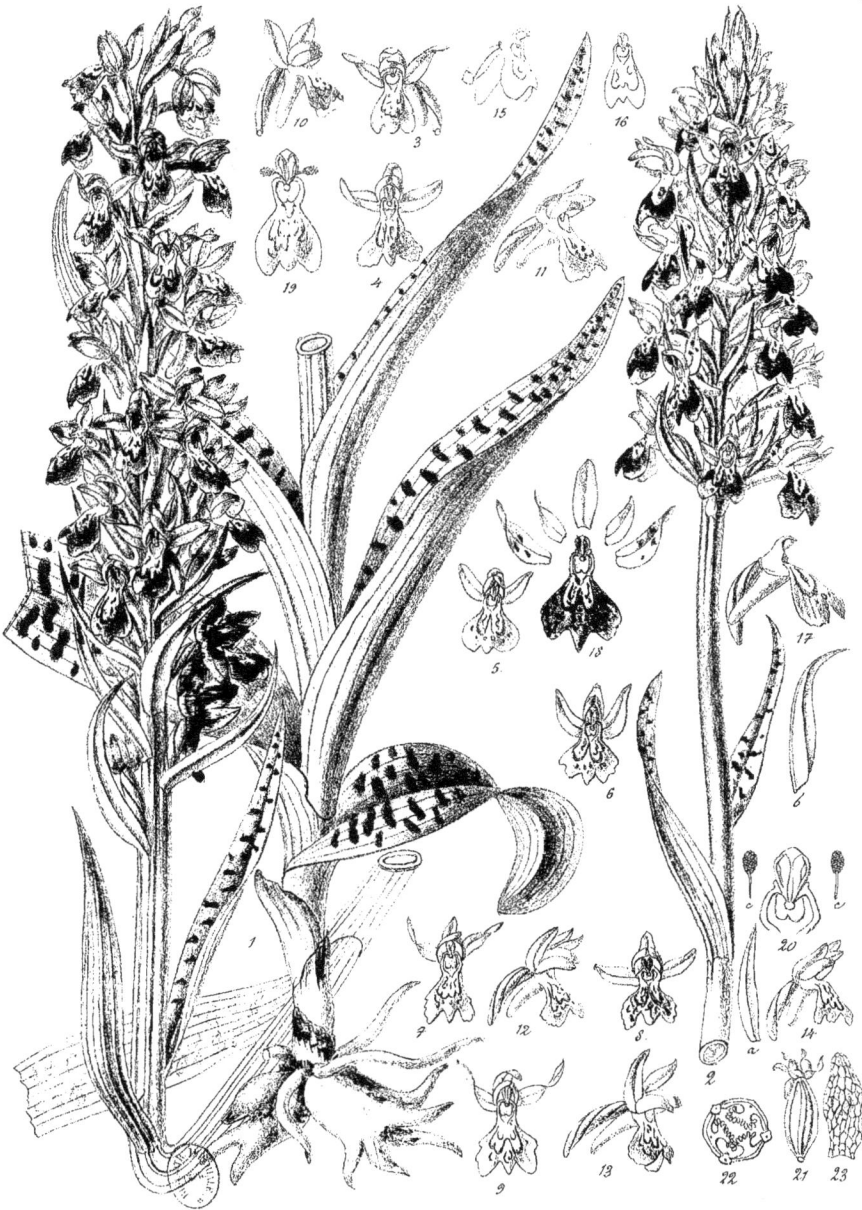

48.

Orchis latifolia 1.

J.B. Barla pinx' V. Fossat pinx' et lithog

Lithographie A. Gilletta Lec F° Imp. a Nice.

Orchis latifolia L. *variet.*

Orchis incarnata L.

J. B. Barla pinx. V. Fossat pinx' et Litht.   Lithographie A. Gilletta Jen P^{on} Bau s Nice

Ophrys aranifera Huds.

1-9. var. *genuina* Reich. 10-13. var. *viridiflora*. Barla.

R. Barla pinx. V. Fossat pinx. et Lithog.

Lithographie A. Gilletta des Fr. Imp. à Nice.

Ophrys aranifera Huds.

1-5 var pseudo speculum DC. 6-8 var subfucifera Reich. 9-10 var quadriloba Reich.

Ophrys aranifera Huds. var. atrata. Reich.

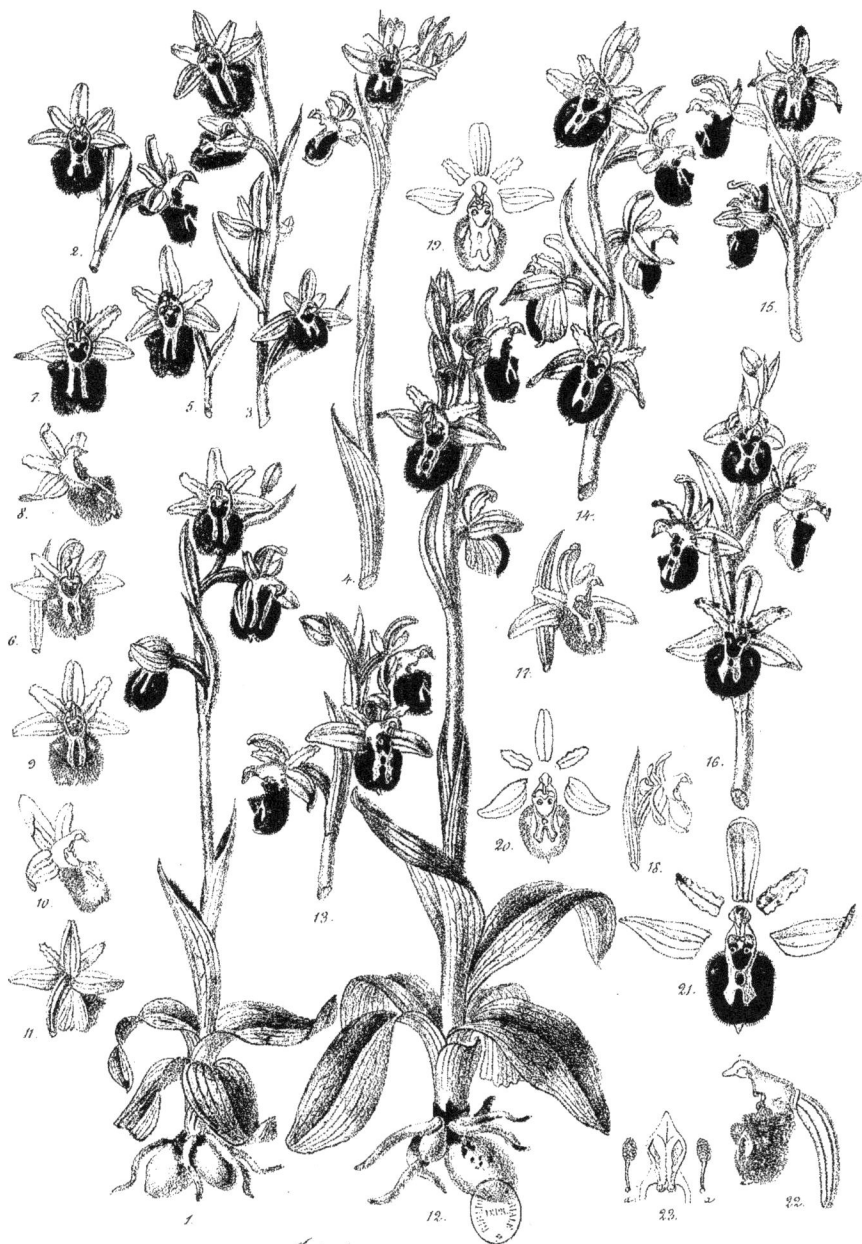

O. phrys aranifera Huds.

1-11. var. atrata Reich. 12-23. var. nigescens Barla. (var. specularia Reich.)

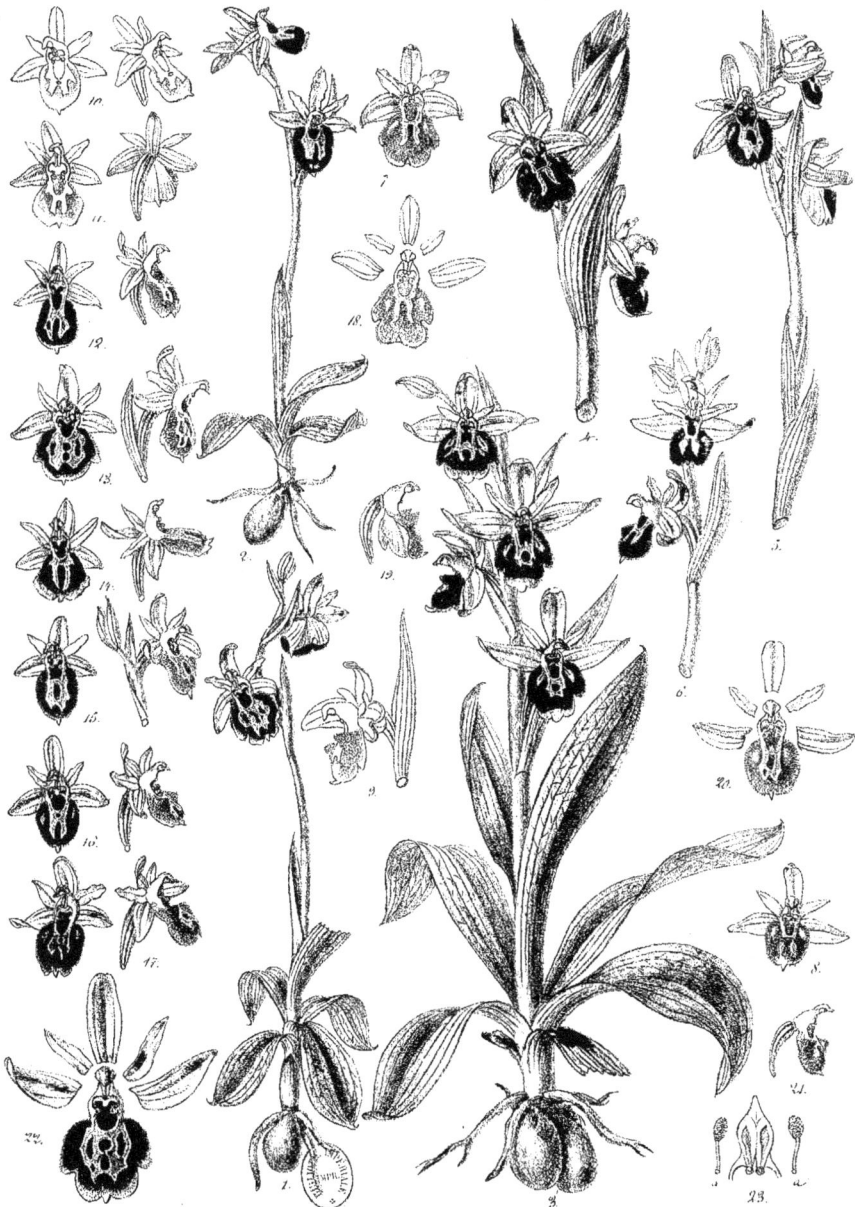

Ophrys aranifera. Huds.

var. niceensis. Barla (var. specularia. Reich.)

J.B. Barla pinx' V. Fossat pinx' et Lithog   Lithographie A. Gilletta Lea F^{res} Imp à Nice.

Ophrys apifera Huds.

J.B. Saria vinc' J. Renol pinx' et lithog.   Lithographie A. Gilette Les F.es Imp à Nice.

Ophrys bombilifera Link.

J.P. poole vere' V Fossal pinx' et Lithog.

Lithographie A.Gilletta Lea F°° Imp. a Ni-

1-15 Ophrys Bertoloni Morell.

16-18 var. aranifero Bertoloni Barla et Sarato. 19-23 var. O. bilineata. Barla et Sarato.

J.B. Barla pinx' V. Fossal pinx' et Lithog.   Lithographie A. Gilletta Lca F" Imp ° Nice.

1-17 Ophrys scolopax Cav. 18-19 var. O. atropos Barla.

J.B Barla pinx¹ V. Fossat pinx¹ et Lithog.

Lithographie A. Gilletta Les F²⁵ Imp. a Nice.

60.

1-11 *Ophrys arachnites* Host. 12-13 *Oph. tenthredinifera* Willd.
14-20 *Oph. muscifera* Huds.

Paris pinx' V.Fossai pinx' et Lithog   Lithographie A Gillette Lca F.res Imp a Nice.

1-6 *Ophrys Speculum* Link. 7-23 *Oph. lutea* Cav.

1-13 Ophrys fusca Link. 14-27 Oph. funerea Viv.

J.B. Baria pinx' V. Fossat pinx' et Lithog.   Lithographie A. Gilletta Lca F^{es} Imp à Nice.

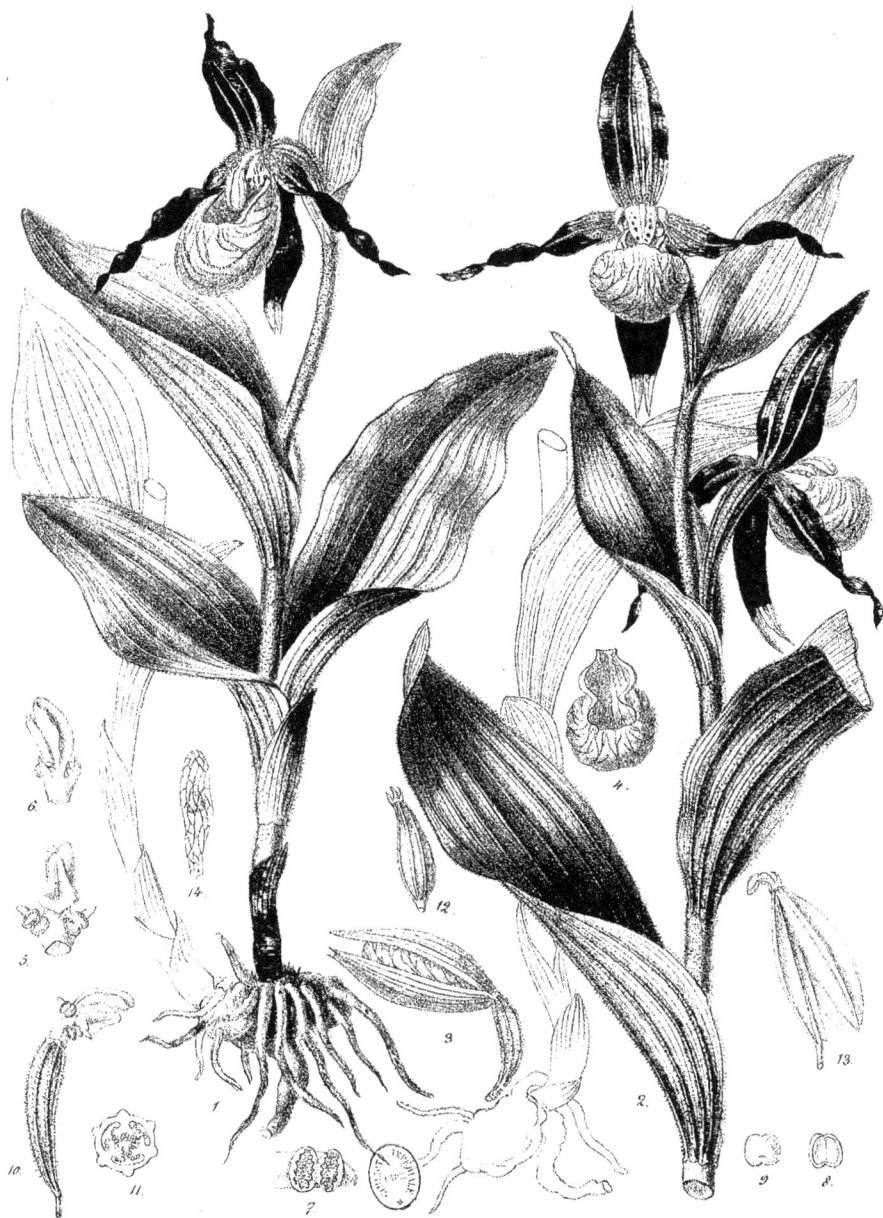

Cypripedium Calceolus l.

J.B. Barla pinx' V.Fossal pinx' et Lithog. Lithographie A. Gilletta Ica F^{res} Imp. a Nice.

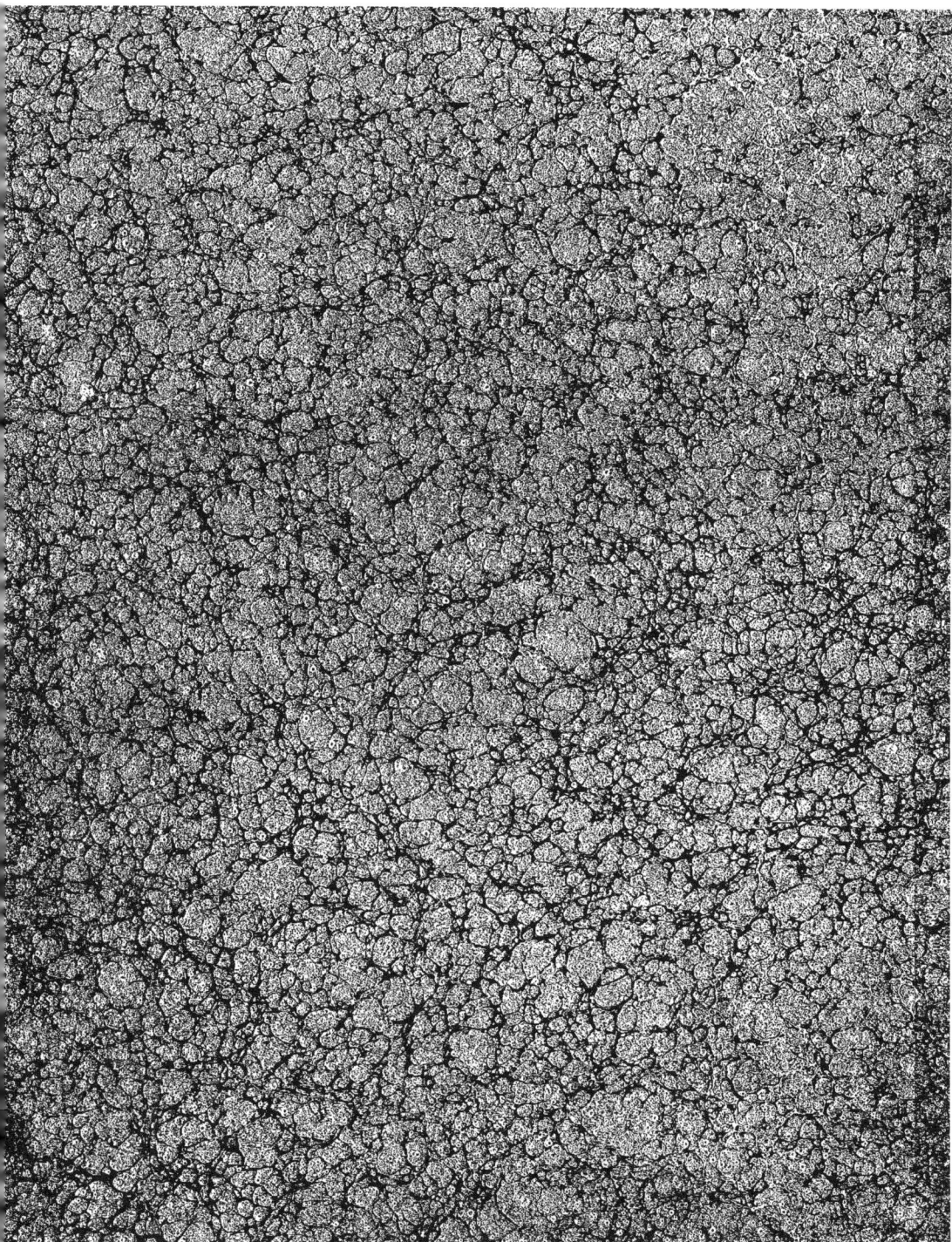

www.ingramcontent.com/pod-product-compliance
Lightning Source LLC
Chambersburg PA
CBHW061015280326

41935CB00009B/980